古代歷史文化研究輯刊

十三編

王明蓀 主編

第 9 冊

高氏荊南史稿（上）

曾育榮 著

國家圖書館出版品預行編目資料

高氏荊南史稿（上）／曾育榮 著 -- 初版 -- 新北市：花木蘭文
化出版社，2015〔民 104〕
序 6+ 目 4+156 面；19×26 公分
（古代歷史文化研究輯刊 十三編；第 9 冊）
ISBN 978-986-404-019-3（精裝）
1. 五代史
618   103026949

ISBN-978-986-404-019-3

9 789864 040193

古代歷史文化研究輯刊
十三編　第 九 冊　　　　　ISBN：978-986-404-019-3

高氏荊南史稿（上）

作　　者　曾育榮
主　　編　王明蓀
總 編 輯　杜潔祥
副總編輯　楊嘉樂
編　　輯　許郁翎
出　　版　花木蘭文化出版社
社　　長　高小娟
聯絡地址　235 新北市中和區中安街七二號十三樓
　　　　　電話：02-2923-1455／傳真：02-2923-1452
網　　址　http://www.huamulan.tw 信箱 hml810518@gmail.com
印　　刷　普羅文化出版廣告事業
初　　版　2015 年 3 月
定　　價　十三編 27 冊（精裝）台幣 52,000 元

高氏荊南史稿（上）

曾育榮　著

作者簡介

曾育榮（1969～ ），湖北鄂州人。歷史學博士，現爲湖北大學歷史文化學院副教授，主要從事五代十國史、宋代史和湖北地方史研究。迄今已在《中國史研究動態》、《江漢論壇》、《亞洲研究》（韓國）等國內外刊物發表學術論文 40 餘篇，合著《中國歷史・五代史》。

提　要

　　高氏荊南是五代十國時期南方九國之一，存在於後梁開平元年（907）至北宋乾德元年（963），前後 57 年，共歷四世五主。其疆域始有荊州一地，此後迭有變化，後唐時轄荊、歸、峽三州，迄至入宋，是南方諸國中地域最爲狹小的割據政權。服從於在夾縫中求生存的目的，高氏荊南始終未稱帝建國，並一直以藩鎮體制作爲政權的基本組織形式，政權內部略已顯現的王國體制則處於從屬地位，從而形成一種不太對稱的雙軌制政治架構。與政治上藩鎮體制的主導地位相呼應，高氏荊南的軍事體制以唐末五代的藩鎮兵制爲特色，以親軍和牙軍爲軍隊骨幹，諸兵種中尤以水軍力量至爲突出。爲免遭強鄰吞併，高氏荊南外交的重點在於奉行事大政策，稱臣於中朝，同時亦注重實施睦鄰政策，交好鄰邦，由此構建出彼此牽制、相互制約的外部環境。而在轄境以內，高氏荊南能重用人才，注重軍事防禦工程的修建，壯大軍事實力，並切實採取措施以休養生息，又力行通商、徵商政策。正是得益於內政的穩定和經濟的發展，高氏荊南人口增長迅速，其速度並不遜色於盛唐時期，甚至有過之而無不及，由此亦能反映出其時經濟發展所達到的高度。活躍於該政權中的文臣武將，則是高氏五主至爲倚重的幕僚，亦是高氏荊南多次擺脫危機、走出困境的重要因素之一。延及五季宋初，伴隨統一浪潮的日益高漲，分裂割據賴以存在的客觀條件逐漸喪失，高氏荊南無可避免地成爲趙宋王朝實施統一戰略的首選打擊對象。乾德元年（963）二月，宋軍以假道之計襲據江陵，高繼沖納降於宋，高氏荊南就此滅亡。

序一

張其凡

（暨南大學古籍所教授、博士生導師）

　　曾育榮博士的《高氏荊南史稿》終於付梓，令我十分高興。這本書的出版，爲五代十國史塡補了一個空白，使十國都有專史出版了。

　　五代橫亙於唐宋之間，或多或少地爲唐宋史研究忽略。改革開放以來，史學發展迅猛，許多史學空白被塡補，五代史亦然。1985 年，人民出版社出版了陶懋炳先生所著《五代史略》，塡補了五代無史之缺。嗣後，前後蜀史、南唐史、吳越史、馬楚史、閩國史、北漢史先後出版，南唐與吳越史還有兩三部之多。然而，南漢史與荊南史尙未見書。於是，在博士生選擇課題時，我推薦了南漢史與荊南史，分別由陳欣與曾育榮兩位博士承擔。陳欣博士比較幸運，論文尙未答辯，已受到廣東人民出版社的注目，2009 年 6 月通過博士學位論文答辯後，即納入了廣東人民出版社出版計劃，並於 2010 年出版了該書。曾育榮的博士論文則較爲坎坷，他於 2008 年完成博士論文，並通過答辯獲得博士學位後，一直放在手邊修訂。育榮博士畢業後，返回湖北大學任教，課程較多，又有家庭與工作的負擔，故而遲遲未能付梓。我雖催過多次，仍無多大效果。時至今日，在畢業 6 年後方才交付出版，實在是拖得時間長了些。

　　當初，我之所以建議育榮以《高氏荊南史稿》爲題撰寫博士論文，有幾方面的考慮。一是育榮自湖北大學考來，而且是在職學習，以鄉梓之情而論，爲家鄉的古史研究塡補一個空白，應該是十分有意義的事。二是育榮大學畢業於 1992 年，畢業後留校，從事行政工作 7 年，後於 1999 年師從葛金芳教授在職攻讀碩士學位，以「五季宋初政治變革及其演進趨勢論析」爲題完成了碩士論文，並通過了答辯。因此，他不僅有閱歷，而且對五代史資料有一

定程度的瞭解，有利於《高氏荊南史稿》的寫作。三是荊南國史的空白，在改革開放近三十年之時，應該填補了。

育榮聽從了我的建議，同意選擇《高氏荊南史稿》為博士論文題目。

在從事《高氏荊南史稿》的寫作前，我安排育榮參加了《五代史》的修訂工作。當時，人民出版社正在對二十世紀八九十年代出版的歷代簡史進行修訂，然後統一編為《中國歷史》系列書籍。寫作《五代史略》的陶懋炳先生，業已去世，徵得其家屬同意，人民出版社張秀平編審遂約我來修訂《五代史略》一書。接受這個任務後，我考慮當時帶的碩士與博士生較多，工作負擔較重。加之希望育榮在著手博士論文寫作前，先熟悉一下五代的歷史發展狀況，於是邀請育榮參加修訂《五代史》工作，獲其首肯。

在具體修訂過程中，育榮承擔了大部分工作。修訂稿的提綱我擬訂後，育榮據以寫出修訂稿，然後由我閱讀校定，再由育榮改定電子稿。最終，用了兩年多時間，完成了修訂工作。修訂後的書稿，對原書增補了兩倍份量，達到 60 萬字，出版後成為《中國歷史》系列書籍中最厚的一本，頗受好評。通過這部修訂稿，展現了育榮的學術水平，也使他比較熟悉五代時事，為以後寫作《高氏荊南史稿》打下了良好的基礎。

與唐、宋史比較，五代的史料較少。相形之下，十國史的資料又比五代史少。而在十國中，荊南的史料不算是最少的，也是最少的之一了。因此，寫作《高氏荊南史稿》，一個重大難題即是史料問題。育榮能夠寫出近 30 萬字的初稿，其在史料上下的功夫即可窺一斑。

本書的出版，使十國史都已有專著，五代十國史的研究，已經達到相當繁榮的程度。更進一步，一部綜合的《五代中國史》的撰寫，便是一個有條件、有必要進行的艱巨任務了。我期待著。

2014 年 9 月 20 日於廣州暨南花園

序二

葛金芳

（北京師範大學 985 特聘教授）

　　五代十國史研究，向來是斷代史研究中的薄弱環節；而十國史研究中的高氏荊南政權，更是關注者甚少，幾成學術研究中的「蠻荒之地」。這固然與史料不足有關，誠如歐陽修所說：「五代亂世，文字不完，而史官所記亦有詳略。」（《新五代史》卷 58《職方考二》）但又與歷代史家的偏見亦應有關，以為荊南「地狹兵弱，介於吳、楚為小國」，其主政者高氏父子又「四向稱臣」，不以屈節為恥，「故諸國皆目為『高賴子』」（《新五代史》卷 69《南平世家》），評價甚低，故歷來不為史家重視。

　　然自 1978 年改革開放以來，這種局面大有改觀。包括日本（如日野開三郎）、香港（如李唐）、臺灣（如林瑞翰）、馬來西亞（如王賡武）和大陸（如陶懋炳、鄭學檬、張其凡、任爽、杜文玉等）在內的多位學者相繼推出自己的五代史專著，同時與北方五代並存的南方九國中，前後蜀、吳越、吳、南唐、馬楚、南漢、閩等八國均有專史出版，惟獨高氏荊南尚無專著問世。所以，早在本書作者曾育榮碩士畢業之際，我就向其提議，下一步應廣搜五代時期的史料，將高氏荊南作為研究課題，先作點專題的突破，再將點連成線，將線連成面，爭取在三五年內寫出一本高質量的《高氏荊南史稿》。稍後我去杭州出差，得知杭州出版社剛剛出版十卷本《五代史書彙編》，遂購買兩套，將一套送給曾育榮，其中自然寄寓了希望他早日寫出荊南史稿的希望。

　　此時曾育榮剛剛考上暨南大學，師從宋史專家張其凡先生讀博；而張先生則剛好接到人民出版社讓其增訂陶懋炳《五代史略》重新出版的任務。張先生遂將此任務壓在曾博士頭上，師徒兩人合作完成。在張先生的悉心指導下，曾博士全力以赴投入此項工作。在全面通讀數百萬字五代史料的基礎上，

先針對陶著之誤，改正錯訛；再核對引文，糾繆補缺；最後針對陶著較少涉獵典章制度的實際情況，增補了職官制度、法律制度、選舉制度、軍事制度、經濟制度等專章。結果陶著原書約 29 萬字，經刪節約為 26 萬字，而張、曾師徒兩人增寫之部分，則近 30 萬字，遂使新出人民版《中國歷史‧五代史》達到 60 萬字，較之原著增加一倍以上。張其凡先生在此書《後記》中說：「本書（按，指人民版《中國歷史‧五代史》）提綱主要由我制定，初稿則主要由曾育榮博士承擔。我在初稿基礎上進行了校改，然後由曾博士再加改正。輸入電腦，選擇圖片，均由曾育榮博士一力完成，書後的『徵引文獻目錄』與『索引』，也由曾博士一手製作。」這是對曾博士在人民出版社 2009 年新版《中國歷史‧五代史》中所作貢獻的全面肯定。此書責任編輯張秀平先生在《編輯後記》中亦言：「書稿寫作的具體實施以及清樣的校訂，基本上是通過我和曾育榮博士的聯繫而進行的，這一過程前後持續了一年多。……可喜的是，曾博士能在書稿寫作以及處理校樣期間，始終能不厭其煩，一絲不苟……從本書的增訂與修訂的內容和過程看，曾博士應該具有光輝而又燦爛的學術未來。」

　　《五代史略》的增補修訂任務完成後，此時距博士畢業已不足一年時間，曾博士立即轉入到《高氏荊南史稿》的寫作中來。正是在與張其凡先生一道增補修訂《五代史略》的過程中，曾博士下苦功夫對五代史料進行了全面梳理和摘抄，特別是有關高氏荊南的史料更是鉅細無遺，力爭一網打盡。其結果用曾博士的話來說，就是「材料的數量遠遠超出筆者最初之想像」，「幾年以來，零散抄錄的純手工卡片，竟然裝滿了一個容量頗大的筆記本電腦專用包」。同時在此過程中，曾博士的史料功夫顯著提高，史料解讀能力亦有長足進步，這就為其博士論文寫作奠定了堅實的史料基礎。這篇博士論文幾近 30 萬字，匿名評審專家給出的等級均為 A，答辯的最終成績評定為優。這就是說，在讀博的三年時間中，曾博士接連完成了兩本書、總量達五六十萬字的寫作任務，而且質量上乘，得到眾多專家的一致肯定，這在時下博士生中還是不多見的特例，其刻苦、認真、踏實、勤勉的治學態度給人留下了深刻的印象。

　　高氏荊南之轄地雖說不廣，但其所據之長江中游卻是當時南北各個割據政權的往來必經之地。加之高氏轄下以湖北江陵為統治中心的江漢平原，自然資源豐富多樣，水陸交通四通八達，既是四戰之地，又據戰略要衝，因而成為當時多元政治格局中的重要一極，在其時分裂割據走向重新統一的過程

中具有舉足輕重的影響。爲在夾縫中求生存，高氏統治集團始終未敢稱帝建國，而是採取「事大」與「睦鄰」政策，既稱臣於中原王朝，又取「保境」之姿態，藉此周旋於中原王朝和南方諸國之間。這種做法雖說出於無奈，但這畢竟是在強敵環伺的環境中具有現實合理性的生存策略，傳統史家目爲「高賴子」的說法，顯係囿於正統觀念的偏見，理應破除。曾博士將高氏荊南政權放在當時由分裂走向統一的歷史大趨勢中去考察其存在意義，認爲這個政權發揮著牽制各方力量，調和相鄰政權矛盾，有利於維繫南北均衡的歷史作用。這就既彰顯了高氏荊南政權歷史地位之重要，又道出高氏荊南政權在政治架構上「藩鎮體制和王國體制兼而有之」的歷史原因，這是此書的一大貢獻。在內政和經濟政策上，此書以豐贍的材料說明高氏荊南政權既注重休養生息，以增強國力；又力行通商和徵商政策，農商並舉，因而在其統治的半個多世紀中，社會生產有所發展，人民生活有所改善，其人口增長之實績與幅度甚至可與盛唐時期相媲美，這是此書的又一項貢獻。更令人欣喜的是，憑藉數年積累的史料卡片，此書對高氏荊南政權的疆域伸縮、藩鎮兵制、文臣武將、外交關係等均有遠較現有成果更加詳贍的考證與說明，盡可能多角度、多側面地展現其內政外交的全貌，成功地填補了五代十國史研究中獨缺高氏荊南專史的空白，這是此書最爲重要的貢獻。

相信以曾博士之勤勉與聰慧，今後會有更多的研究成果貢獻於學術界。

引　言

在正式切入論題之前，先就本題的研究意義與目的、學術史，以及材料來源等問題，稍作介紹。

一、選題意義與目的

五代十國，干戈相尋，群雄競逐，裂土爲王。後梁開平元年（907），高季興（本名季昌，後唐莊宗即位，避其廟諱更名）以荊南兵馬留後擢任節度使，潛有割據之志，荊南政權始此。稍晚，季興先後分別被後梁、後唐和楊吳封爲渤海王、南平王和秦王；死後，又爲後唐追封爲楚王。荊南高氏「傳襲四世五帥，至宋乾德改元，國除，凡五十七年」〔註1〕。然終未嘗稱帝建號，此政權被後世史家目爲南方九國之一，史書亦稱之爲「南平」或「北楚」。

本篇以「高氏荊南」指稱該政權，主要是由於荊南並未稱帝建國，而且宋代史家通常將荊南視爲中原王朝的藩鎮。如《舊五代史》即將荊南、吳越、馬楚列入《世襲列傳》；《資治通鑑》亦沿用唐代藩鎮——「荊南」之名，稱呼此政權。《新五代史》、《九國志》、《十國紀年》與晚出的《十國春秋》雖以國稱之，但荊南畢竟與吳、南唐、前後蜀、閩、南漢、北漢等在性質上稍有不同。所以，爲避免引起歧義和混亂，襲用「荊南」之說，或許是較爲妥當的做法。並且，荊南之名的使用，更便於突出此政權的地域色彩。又因爲荊南政權的最高統治者爲高氏，故以「高氏荊南」爲名，一如史籍中常以「錢氏吳越」、「馬楚」指代吳越和楚政權的用法。這是開篇之前不得不首先予以說明的問題。

〔註1〕〔清〕吳任臣：《十國春秋》卷 101《荊南二·侍中繼沖》，中華書局點校本 1983 年版，第 1453 頁。

荊南政權被宋消滅時，據有荊州、峽州、歸州〔註2〕，而下轄 17 縣，以今湖北江陵爲統治中心，是五代十國時期今湖北地區內部的區域性割據政權。荊南因處戰略要衝之地，政治、軍事地位突出，自唐後期以來就一直陷於兵連禍結之中，逮高季昌奄有其地，漸以獨立姿態出現於五代十國風雲激盪之歷史舞臺。然迄今爲止，學界關於高氏荊南政權的研究成果尚不夠全面深入，相對於南方九國中的其他政權而言，關於高氏荊南政權的研究最爲薄弱。爲彌補五代十國史研究中的缺環，推進湖北區域史的研究，全面展示高氏荊南的發展歷程，致力於該課題的研究極有必要。

本課題研究的意義，可約略概括爲下述三方面：

其一，探明本地區經濟發展的進程與實績，並將其置於唐宋之際的發展過程中予以考察，眞切認識高氏荊南經濟發展的優勢及其所達到的高度，彌補既往湖北地方史研究的不足。

其二，著力挖掘此特定階段經濟發展的各項條件及其優勢，特別是著重考察本地自然與交通資源，在拉動經濟繁榮過程中的地位與作用，以期從中借鑒歷史經驗，服務於本地從中部崛起的現實需要。

其三，將高氏荊南政權與南北政權的互動關係，置於其時的歷史發展大勢中予以分析，以求明瞭該政權的歷史地位，並切實增進五代十國時期「表面上亂，實質是變」〔註3〕，「亂而後治，治中有亂」〔註4〕等精賅之論的理解。

上述研究意義，決定了本題研究的目的在於：

首先，迄至目前爲止，學術界對於高氏荊南的研究仍較少關注，致使相應的學術成果極爲稀少（詳下文）。與之相應的是，該政權的政治、軍事、外交、經濟等等問題，依然有諸多未明之處。此種情形，有礙於人們準確把握高氏荊南發展的具體歷史脈絡，亦無法客觀評價其特色與歷史地位。爲盡力展現高氏荊南政權的全貌，如實反映其歷史進程，及其在五代十國總體演進

〔註 2〕〔宋〕歐陽修：《新五代史》卷 60《職方考》，中華書局點校本 1974 年版，第 728 頁。

荊州，治今湖北荊沙市荊州區故江陵縣城，唐五代荊州轄境相當今湖北荊門市、當陽市以南，枝江縣、松滋縣以東和潛江、石首二市以西地區。

峽州，治今湖北宜昌市，轄境相當今湖北宜昌、枝城、長陽、遠安等市縣地。

歸州，治今湖北秭歸縣西北歸州鎮。轄境相當今湖北秭歸、巴東、興山三縣地。

〔註 3〕熊德基：《五代史略·序》，見陶懋炳：《五代史略》，人民出版社 1985 年版，第 1 頁。

〔註 4〕鄭學檬：《五代十國史研究》，上海人民出版社 1991 年版，第 13 頁。

軌跡中所起的作用，致力於該課題的研究當屬必然應對。

其次，與高氏荆南史研究有欠深入全面，形成鮮明對比的是，近年來以五代十國時期地方性割據政權爲主題而撰寫的專史卻迭有所見，楊偉立《前蜀後蜀史》（四川社會科學出版社 1986 年版）、諸葛計等《閩國史事編年》（浙江古籍出版社 1989 年版）、任爽《南唐史》（東北師範大學出版社 1995 年版）、諸葛計等《吳越史事編年》（福建人民出版社 1997 年版）、徐曉望《閩國史》（臺灣五南圖書出版有限公司 1997 年版）、鄒勁風《南唐國史》（南京大學出版社 2000 年版）、福建五代閩國三王文物史蹟修復委員會編《閩國史彙》（暨南大學出版社 2000 年版）、杜文玉《南唐史略》（陝西人民教育出版社 2001 年版）、何勇強《錢氏吳越國史論稿》（浙江大學出版社 2002 年版）、羅慶康《馬楚史研究》（湖南人民出版社 2004 年版）、王鳳翔《晚唐五代秦岐政權研究》（三秦出版社 2009 年版）、李裕民《北漢簡史》（三晉出版社 2010 年版）、陳欣《南漢史稿》（廣東人民出版社 2010 年版）等，均是以同期川渝、江浙、蘇皖、湖湘等地的南方割據政權爲主題而撰寫的專著。另外，還有（日）池澤滋子《吳越錢氏文人群體研究》（上海人民出版社 2006 年版）、鄒勁風《南唐文化》（南京出版社 2005 年版）等專題論著。此類成果極大豐富了地方斷代史的研究，也爲同類課題的確立提供了範例。湖北省是中部地區的教育大省、文化大省和旅遊大省，從深入研究區域史的角度而言，極有必要補上高氏荆南史這一缺環。

再次，史載：荆南「地狹兵弱，介於吳、楚爲小國」，高氏父子又不以屈節爲恥，四向稱臣，故「諸國皆目爲『高賴子』」〔註5〕。在史家的這種正統觀念偏見之下，人們對於高氏荆南的評價一直都偏低。實際上，荆南居於吳、南唐、楚、前後蜀和中原之間，在夾縫中求生存，攔劫過往商旅，固爲不恥，「但從自存角度看，高氏父子確有權術，善於利用矛盾，以維護自己的統治」〔註6〕。五代史專家陶懋炳的看法是：「『賴子』爲王，割據一隅，傳之四世，歷時數十年，看來是滑稽可笑的事。其實，這不過是分裂割據下出現的特殊情況而已。」單靠諸方「平衡」，劫取財物、騙賞賜是無法自存的。「史籍斥言其無賴，極嘲笑之能事，忽視了它賴以存在的主要條件，顯係正統觀念的偏見」。〔註7〕鄭學檬曾說，荆南處四戰之地，「環境複雜，政局穩定與否主要

〔註5〕《新五代史》卷 69《南平世家》，第 859 頁。
〔註6〕卞孝萱、鄭學檬：《五代史話》，北京出版社 1985 年版，第 11 頁。
〔註7〕《五代史略》，第 177 頁。

取決於高氏本身的對策是否得當」〔註8〕。因此，高氏父子能在群雄以力相併的時代享國 50 餘年，其所採取的迥異於南方其他諸國的自存之道，是高氏荊南統治者立足於外部客觀環境而做出的明智選擇，自有其合理性。這種自存之道，貫穿於其內政、外交、軍事和經濟等舉措之中，值得逐一加以解剖，以期進一步揭示高氏荊南史的面貌，以為五代十國史的全局性、綜合性研究提供必要的補充。

又次，在五代十國史的演變格局中，在由分裂走向統一的過程中，地處長江中游的高氏荊南所發揮的作用，及其歷史地位的評價，因受制於高氏荊南史研究的不足，學界迄今仍未能做出客觀界定和如實評價。無可否認的是，高氏荊南是唐末以來政治地理格局裂變的產物，又是五代十國政局變更中的一極，亦是多元政權林立中的互動方，儘管其地域狹小、國力單薄，但因其所處的特定地理區位，決定了該政權在多種勢力絞結、纏鬥的紛爭局面下，有著牽制各方力量、調和相鄰政權矛盾、緩和多方衝突的獨特作用，一定程度上有利於維繫南北勢力的均衡。而在後周、宋初統一浪潮高漲之際，「控制長江中游地區就成為統一與分裂天平的一個決定因素」〔註9〕，高氏荊南順應歷史潮流，歸降於宋，加快了宋初統一的步伐。凡此種種，均是評判高氏荊南歷史地位不容忽視的事實，理當攬入視野，給予足夠重視。

最後，需要予以說明的是，關於高氏荊南的性質論定問題，史家也一直持不同意見。儘管多數史家傾向於將高氏荊南列入十國，視其為南方九個割據政權之一，但當今學界仍有不同聲音。有的學者認為南平地域狹小，沒有穩固的經濟基礎，稱藩於中原王朝，軍備力量弱小，亦未建國稱帝，不應當作一國看待。〔註10〕究竟如何斷定高氏荊南的性質，是堅持迄宋以降即已幾成共識的南方九國之說，還是將其排除於南方割據政權之外，採取何種判斷標準，也是進行高氏荊南史研究無法迴避的問題。對此，筆者時下的認識是，儘管高氏荊南始終並未稱帝改元，亦從未接受「××國王」的封號，此兩點既與吳、南唐、前蜀、後蜀、南漢、閩有所不同，也與吳越、馬楚存在差別；而且，高氏荊南這個較為特殊的獨立政權，又有異於稍後的湖南周行逢、漳

〔註 8〕《五代十國史研究》，第 11 頁。

〔註 9〕王賡武著，趙鴻昌譯：《長江中游地區在唐代的政治地位》，《研究集刊》1985
　　　年第 1 期；轉引自李文瀾：《湖北通史・隋唐五代卷》，華中師範大學出版社
　　　1999 年版，第 403 頁。

〔註 10〕曾國富：《五代南平史三題》，《中國史研究》1996 年第 1 期。

泉留從效政權。但是，高氏荊南能立足於一時，並延續半個多世紀，且被宋代史家列爲南方九國之一，而即帝改元的劉燕、擅置官號的秦歧，卻並未被史家納入獨立政權之列，應當自有其根據和判別標準，而高氏荊南的獨立性、自主性，尤其是存在時間之久，恐怕是其中至爲重要的因素。就此而論，照搬此前或此後「國家」的概念，機械地加以衡量和對比，顯然會有悖歷史的眞實，也無法得出令人信服的結論。聯繫唐末五代的總體局勢來看，高氏荊南其實「不過是分裂割據下出現的特殊情況」〔註11〕，是一種異態和非正常化，也自然會與統一時期的常態、正常化大異其趣。因此，在高氏荊南起止時間的界定上，筆者目前無意就此多做糾結和考辨，而是仍然沿襲傳統史家的說法，以後梁太祖開平元年（907）作爲高氏荊南政權創立的時間上限，本篇即依此而論。嗣後當具文對此問題詳加探究，而這暫時不在本文涵蓋之列，雖說多少會使本課題的研究留有缺憾，但學無涯涘，惟可俟來日再補此憾。

二、學術史回顧

在中國斷代史的研究中，五代十國史的研究，在較長時期內一直較少受到學界重視。自20紀初以降，學界通常視五代十國史爲隋唐史的延伸，在斷代劃分上習慣謂爲「隋唐五代史」，最早以此命名的專著首推鄧之誠《隋唐五代史》（國立北平師範大學1912年版），其後藍文徵、楊志玖、傅樂成、鄧子琴、吳楓、呂思勉、韓國磐、（日）宮崎市定、黎傑、王仲犖、唐長孺、吳宗國等先生相繼推出同類著述，一概沿襲「隋唐五代」之說。以上諸書均重隋唐而略五代，此種狀況與歷史時期的長短、史料的豐寡相對應，實屬正常。在上述體例中，十國史所佔的篇幅甚少。通史性著作的情形大體與此相埒，茲不一一列舉。

值得關注的是，20世紀40年代前後，學界即有《五代史》（著者、出版社、年代不詳）一書問世。筆者曾親眼目睹其上冊，至於有無下冊，不得而知。從其形式來看，該書與印刷本無異，至於出版發行的具體情況，已難獲悉。其內容約略涉及五代政治、經濟狀況，雖較單薄，然此書首創以五代史作爲特定歷史段落的著述方式，立意則深，對推動五代十國史的研究功不可沒。國外學者較早做出回應，（馬來西亞）Wong "The Structure of Power in North during

〔註11〕《五代史略》，第177頁。

the Five Dynasties Kuala Lumper"（University of Malaya Press, 1963）一書，即
爲其例。改革開放以後，伴隨中國史學界斷代史研究熱潮的興起，作爲中
國斷代史系列之一的陶懋炳《五代史略》（人民出版社 1985 年版）一書的誕
生，即是國內第一部完整的、以五代十國爲主要內容的斷代史專著，是書
以揭示五代十國政治、經濟、文化的基本事實爲特色。與之相應，五代十
國史的研究漸次吸引眾多學者參與，並且逐漸改變了此前僅僅關注政治、
經濟等層面的單一取向，視野擴展至軍事、民族、文化、社會生活等眾多
方面。種種跡象表明，五代十國史研究日益呈現出獨立化、多層次、深入
化的趨勢。

即便如此，五代十國史的研究總體上仍然屬於中國史研究領域中的偏門
與冷門，介於唐宋史研究的邊緣。實際上，五代十國，既是唐、宋兩大帝國
之間的過渡階段，又是中國傳統社會典型的分裂割據時期之一，其「上接李
唐下承趙宋，彼此都是連互約三百年的大帝國，可見中國社會在這過程中雖
經顛簸，並沒有完全垮臺；並且，這 54 年內，尚可能產生若干積極的因素，
這樣才能讓自北魏和拓跋氏所創立的『第二帝國』繼續在歷史進程中邁
進。……李唐王朝之崩潰，並非由於社會之退化，而是由於社會之進化」〔註 12〕。
而在這樣一個大震蕩、大變革的時代，社會經濟和文化的發展既有遭受嚴重
破壞的一面，但同時又有得到發展的另一面，並非如傳統史家所言乃一無是
處的黑暗時代。繼五代十國而興起的天水一朝，在其歷史行程中展現出的風
貌與底蘊，確乎與李唐王朝有著明顯差別，這就是唐宋之際的政治、經濟與
文化發生重大變化的眞實表現。關於此點，學界業已形成共識，無須贅述。
所以，姑且勿論「唐宋變革」〔註 13〕與唐宋轉型的提法是否仍有重加論證、
再予詮釋的必要，僅就解讀與評判唐、宋時期中國社會的前行軌跡與演進趨

〔註 12〕 黃仁宇：《赫遜河畔談中國歷史》，三聯書店 1999 年版，第 134 頁。

〔註 13〕 （日）內藤湖南：《概括的唐宋時代觀》，《歷史與地理》1910 年第 9 卷第 5
號，收入劉俊文主編：《日本學者研究中國史論著選譯（第一卷）》，中華書局
1992 年版；（日）宮崎市定：《東洋的近世》，《宮崎市定全集（第二卷）》，岩
波書店 1992 年版，收入《日本學者研究中國史論著選譯（第一卷）》。另，關
於唐宋變革期學說的介紹與思考，可參見（日）宮澤知之：《唐宋社會變革論》，
《中國史研究動態》1999 年第 6 期；張其凡師：《關於唐宋變革期學說的介紹
與思考》，《暨南學報》2001 年第 1 期；李華瑞：《20 世紀中日「唐宋變革」
觀研究述評》，《史學理論研究》2003 年第 4 期；張國剛等：《「唐宋變革」與
中國歷史分期問題》，《史學集刊》2006 年第 1 期；張國剛等：《「唐宋變革」
的時代特徵》，《江漢論壇》2006 年第 3 期。

向而言，介於其間的五代十國史無疑是從事唐宋史研究無法繞開的一個時段。正如學者所指出：「五代時期之所以重要，原因之一在於它的過渡性。它是一個破壞、雜糅與整合的時期。它自唐代後期藩鎮割據局面脫胎發育而來，同時又爲打破長期僵持之局面創造著條件；它是『禮崩樂壞』的時期，同時又是大規模整理舊制度，建設新局面的時期」。「一些曾經困擾大唐帝國後期政治史、甚至對唐王朝的統治造成直接威脅的問題，諸如宦官專權、朋黨之爭、藩鎮割據等，是在唐末五代激劇酷烈的動蕩之中漸趨消釋」。〔註14〕因此，倘若缺乏對五代十國史的深入研究，極有可能導致認識上的疏漏與偏差，形成知其然而不知其所以然的模糊判斷。近年來大量湧現出的研究成果，雖然已使五代十國史研究長期「積弱」的狀況有所改觀，並極大程度改變了人們對五代十國史的看法，但相較於五代十國史詭譎多變、豐富複雜的內涵而言，其間眾多領域與層面的挖掘力度仍然有限，尚有進一步深入與拓展的空間。

　　在五代十國史研究依舊未盡人意的總體情形下，關於高氏荊南史的探究則更爲稀少，除斷代史與通史著述中略有涉及外，20 世紀 80 年代以後出現的幾部專著，如陶懋炳《五代史略》（人民出版社 1985 年版）、鄭學檬《五代十國史研究》（上海人民出版社 1991 年版）、張其凡師《五代禁軍初探》（暨南大學出版社 1993 年版）、武建國《五代十國土地所有制研究》（中國社會科學出版社 2002 年版）、任爽主編《十國典制考》（中華書局 2004 年版）、杜文玉《五代十國制度研究》（人民出版社 2006 年版）、任爽主編《五代典制考》（中華書局 2007 年版）等均甚少涉及此題。沈起煒《五代史話》（中國青年出版社 1983 年版）與卞孝萱、鄭學檬《五代史話》（北京出版社 1985 年版），爲體裁與形式所限，皆言其概貌。而在區域斷代史研究中，李文瀾《湖北通史・隋唐五代卷》（華中師範大學出版社 1999 年版）中有「五代十國時期的荊楚地區」一節，因囿於篇幅，亦稍欠具體詳盡。此外，涉及歷史時期湖北地區經濟開發研究的論著，如黃惠賢、李文瀾主編《古代長江中游的經濟開發》（武漢出版社 1988 年版）、牟發松《唐代長江中游的經濟與社會》（武漢大學出版社 1989 年版）、陳鈞等主編《湖北農業開發史》（中國文史出版社 1992 年版）、梅莉《兩湖平原開發探源》（江西教育出版社 1995 年版）、魯西奇《區域歷史地理研究：對象與方法——漢水流域的個案考察》（廣西人民出版社 2002 年版）、魯西奇等《漢水中下游河道變遷與堤防》（武漢大學出版社 2004 年版）、房銳《孫光憲與〈北夢

〔註14〕鄧小南：《祖宗之法——北宋前期政治述略》，三聯書店 2006 年版，第 79 頁。

〈瑣言〉研究》（中華書局 2006 年版）等，雖與本題有涉，但均非論述高氏荊南的專著。不惟如是，相關專題論文也極少見。除以人物爲題材的文學研究外，單篇論文僅有朱巨亞《淺析荊南政權存在的原因》（《蘇州科技學院學報》1987 年第 3 期）、宋嗣軍《五代時期南平立國原因淺析》（《湖北師範學院學報》1990 年第 3 期）和曾國富《五代南平史三題》（《中國史研究》1996 年第 1 期）等，其重點均在於探討高氏荊南存亡的歷史原因，並未涉及高氏荊南具體的歷史進程及種種現象。與此項研究相關的另有錢超塵《高繼沖及其所獻〈傷寒論〉考略》（《中國醫藥學報》1986 年第 1 期）、莊學君《孫光憲生平及其著述》（《四川師範大學學報》1986 年第 4 期）、楊光華《前蜀與荊南疆界辯誤》（《西南師範大學學報》1993 年第 4 期）、（日）岡田井吉與郭秀梅《高繼沖本〈傷寒論〉與〈永類鈐方·傷寒論〉》（《吉林中醫藥》1995 年第 1 期）、房銳等《梁震生平事跡考》（《西華大學學報》2005 年第 4 期）五篇文章，也是關於高氏荊南史某一側面的研究。

近年來，關於高氏荊南的探討論題漸趨專門，研究日益走向深入，湧現的成果有：筆者曾撰《談談高氏荊南國史研究》（《湖北大學學報》2006 年第 3 期）、《五代十國時期歸、峽二州歸屬考辨》（《湖北大學學報》2008 年第 3 期）、《關於高氏荊南時期的人口問題》（《荊楚文化與湖北人文精神》，湖北人民出版社 2009 年版）、《高氏荊南藩鎮使府幕職、僚佐考》（《記憶·歷史·文化》第 3 輯，中國地質大學出版社 2010 年版）、《事大稱臣：高氏荊南立國之基調》（《記憶·歷史·文化》第 5 輯，湖北人民出版社 2012 年版）、《五代宋初荊門軍考述》（《荊楚文化與長江文明》，湖北人民出版社 2012 年版）等。另有張躍飛《唐五代時期的江陵城》（《南都學壇》2010 年第 2 期）、《高氏荊南入宋縣數考》（《宋史研究論叢》第 13 輯，河北大學出版社 2012 年版）、《五代十國時期的扞蔽與平衡》（《唐史論叢》，陝西師範大學出版社 2012 年版）。學位論文則有張躍飛《五代荊南政權研究》（北京師範大學 2010 年博士論文）、張曉笛《高氏荊南軍事地理研究》（華中師範大學 2012 年碩士論文）。上述研究在一定程度上有益於豐富人們對高氏荊南的認識。

總體來看，高氏荊南史的研究現狀尚未能揭示出該政權的全貌，仍有許多領域尚待探究。本題試圖對高氏荊南疆域、政治、軍事、外交、經濟等方面的問題，逐一展開探索，期望能展現出高氏荊南的歷史全貌。

三、史料之搜集與處理

　　五代十國史研究，之所以長期以來不太受人關注，史料的不足是其中至為重要的原因，所謂「五代亂世，文字不完，而史官所記亦有詳略」〔註15〕。正因受制於此，五代十國史研究與此前此後的唐史、宋史研究相比，確乎遜色多多。具體到本課題的研究，材料的匱乏問題，更見突出，在傳承至今的文獻中，關於高氏荊南的記載極其零散和少見，加之並無考古材料出土，故而史料薄弱的狀況極有可能長期無法改變。造成這種局面的原因，至少與下述因素有關：其一，高氏荊南地域狹小，其入宋時的版圖僅有荊、歸、峽三州，不僅比其時南方割據政權中的任何一國小許多，即使是與唐代的荊南鎮相比，其轄地也是遠遠不及。其二，高氏荊南存在僅 57 年，時間不是太長。兩種因素結合在一起，再加上其時戰事密集，境內如孫光憲之類的載筆之士，又不是太多，故而關於其本身的記載本來可能就極為有限。並且，《舊五代史》自金章宗之後，逐漸湮沒不聞，今本《舊五代史》係從《永樂大典》中輯出，清人選輯時散佚了原書中至少一半的內容，僅今人陳尚君所輯《舊五代史新輯會證》（復旦大學出版社 2005 年版）一書的部頭，已較今存《舊五代史》多出一倍，估計在此之外，還會有一些記載，已著實不易搜求。就在上述散佚的內容中，有關高氏荊南的記載，肯定也有一定比例。另外，如劉恕《十國紀年》、王舉《天下大定錄》、曾顏《渤海行年記》等書，亦皆記錄有高氏荊南的若干史實，惜均不傳於世。惟其如此，關於高氏荊南的研究也長期止步不前。如何在有限的記載中盡可能廣泛搜集材料，這是本課題自確立伊始即必須直面的難題。

　　然而，史載甚少與全然無載，顯然尚有極大不同，在極其有限的記載中，高氏荊南的諸多問題仍有不同程度的顯示，充分利用傳世文獻的相關記述，依舊能對高氏荊南的眾多方面做出說明、解釋和判斷。

　　通過耙梳史料，本題研究的材料來源亦相應集中於下述方面：

　　首推正史，主要包括《舊唐書》、《新唐書》、《舊五代史》、《新五代史》、《宋史》等等。其中，兩《五代史》的史料價值尤為突出，而《舊五代史》又勝一籌。《宋史》中亦不乏關於高氏荊南的記載，特別是入宋後荊南高氏的有關情況，其間仍有不少涉及。

　　其次是編年、紀傳體史料（正史外），主要包括《資治通鑒》、《續資治通

〔註15〕《新五代史》卷 58《司天考二》，第 711 頁。

鑒長編》、《十國春秋》等。在總計達 294 卷的《資治通鑒》中，關於五代十國的記載即達 29 卷之多，約占全書總編幅的 1/10，內中關於高氏荊南的記述也有一些，可與兩《五代史》相互比照。《續資治通鑒長編》中對於高氏荊南在宋初的情形亦有記載，此部分材料對瞭解高氏荊南入宋前後的史實，甚有裨益。至於《十國春秋》，雖然相對晚出，但從史料彙集的豐贍程度而言，遠遠超出上述諸書，一定程度上可彌補正史、編年體史書的不足。當然，其中錯訛之處亦不少，需謹慎使用。

又次是政書，主要包括《通典》、《五代會要》、《文獻通考》、《宋會要輯稿》等。後三種政書中，涉及高氏荊南的內容極為少見，但有些記載卻未見於他書，其史料價值不言而喻。

又次是類書、叢書，主要有《冊府元龜》、景印文淵閣《四庫全書》、《古今圖書集成》、《四部叢刊》、《叢書集成》、《五代史書彙編》等。以上諸書中，因《冊府元龜》纂集時，關於五代史的記載，多引據實錄和原本《舊五代史》，故其可信度極高，其中關於高氏荊南的若干記載，他書不載，彌足珍貴。再就是經今人整理而成的《五代史書彙編》，收羅了大量、常見的關於五代史、十國史的書籍，足資利用。其餘數書中，所收錄的集部、地理類書籍，也有關於高氏荊南的零星記載。

又次是地理類書籍，主要有《天下郡國利病書》、《讀史方輿紀要》等。兩書皆出自於著名學者之手，其間關於地理沿革、形勝的分析，精闢細緻，在對高氏荊南的疆域等問題展開討論時，兩書極具參考價值。

又次是方志類書籍，主要有《元和郡縣圖志》、《太平寰宇記》、《元豐九域志》、《輿地紀勝》、《輿地廣記》、《方輿勝覽》等。成於宋人之手的方志類書籍，在敘述本地政區沿革、形勝、風俗時，往往會提到高氏荊南時期的有關情況，這些材料少有見諸正史者，值得加以利用。

又次是文集，主要有《全唐文》、《全唐詩》等總集，《元稹集》、《歐陽修全集》、《蘇軾文集》等別集。尤其是宋人文集，間有敘及荊、歸、峽三州風土人情者，據此亦可大致推知高氏荊南時期的若干情形。

又次是筆記，主要有《北夢瑣言》、《清異錄》、《老學庵筆記》、《入蜀記》等等。數書當中，孫光憲所撰《北夢瑣言》屢屢提及荊南高氏數主，和該政權中的其他人物，這些記載的真實性勿庸置疑，當可徵信。

最後是雜史，主要有《五代史補》、《九國志》、《三楚新錄》、兩《南唐書》

等等。前三書中，關於荊南高氏的記載相對集中，有些材料甚至具有唯一性，值得重視。

　　上述類別所列書籍，並非徵引史籍的全部，篇末另附「參考文獻」，述之甚詳。而在具體選用史籍時，本篇盡量選取較爲常見、流行的各種版本，出注時亦一一落實到頁碼，以便於核對、查驗。這本是學術規範的基本要求，無須多述。

　　需要稍做說明的是，因諸書所載往往存在差別，故在引述相關文字時，本篇力求參引、羅列其他記述，在力所能及的基礎上，考訂其正誤，盡量從中選擇一種較爲令人信服的說法。而對於諸多未解之處，則姑存之，留待日後再作考究。

第一章　高氏荊南立國之前的荊南鎮

第一節　荊南鎮政區沿革

　　中唐以後，隨著大唐國勢的江河日下，爲確保南方財賦的補給，南路運輸日益活躍，居於江、漢中游的江陵演變爲轉輸南方上供物資的中轉站。爲嚴控江陵，確保江漢漕道的通暢，以維繫風雨飄搖的大唐王朝，唐廷始有在江陵置鎮、設南都之舉。荊南鎮〔註1〕設立之後，在較長時期內成爲唐廷掌控政治全局的核心區域之一。晚唐以降，藩鎮割據局面愈益不可收拾，荊南鎮也倍受兵燹衝擊，長期陷於無休止的動盪之中，荊南鎮逐漸演變爲各路軍閥輪番搶奪的地區。

一、中唐之前荊州政區沿革

　　荊南鎮以今湖北荊沙市荊州區故江陵縣城爲治所，荊州爲其區域中心。荊州地處江漢平原腹心，係古「九州」之一。其地在荊山與衡山之間，因境內有荊山而得名。《尙書・禹貢》云：「荊及衡陽惟荊州。」《爾雅・釋地》稱：「漢南曰荊州。」《周禮・職方》言：「正南曰荊州。」

　　春秋時期，楚國即定都於江陵（今湖北荊沙市荊州區舊江陵縣），謂之郢都。戰國時，以鄢郢爲南郡，設江陵縣以爲治所。項羽改南郡爲臨江國，西漢初復爲南郡。漢武帝元封五年（前106），分全國爲十三刺史部（州），荊州爲其一，南郡治所江陵隸屬荊州。轄區大約包括現在湖北、湖南兩省及河南、

〔註 1〕荊南鎮，治今湖北荊沙市荊州區故江陵縣城，轄境相當今湖北石首、荊沙市以西，重慶墊江、豐都以東的長江流域及湖南洞庭湖以西的澧、沅二水下游一帶。

貴州、廣西、廣東等省區的部分地區。東漢以漢壽縣（今湖南常德市東北）爲治所。東漢獻帝初平元年（190），劉表徙治於襄陽（今湖北襄陽市漢水南岸襄陽城）。三國鼎立，魏、蜀、吳三分荊州，其後荊州南北雙立。

西晉武帝定荊州治所於南郡，又移治所於武昌（今湖北鄂州市），復還於江陵。東晉荊州轄境、治所時有所變，桓溫督荊州時，自夏口（今湖北武漢市武昌區）徙理所於江陵縣，並開始營修城府，構築江堤。其後，治所屢變，至孝武帝太元（376～396）年間以後，治所始定於江陵縣。南朝宋、齊之世，轄境包括今湖南澧水以北，湖北大神農架、荊山以南，荊門市、監利縣以西和重慶萬州市以東，開縣、巫溪縣以南地區。梁以後，轄境漸小。梁元帝承聖三年（554），江北之地爲西魏所有，遂立蕭詧爲梁王，都江陵縣，荊州惟有沿江之地。陳置荊州於長江南面之公安縣（今湖北公安縣西北），與梁所設荊州隔江相對，劃江而治，荊州再度兩設。

隋廢南荊州爲公安鎮，煬帝罷荊州爲南郡，治江陵縣。唐高祖武德四年（621），復置荊州。唐玄宗天寶元年（742），改爲江陵郡。唐肅宗乾元元年（758），復爲荊州。此一時期，荊州所轄地域，大致包括今湖北松滋至石首間長江流域北部，兼有今荊門、當陽等地。

荊州是東西水運和南北陸路的交叉點，吳、蜀舟船出入峽口必在此停泊，自古以來即爲兵家重地。其地「西接巴巫，東連雲夢」〔註2〕，「控巴、夔之要路，接襄、漢之上游，襟帶江、湖，指臂吳、粵」〔註3〕。特別是對於荊楚地區而言，「夫荊州者，全楚之中也。北有襄陽之蔽，西有夷陵之防，東有武昌之援」〔註4〕，是控制長江中游地區的戰略要地。諸葛亮即稱：「荊州北據漢、沔，利盡南海，東連吳會，西通巴、蜀，此用武之國」〔註5〕。東晉南朝因偏安江左，荊州軍事政治地位異常重要，所謂「居上流之重，地廣兵強，資實兵甲，居朝廷之半」〔註6〕。隋滅陳以前，以「江陵要害，國之南門」

〔註2〕〔宋〕樂史：《太平寰宇記》卷146《山南東道五·荊州》，臺北文海出版社影印本1971年版，第304頁。

〔註3〕〔清〕顧祖禹：《讀史方輿紀要》卷78《湖廣四·荊州府》，中華書局點校本2005年版，第3652頁。

〔註4〕《讀史方輿紀要》卷75《湖廣一·湖北方輿紀要序》，第3484頁。

〔註5〕〔宋〕司馬光：《資治通鑑》卷65，漢獻帝建安十二年十一月，中華書局點校本1954年版，第2075頁。

〔註6〕〔南朝〕沈約：《宋書》卷51《劉義慶傳》，中華書局點校本1974年版，第1476頁。

〔註7〕，並將之作為與并、揚、益比肩的四大總管之一。〔註8〕唐代中葉以降，荊州軍事戰略上的重要意義再次得以凸顯，荊南鎮的設置即其表徵。

二、中唐時期荊南鎮的設置

荊南鎮的設置，是唐朝安史之亂後政治形勢發展的必然選擇。安史之亂的爆發及其後愈演愈烈的藩鎮割據，使得李唐王朝的國勢急轉直下。北方戰禍不止，以「河朔三鎮」為首的北方節度使，大多桀驁不馴，「喜則連衡而叛上，怒則以力而相并」〔註9〕；強藩自擅一方，「郡邑官吏，皆自署置，戶版不籍於天府，稅賦不入於朝廷」〔註10〕。唐廷為延續其統治，取得以江南為主的南方上供物資的支持，已是勢所必然。李唐血脈之所以能在後期延續100餘年，「終不傾者，東南為之根本也」〔註11〕。唐朝對這一地區的控制是否有效，攸關國運興衰。由於運河沿線已被強藩佔據，江淮轉運路絕，南路遂成為東南諸道轉輸上供物資的唯一路途，這條聯繫南北的唯一紐帶，也是支撐大唐帝國的生命補給線。唐代肅、代、德三朝極為活躍的南路，即指穿過秦嶺，經漢、沔水系，溝通關中及江漢流域以及整個東南地區經濟聯繫的一條運路，由江漢水道與陸運的商山路共同構成。〔註12〕

在由江、漢路與商山路組成的驛路中，居於江、漢樞紐位置的江陵，是至為重要的關津之一。憑藉四通八達的地理條件和唐前期區域經濟中心的地位，江陵漸次演變為唐廷轉運東南物資的最大集散地，「是時淮、河阻兵，飛輓路絕，鹽鐵租賦，皆泝漢而上」〔註13〕，甚至一度出現「江、淮租賦山積」〔註14〕的情形，並由此而躍升為唐王朝的戰略後方，其存亡對於唐廷安危具

〔註 7〕〔唐〕魏徵：《隋書》卷 53《達奚長孺傳》，中華書局點校本 1973 年版，第 1351 頁。

〔註 8〕《隋書》卷 47《韋世康傳》，第 1267 頁。

〔註 9〕〔宋〕歐陽修、宋祁：《新唐書》卷 64《方鎮表一》，中華書局點校本 1975 年版，第 1759 頁。

〔註 10〕〔後晉〕劉昫：《舊唐書》卷 141《田承嗣傳》，中華書局點校本 1975 年版，第 3838 頁。

〔註 11〕〔清〕王夫之：《讀通鑑論》卷 26《宣宗》，中華書局點校本 1975 年版，第 952 頁。

〔註 12〕參見王力平：《唐肅、代、德時期的南路運輸》，載黃惠賢、李文瀾主編：《古代長江中游的經濟開發》，武漢出版社 1988 年版，第 331～345 頁。

〔註 13〕《舊唐書》卷 49《食貨志下》，第 2117 頁。

〔註 14〕《資治通鑑》卷 219，唐肅宗至德元載十二月，第 7007 頁。

有直接影響。史載：唐肅宗乾元二年（758），襄州〔註15〕軍隊發動叛亂，「南襲破江陵，漢沔饋運阻絕，朝廷旰食」〔註16〕，唐廷在擊潰叛軍、奪回江陵之後，形勢才轉危為安。自此伊始，江陵戰略地位更形突出。為加強對江陵的控制，上元元年（760），肅宗詔令以江陵為南都，升荊州為江陵府，置荊南節度使，以前宰相呂諲為江陵尹、荊南節度使。此舉是唐廷繼設置上都長安（治今陝西西安市）、東都洛陽（治今河南洛陽市）、北都太原（治今山西太原市西南晉源鎮）和中都蒲州〔註17〕之後，在南方地區首次設立陪都，旨在強調南都、江陵府在南半個中國舉足輕重的地位。地處東西南北之中的荊州，「右控巴蜀，左聯吳越；南通五嶺，北走上都」〔註18〕，已演變為唐廷掌控全境政治局勢的關鍵性區域。對於設置荊南鎮的重要性，皇甫湜曾有如下概括：「荊山之南，府壓上游，置尹視京、河，置使視揚、益，同巴蜀、吳越之治。臻自上古，為天下敵，在今為咽喉之地，制荊南之治否，乃天下低昂也。」〔註19〕是否設置荊南鎮，竟然是天下大勢低昂與否的關節所在，可見確保江陵對於唐廷具有何等的重要意義，荊州實際上已上昇為影響唐廷政治全局的區域政治中心。

荊南鎮設置之初，「領（荊州，即江陵府）澧、朗、硤、夔、忠、歸、萬八州」〔註20〕。所轄範圍大致包括今湖北省荊沙市以南、宜昌市以及重

〔註15〕襄州，治今湖北襄陽市漢水南襄陽城，轄境相當今湖北襄陽、老河口、南漳、宜城、谷城等市縣地。

〔註16〕《舊唐書》卷138，《韋倫傳》，第3781頁。

〔註17〕蒲州，治今山西永濟市西南蒲州鎮，轄今山西永濟、臨猗、聞喜、萬榮、芮城等市縣地。

〔註18〕〔清〕董誥：《全唐文》卷336，顏真卿：《謝荊南節度使表》，中華書局影印本1983年版，第3405頁。

〔註19〕《全唐文》卷686，皇甫湜：《荊南節度判官廳壁記》，第7029頁。
揚州，治今江蘇揚州市，轄境相當今江蘇長江以北地區。
益州，即其後之劍南道，治今四川成都市，本轄益、彭等25州及昆明軍，約當今四川中部地區。唐肅宗至德二年（757）分為東川、西川兩道。東川，治今四川三臺縣，領梓、遂、綿、普、陵、瀘、榮、劍、龍、昌、渝等12州，約當今四川盆地中部涪江流域以西、沱江下游流域及劍閣、青川等縣地。西川，治今四川成都市，領成都府及彭、蜀、漢、眉、嘉、邛、簡、資、茂、黎、雅以西諸州，約當今四川成都平原及其以北、以西和雅礱江以東地區。

〔註20〕《舊唐書》卷39《地理志二·山南道》，第1552頁。《資治通鑒》卷266「後梁太祖開平元年五月」亦載：「荊南舊統八州。」胡三省注：「荊、歸、硤（峽）、夔、忠、萬、澧、朗，共八州。」第8680頁。〔清〕吳廷燮：《唐方鎮年表》卷5《荊南》同此，中華書局點校本1980年版，第679頁。《十國春秋》卷

慶市東部、湖南省常德市北部等地區。其後，荊南鎮管轄區域一度擴及岳、潭、衡、郴、永、邵、道、連等八州〔註21〕，因改隸江南西道〔註22〕，此八州又從荊南分割而出，荊南鎮所轄重新回到最初設置時的狀況。在荊南舊統八州之中，除荊州江陵外，其他諸州經濟發展水平明顯偏低，但從地理區位而言，荊南鎮正是依賴於下轄各州才得以北與山南東道〔註23〕、東

100《荊南一‧武信王世家》雖未列州名，仍言「荊南舊統八州」。第1428頁。按，〔宋〕王欽若：《冊府元龜》卷338《宰輔部‧貪黷》曰：荊南「本朝時管荊、澧、朗、硤（峽）、歸、夔、忠、萬、涪等州」。所言州數爲九，較前多出涪州。中華書局影印本1960年版，第3998頁。《資治通鑑》卷269，後梁太祖乾化四年正月；《十國春秋》卷100《荊南一‧武信王世家》均有「夔、萬、忠、涪四州舊隸荊南」之語，是爲佐證。分見第8781頁，第1430頁。《新唐書》卷67《方鎮表四》則記荊南下轄十州，即在八州之外，別有郢、復二州。第1870頁。《新五代史》卷69《南平世家》云：「荊南節度十州。」第856頁。《資治通鑑》卷262「唐昭宗光化三年九月胡三省注」，又有荊南領十州之說。第8533頁。以上三說，荊南所轄州數不侔，有待考究。茲從八州之說。

澧州，治今湖南澧縣，轄境相當今湖南澧縣、臨澧、安鄉、石門、慈利、張家界、桑植等市縣地。

朗州，治今湖南常德市，轄境相當今湖南常德市及漢壽、桃源縣地。

夔州，治今重慶市奉節縣東十里白帝城，轄境相當今重慶奉節、巫溪、巫山、雲陽等市縣地。

忠州，治今重慶市忠縣，轄境相當今重慶忠縣、豐都、墊江、石柱等縣地。

萬州，治今重慶市萬州市，轄境相當今重慶萬州市及梁平等縣地。

〔註21〕岳州，治今湖南岳陽市，轄境相當今湖南洞庭湖東、南、北沿岸各縣市地。

潭州，治今湖南長沙市，轄境相當今湖南長沙、株州、湘潭、益陽、瀏陽、湘鄉、醴陵等市縣地。

衡州，治今湖南衡陽市，轄境相當今湖南衡山、常寧、耒陽間湘水流域。

郴州，治今湖南郴州市，轄境相當今湖南永興縣以南的耒水流域和藍山、嘉禾、臨武、宜章等縣地。

永州，治今湖南永州市，轄境相當今湖南永州、東安、祁陽和廣西全州、灌陽等市縣地。

邵州，治今湖南邵陽市，轄境相當今湖南冷水江市以南資水流域。

道州，治今湖南道縣西，轄境相當今湖南道縣、新田、寧遠、江永及江華瑤族自治縣地。

連州，治今廣東連州市，轄境相當今廣東連州市、陽山縣及連山壯族瑤族自治縣、連南瑤族自治縣地。

〔註22〕江南西道，治今南昌市，較長時期領有洪、饒、吉、江、袁、信、虔、撫八州，相當今江西省。

〔註23〕山南東道，治今湖北襄陽市，轄境相當今重慶長壽、墊江、萬縣和陝西紫陽、石景、寧陝等縣以東，河南泌陽、桐柏和湖北隨州、京山、沔陽和洪湖等縣市以西，秦嶺、伏牛山以南、長江以北地區。

與鄂岳鎮〔註24〕，結成牢固的整體，從而爲唐廷掌控長江中游地區的全部版圖，把握戰略全局的主動權，提供可靠的保障。具體而言，由於荊南鎮地處江漢平原腹心，東與鄂州〔註25〕接壤，西與川蜀相接，北與襄陽毗鄰，故其東、西、北三面的方鎮一旦有虞，即可自此出兵予以支持。如唐文宗大和三年（829），南詔進犯西川，唐廷發「荊南兵以救西川」〔註26〕，此事就體現了荊南鎮的後援作用。然而，畢竟周邊並無離心傾向極強的藩鎮，荊南鎮往往並非戰爭前沿或兵鋒直指的對象，此點也決定了在平定淮西和北方強藩叛亂等大型戰役中，荊南鎮所能發揮的軍事作用，還是要遜色於山南東道。

作爲荊南鎮最高軍政長官的節度使一職，照例由府尹兼任。自唐肅宗上元元年（760）設南都、置江陵尹爲起點，至唐僖宗光啓元年（885）止，在這125年間，出任江陵尹者總計48人，平均任期2.6年〔註27〕，表明江陵府（荊南鎮）長官的任職總體上仍能執行朝廷限制節帥任期過長的規定。這一時期，任職江陵尹時間最長的兩位是衛伯玉和裴冑，分別達13年（763～776）和11年（792～803）之久。前者使荊南成爲朝廷可靠的後援基地，後者則鞏固了荊南轉輸江南貢賦以支撐朝廷的穩定性作用。裴冑以降，任荊南節度使者有16位，其中7人出任荊南節度使之前，有任職宰相的經歷〔註28〕。這種情況既是荊南鎮地位極其重要的反映，更是朝廷內部宦官與權臣爭鬥的一種必然結果。種種情況表明，「荊南成爲一些特殊人物——朝廷寵臣，以及中樞政治爭鬥中的政治家——的進退之地。從這個意義上看，唐後期荊南鎮是朝廷可以控制的一個穩定地區」〔註29〕。

〔註24〕 鄂岳鎮，治今湖北武漢市武昌區，較長期領有鄂、岳、蘄、黃、安、申等州，相當今湖北廣水、應城、漢川、赤壁等市縣以東，河南淮河以南，湖南洞庭湖、汨羅江以北地。後曾改爲武昌軍節度使。

〔註25〕 鄂州，治今湖北武漢市武昌城區，轄境約相當今湖北赤壁市以東、陽新縣以西，武漢市長江以南，幕阜山以北地。

〔註26〕《資治通鑑》卷244，唐文宗太和三年十一月，第7867頁。

〔註27〕 郁賢皓：《唐刺史考》卷195《山南東道·荊州》，江蘇古籍出版社1987年版，第2350～2365頁。

〔註28〕 出鎮荊南的7位宰相分別是趙宗儒（任職時間爲808～811，下同）、袁滋（814～816），崔群（829～830）、段文昌（830～832）、李石（838～843）、李德裕（846）、鄭肅（846～849）。《舊唐書》與《新唐書》本傳有載，茲不一一出注。

〔註29〕 李文瀾：《湖北通史·隋唐五代卷》，華中師範大學出版社1999年版，第169～170頁。

三、晚唐時期的荊南鎮

晚唐以降，荊南局勢長期不穩。9 世紀 70 年代，王仙芝、黃巢領導的農民戰爭爆發。唐僖宗乾符六年（879），義軍一度攻佔江陵，隨即因北上受挫，轉而沿江東下，江陵復歸唐廷所有。但因朝廷內部宦官與朝臣間的傾軋愈加劇烈，荊南節度使的授受逐漸為宦官監軍所把持。唐僖宗廣明元年（880），荊南監軍楊復光夥同泰寧〔註 30〕將軍段彥謨，誅殺江陵駐軍將領宋浩，並抵制朝命拒絕接受鄭紹業赴鎮。中和元年（881），唐僖宗被迫改授段彥謨為荊南節度使。次年，段彥謨又被監軍朱敬玫攻殺，敬玫門徒、地方軍帥、荊州本地人陳儒榮升節帥，掌控荊南軍政大權。自此，荊南鎮陷入混亂之中，節度使的更替基本上都是以力相拼的結果。

陳儒在鎮期間，淮南〔註 31〕高駢叛將張瓌、韓師德分據復〔註 32〕、岳二州，自稱刺史。唐僖宗光啟元年（885）正月，陳儒以張瓌攝行軍司馬，張瓌假意稟命出兵攻擊雷滿，卻趁機回師江陵，「逐儒而代之」。張瓌性情貪暴，荊南舊將被誅殺殆盡，又殺監軍朱敬玫，「盡取其財」。〔註 33〕牙將郭禹因受排擠，率眾千人襲取歸州，自稱刺史。當年九月，秦宗權部下秦宗言圍攻荊南，張瓌「固壘二歲，樵蘇皆盡，米斗錢四十千，計抔而食，號為『通腸』。疫死者，爭唁其尸，縣首于戶以備饌。軍中甲鼓無遺，夜擊闐為警」〔註 34〕。宗言不能下，乃解圍而去。光啟三年（887）十二月，秦宗權所署山南東道留後趙德諲陷江陵，張瓌「留其將王建肇守城而去，遺民才數百家」〔註 35〕。

唐昭宗文德元年（888），歸州刺史郭禹率兵襲擊荊南，逐走王建肇，自任荊南留後，不久即被唐廷授以節鉞。郭禹即成汭，因殺人亡命，更其姓名，

〔註 30〕泰寧軍，治今山東兗州市，轄沂、海、兗、密、徐五州，相當今山東膠州灣以西、高密、安丘、萊蕪、泰安以南，濟寧及江蘇豐縣以東，南至安徽懷遠、江蘇泗陽。

〔註 31〕淮南鎮，治今江蘇揚州市，長期領有揚、楚、滁、和、壽、廬、舒等州，一度領有泗、濠、宿等州。相當今江蘇、安徽兩省江北、淮南地區的大部分。

〔註 32〕復州，治今湖北天門市，轄境相當今湖北仙桃、天門、洪湖三市和監利縣地。

〔註 33〕《資治通鑑》卷 256，唐僖宗光啟元年正月，第 8319 頁。

〔註 34〕《新唐書》卷 186《陳儒傳》，第 5424 頁。

〔註 35〕《資治通鑑》卷 257，唐僖宗光啟三年十二月，第 8372 頁。另，《新唐書》卷 186《陳儒傳》載：「城遂陷，（張）瓌死。」第 5424 頁。茲從《資治通鑑》（簡稱《通鑑》，下同）。

至是復其本姓。成汭「始治州，民版無幾」〔註36〕，所謂「荊州經巨盜之後，居民才一十七家」，成汭「撫輯凋殘，勵精爲理，通商訓農，勤於惠養，比及末年，僅及萬戶」〔註37〕。成汭治理荊南初見成效，這種恢復、發展經濟之功在當時的南方軍閥中難得一見。其時，「藩鎮各務兵力相殘，莫以養民爲事」，只有北方華州〔註38〕刺史韓建，「招撫流散，勸課農桑，數年之間，民富軍贍」〔註39〕。故時人有「北韓南郭」〔註40〕之譽。但此時荊南經濟畢竟僅僅是略有復蘇而已，久遭兵火沖刷的元氣，較之鼎盛時期自不可同日而語，財力、物力、人力顯然大不如前。然而，成汭「性豪暴，事皆意斷，又好自矜伐，騁辯凌人，深爲識者所鄙」〔註41〕。並且好大喜功，不自量力，耽於征伐，圖謀擴張，曾向唐廷請求將荊南原管轄郡澧、朗二州依舊割隸，未得允許，由是心懷不滿。天復三年（903）五月，成汭「欲侵江、淮之地以自廣」〔註42〕，奉朱全忠之命援救鄂州杜洪，遂傾巢而出。孰料大軍甫出，武安節度使〔註43〕馬殷與武貞節度使〔註44〕雷彥威之弟彥恭趁虛襲取江陵〔註45〕。成汭不及回師，與淮南楊行密的軍隊戰於君山（今湖南岳陽市西南洞庭湖中），兵敗，溺水而死。不久，雷彥恭又與忠義節度使〔註46〕趙匡凝相勾結，驅逐雷彥威，取而代之，獨據江陵。〔註47〕同年十月，趙匡凝將雷彥恭逐出江陵，以其弟趙匡明爲荊南留後。天祐二年（905）九月，朱全忠勢力進入荊南，以賀瓌爲荊南留後，荊南局勢漸趨穩定。

〔註36〕《新唐書》卷190《成汭傳》，第5484頁。

〔註37〕〔宋〕薛居正：《舊五代史》卷17《成汭傳》，中華書局點校本1976年版，第229頁。

〔註38〕華州，治今陝西華縣，轄境相當今陝西華縣、華陰、潼關三縣市及渭南市北部、臨潼縣東北部一帶。

〔註39〕《資治通鑑》卷257，唐僖宗文德元年四月，第8378頁。

〔註40〕《新五代史》卷40《韓建傳》，第434頁。

〔註41〕《舊五代史》卷17《成汭傳》，第229頁。

〔註42〕《資治通鑑》卷264，唐昭宗天復三年四月，第8607頁。

〔註43〕武安節度使駐潭州，即今湖南長沙市。

〔註44〕武貞節度使駐朗州，即今湖南常德市。馬殷建楚，取朗州，改名武平節度使。

〔註45〕按，《新五代史》卷41《雷滿傳》稱：「滿襲破江陵。」第445頁。而《資治通鑑》卷262「唐昭宗天復元年十二月」載：是月，武貞節度使雷滿薨，其子彥威自稱留後。第8566頁。據此可知，天復三年（903）五月，襲據江陵者並非雷滿。《新五代史》（簡稱《新史》，下同）所載有誤。

〔註46〕忠義節度使駐襄州，即今湖北襄陽市漢水南襄城。

〔註47〕《新唐書》卷186《鄧處訥傳附雷滿傳》，第5423頁。

第二節　唐末的荊南鎮

　　處於風雨飄搖中的大唐王朝自顧不暇，繼北方之後，南方各地相繼走上割據之路。荊南及其周邊地區的混戰也日益加劇。而荊南鎮局勢的長期不穩，又大大削弱了荊南鎮的實力，其原轄諸州漸次成爲土豪、軍閥覬覦的對象，荊南鎮下轄屬郡除荊州外，漸次被分割而出，逮至唐昭宗天復（901～904）年間，荊南鎮原管轄郡，八州已失其七，僅餘荊州一地。

一、唐末政治地理格局的變動

　　安史之亂以後，大唐王朝版圖內已開始形成藩鎮割據局面，此前內重外輕的政治地理格局，逐漸被外重內輕、尾大不掉之勢所取代。迄至唐末，強藩擅命、獨霸一方的情形，愈發不可收拾，朝命所行之地日漸縮小。光啓元年（885），唐僖宗自成都返回長安，結束三年播遷經歷。其時政治地理的總體格局，即如史載：

> 　　時李昌符據鳳翔，王重榮據蒲、陝，諸葛爽據河陽、洛陽，孟方立據邢、洺，李克用據太原、上黨，朱全忠據汴、滑，秦宗權據許、蔡，時溥據徐、泗，朱瑄據鄆、齊、曹、濮，王敬武據淄、青，高駢據淮南八州，秦彥據宣、歙，劉漢宏據浙東，皆自擅兵賦，迭相吞噬，朝廷不能制。江淮轉運路絕，兩河、江淮賦不上供，但歲時獻奉而已。國命所能制者，河西、山南、劍南、嶺南西道數十州。大約郡將自擅，常賦殆絕，藩侯廢置，不自朝廷，王業於是蕩然。

〔註48〕

〔註48〕《舊唐書》卷19下《僖宗紀》，第720頁。
　　鳳翔，即鳳翔節度使，治今陝西鳳翔縣，領岐、隴、金、商、秦五州，相當今甘肅秦安縣以東，陝西鳳翔、隴縣以西商縣、安康等市縣地。
　　河陽，治今河南孟縣南，較長期領有河陽三城和河陽、溫縣、濟源、汜水、河陰等地，轄境相當今黃河故道以北，太行山以南、濬縣以西和今黃河南岸孟津縣及滎陽市的汜水、廣武二鎮地。
　　邢州，治今河北邢臺市，轄區相當今河北鉅鹿、廣宗市以西，泜河以南，沙河以北地區。洺州，今河北永年縣東南城關鎮，轄區相當今河北邯鄲市、雞澤、永年、曲周、丘縣、肥鄉、武安等市縣地。
　　上黨，即澤潞鎮，治今山西長治市，轄澤、潞二州。澤州，治今山西晉城市。潞州，治今山西長治市。
　　汴州，治今河南開封市，轄境相當今河南開封市與開封、封丘、蘭考、杞縣、通許、尉氏等縣地。滑州，治今河南滑縣東南城關鎮，轄境相當今河南滑縣、

藩鎮勢力的惡性膨脹，已至無復可加的地步，可謂是無地不藩、無日不戰。唐廷的權威在兵連禍結、強藩阻命的情形下，一落千丈。加之，宰輔、宦官與藩鎮相互勾結，爭權奪利，相互攻伐，置國家安危於不顧，唐廷反而已受制於藩鎮。其後，中原地區逐漸演變爲兩鎮爭霸的形勢，河東〔註49〕李克用與宣武〔註50〕朱全忠展開了曠日持久的拉鋸戰。

在北方中原藩鎮間的混戰持續惡性發展的局面下，唐廷對南方的駕馭也力不從心，南方各地也逐漸加入到藩鎮割據的行列。大小軍閥自擅一方，迭相火併，江淮、兩浙、劍南、嶺南、福建、荊湖都捲入戰火之中，群雄

長垣、延津等縣地。宋州，治今河南商丘縣南，轄境相當今河南柘城、夏邑以北，睢縣以東，山東曹縣、睢縣以南，安徽碭山縣以西地。汴宋鎮即宣武鎮。

許州，治今河南許昌市，轄境相當今河南許昌、漯河、舞鋼、鄢陵、扶溝、臨潁、舞陽、郾城、長葛等地。

蔡州，治今河南汝南縣，轄境相當今河南淮河以北、洪河上游以南、桐柏以東地區。

徐泗，又稱感化軍，轄徐、泗等州。徐州，治今江蘇徐州市，轄境相當今山東東南部和江蘇長江以北地區。泗州，治今江蘇盱眙縣西北，轄境相當今江蘇宿遷、邳州、睢寧、泗陽、漣水、灌南、泗洪及安徽泗縣等縣市地。

鄆州，治今山東東平縣西北，轄境相當今山東東平、梁山、鄆城、巨野等縣地。齊州，治今山東濟南市，轄境相當今山東濟南、淄博、長清、齊河、禹城、臨邑、濟陽、鄒平、章丘、桓臺等市縣地。曹州，治今山東曹縣西北，轄境相當今山東菏澤市及定陶、成武、東明和河南民權等縣地。濮州，治今山東鄆城縣西北舊城鎮，轄境相當今山東鄆城及河南濮陽南部地區。

淄青，治今山東青州市，領淄、青、登、萊、棣等州，約當今山東東北部半省之地。

宣州，治今安徽宣州市，轄境相當今安徽長江以南，郎溪、廣德以西，旌德以北、東至以西地。歙州，治今安徽歙縣，轄境相當今安徽新安江流域、祁門縣及江西婺源等地。

山南分東、西兩道，西道，治今陝西漢中市，轄境相當今陝西秦嶺、甘肅嶓冢山以南，重慶江津、永川等市縣以北，陝西佛坪、西鄉、鎮巴和四川城口、開縣、大竹、鄰水以西，嘉陵江流域以東地區。

嶺南，治今廣東廣州市，直轄廣管諸州，轄境相當今廣東大部分地區，兼領桂、邕、容、安南四管之地。咸通三年（862）分爲東西兩道，東道轄廣管諸州，西道轄桂、容、安南、邕管等地。

〔註49〕河東道，治今山西永濟市西南蒲州鎮，轄境相當今山西全省及河北西北部內、外長城間地。

〔註50〕宣武軍，唐德宗興元元年（784）後，治今河南開封市，長期領有汴、宋、亳、潁四州，相當今河南封丘、開封市、尉氏、柘城、沈丘以東，山東單縣及安徽碭山、亳州、渦陽、蒙城、阜陽、潁上等縣市地。

角力，無日不休。幾經較量，廣袤的長江以南地區，逐漸形成幾個相對穩定的藩鎮。

江淮地區，自高駢鎮淮南後，幾度易主。原高駢舊部、廬州〔註51〕合肥（今安徽合肥市）人楊行密趁亂崛起，唐僖宗光啓三年（887）十月，攻下廣陵（今江蘇揚州市），行密自稱淮南留後。不久，又棄廣陵，下宣州，遂被唐廷授以寧國軍〔註52〕節度使。唐昭宗景福元年（892）六月，楊行密大敗孫儒，盡得淮南八州，並兼有江南常、潤、昇〔註53〕三州地。此即爲其後楊吳政權的基本版圖。

兩浙地區，係鎮海軍〔註54〕節度使轄境。周寶在鎮時，與淮南高駢屢有摩擦。唐僖宗中和二年（882），浙東觀察使劉漢宏兵發浙西，杭州〔註55〕八都主將董昌奉周寶之命，與副將、杭州臨安（今浙江臨安縣北十八里高虹鄉）人錢鏐，歷時四年，擒斬漢宏，佔據越州〔註56〕。周寶敗亡，薛朗繼任節度使。唐昭宗文德元年（888），錢鏐消滅薛朗，並奪取蘇〔註57〕、常等州。景福二年（893），唐廷授錢鏐鎮海軍節度使。乾寧三年（896）五月，錢鏐擊敗董昌，盡取浙東諸州，獲鎮海、鎮東〔註58〕兩鎮節鉞，遂奄有兩浙全境。此爲其後吳越政權的前身。

〔註51〕 廬州，治今安徽合肥市，轄境大致相當今安徽合肥、巢湖、廬江、無爲、舒城、六安、霍山、金寨等市縣地。

〔註52〕 寧國軍，前身爲宣歙觀察使，治今安徽宣州市，領宣、歙、池三州。

〔註53〕 常州，治今江蘇常州市，轄境相當今江蘇常州、無錫、江陰、武進、宜興等市縣地。
潤州，治今江蘇鎮江市，轄境相當今江蘇南京、句容、鎮江、丹徒、丹陽、金壇等市縣地。
昇州，治今江蘇南京市，轄境相當今江蘇南京及江寧、句容、溧水、溧陽等縣地。

〔註54〕 鎮海軍，治今江蘇鎮江市，統潤、蘇、常、湖、杭、睦等六州，轄境相當今浙江北部和江蘇江南的鎮江以東地區。其後潤州爲淮南楊行密所有，復置鎮海軍於此。

〔註55〕 杭州，治今浙江杭州市南鳳凰山麓、錢塘江濱以西，轄境相當今浙江杭州、海寧、餘杭、富陽四市及臨安縣地。

〔註56〕 越州，治今浙江紹興市，轄境相當今浙江浦陽江（浦江縣除外）、曹娥江、甬江流域。

〔註57〕 蘇州，治今江蘇蘇州市，轄境相當今江蘇吳縣、常熟市以東，浙江桐鄉、海鹽東北和上海市大陸部分。

〔註58〕 鎮東軍，治今浙江紹興市，領越、睦、衢、婺、台、明、處、溫八州，轄境相當今浙江大部分地。

　　劍南地區，為西川、東川節度使轄地。唐僖宗中和（881～885）年間，西川陳敬瑄部將高仁厚，剿滅東川楊師立，遂為東川節度使。隨後，兩川再生釁隙，攻伐不斷。光啓二年（886），田令孜為西川監軍使，盡收陳敬瑄軍政大權，令孜義子王建出任利州〔註 59〕刺史。王建棄利州而攻閬州〔註 60〕，自稱防禦使。唐昭宗大順二年（891），王建入成都（今四川成都市），自任西川節度使，誅殺田、陳。乾寧四年（897），王建併有東川。不久，又取得漢中及秦、鳳、成、階諸州〔註 61〕。至此，奠定其後前蜀政權的轄區。

　　嶺南地區，唐設嶺南節度使。唐末韋宙曾鎮於此，賞識牙校劉謙，妻以侄女。唐昭宗乾寧（894～898）年間，劉崇龜病卒，薛王李知柔繼任，行至湖南，嶺南軍將盧琚、覃玘發動兵變，劉隱率封州〔註 62〕兵攻殺二將，迎李知柔赴任，被擢為行軍司馬。其後，徐彥若出任嶺南節度使，以劉隱為節度副使。彥若卒，軍中推劉隱為留後。天祐二年（905），唐廷授以節鉞，是為其後的清海〔註 63〕、靜海〔註 64〕兩軍節度使。南漢政權即脫胎於此。

　　福建地區，唐設福建觀察使。唐僖宗光啓元年（885），秦宗權部將王緒率 5,000 人進入福建，奪得汀、漳〔註 65〕二州。同年八月，其部將、固始縣（今河南固始縣）人王潮因不滿王緒，夥同將士擒殺王緒。次年，攻下泉州〔註 66〕。

〔註 59〕利州，治今四川廣元市，轄境相當今四川廣元、旺蒼、青川及陝西寧強等市縣部分地。
〔註 60〕閬州，治今四川閬中市，轄境相當今四川閬中、南部、蒼溪等市縣地。
〔註 61〕秦州，治今甘肅秦安縣西北，轄境大致包括今甘肅南部、青海東南部和四川東北部等地。
　　　　鳳州，治今陝西鳳縣東北鳳州鎮，轄境相當今陝西鳳縣及甘肅徽縣、兩當二縣地。
　　　　成州，治今甘肅成縣，轄境相當今甘肅禮縣、西和、成縣等地。
　　　　階州，治今甘肅康縣西，轄境相當今甘肅武都、康縣等地。
〔註 62〕封州，治今廣東封開縣東南封川鎮，轄境相當今廣東郁南、封開縣及廣西賀江上流地區。
〔註 63〕清海軍，治今廣東廣州市，轄境相當今廣東省（除連州、連南瑤族自治縣、連山壯族瑤族自治縣外）及海南省。
〔註 64〕靜海軍，治今越南河內市西北。
〔註 65〕汀州，治今福建長汀縣，轄境相當今福建武夷山脈以東，三明、永安、漳平、龍巖、永定等市縣以西地區。
　　　　漳州，治今福建漳浦縣，唐代宗大曆（776～779）後，轄境相當今福建九龍江流域及其西南地區。
〔註 66〕泉州，治今福建晉江縣，轄境相當今福建晉江和木蘭溪兩流域、澎湖地區及廈門、同安、金門等市縣地。

不久，又攻併福州〔註67〕、汀州、建州〔註68〕，盡有福建五州之地。唐昭宗乾寧三年（896），唐廷升福建爲威武軍〔註69〕，授王潮節鉞。翌年，王審知繼位。王氏遂割據福建，其後的王閩政權即淵源於此。

　　湖南地區，唐末分屬荊南鎮和江南西道。唐僖宗中和元年（881），朗州土豪雷滿襲取朗州，自此，湖南連年混戰。同年，江西牙將閔勗進入潭州，遂被唐廷委任爲湖南觀察使，旋升爲欽化軍〔註70〕節度使。光啓二年（886），衡州刺史周岳逐殺閔勗，唐廷改欽化軍爲武安軍，周岳任節度使。唐昭宗乾寧元年（894），孫儒部將劉建鋒進入湖南，自稱節度使。劉建鋒被部下擊殺後，馬殷被擁爲留後。接下來數年間，馬殷逐漸穩定湖南局勢，取得除澧、朗、辰、溆〔註71〕四州外的其餘諸州，並被唐廷授以武安軍節度使。馬楚政權奠基於此。

　　由此可知，迄至唐末，無地不有的藩鎮割據，實際上已將表面上看來仍是統一局面的李唐王朝，分割得支離破碎。而各地軍閥均以武力相拼，在其轄境內率意而爲，名義上雖仍爲藩鎮，但其實大多皆不奉王命，儼然已成爲國中之國。原來統一形勢下的政治地理格局，已被分裂爲眾多的政治單元，而這些相鄰的政治、軍事實體之間，又迭相吞噬，鏖戰不息。至此，唐帝國已然名存實亡。

　　就在南方各地交相混戰之際，荊南鎮所轄諸州，也成爲相鄰軍閥爭奪的對象，截至唐亡前夕，荊南原管八州，已被分割殆盡，惟餘荊州而已。

二、雷氏父子分割澧、朗二州

　　分割荊南鎮的始作俑者，係朗州土豪雷滿。雷滿乃武陵（今湖南常德市）洞蠻，「本漁師，有勇力」〔註72〕，「兇悍獷勇，文身斷髮」。唐僖宗廣明（880～881）年間，湖南饑荒，盜賊蜂起，雷滿與同里人區景思、周岳等，「聚群蠻數千，獵於大澤中，乃擊鮮釃酒，擇坐中豪者，補置伍長，號土團軍，諸

〔註67〕福州，治今福建福州市，轄境相當今福建尤溪縣北尤溪口以東的閩江流域和古田、屏南、福安、福鼎等市縣以東的地區。五代時期轄境西南部縮小。

〔註68〕建州，治今福建建甌市，轄境相當今福建南平以上的閩江流域（沙溪中上游除外）。

〔註69〕威武軍，治今福建福州市。後周太祖廣順元年（951），改爲彰武軍。

〔註70〕欽化軍，治今湖南長沙市，領潭、衡、永、邵、道、郴、連七州，轄境相當今湖南南部及廣東西北部。唐僖宗光啓元年（885），改名武安軍。

〔註71〕辰州，治今湖南沅陵縣，轄境相當今湖南沅陵縣以南沅水流域地。

　　　　溆州，治今湖南溆浦縣，轄境大致相當今溆浦縣境。

〔註72〕《新唐書》卷186《鄧處訥傳附雷滿傳》，第5421頁。

蠻從之，推滿爲帥」〔註73〕。「高駢鎮荊南（胡三省注：乾符五年，駢鎮荊南），補武陵蠻雷滿爲牙將，領蠻軍，從駢至淮南，逃歸，聚眾千人，襲朗州，殺刺史崔翥，詔以滿爲朗州留後。」〔註74〕與此同時，衡州刺史石門蠻向瓌，亦聚集夷獠數千人攻陷澧州，殺刺史呂自牧，自稱刺史。溪洞諸蠻宋鄴昌、師益等酋首，亦皆起兵剽掠。

雷滿則以輕舟出入於荊江上下，攻劫州縣，四境不得安寧，江陵更是迭遭其屠戮。史載：「歲中，率三四引兵寇荊南，入其郛，焚掠而去，大爲荊人之患。」〔註75〕唐僖宗光啓元年（885）正月，雷滿屢攻荊南，荊南帥陳儒「重賂以卻之」〔註76〕。唐昭宗光化元年（898）七月，唐廷加武貞節度使雷滿同平章事。胡三省注引《方鎮表》曰：「光化元年（898），置武貞節度，領澧、朗、漵三州，治澧州。」〔註77〕又云：「自雷滿據澧、朗，又分置武貞軍節度。」〔註78〕是則荊南鎮正式被分割，別置武貞軍。

天復元年（901）十二月，雷滿死後，其子彥威自稱留後〔註79〕。雷彥威「狡獪殘忍，有父風，常泛舟焚掠鄰境，荊、鄂之間，殆至無人」〔註80〕。天復三年（903）五月，趁成汭援救鄂州杜洪之際，聯合武安軍節度使馬殷襲取江陵，「焚樓船，殘墟落，數千里無人跡」〔註81〕。當年十月，山南東道節度使趙匡凝舉兵進攻江陵，朗兵棄城而遁。雷彥威之後，其弟彥恭繼任，並東連淮南楊行密，西結西川王建，阻絕王命，隔斷江、嶺行商之路，荊、湘間飽受其害。武安軍節度使馬殷與荊南高季昌合勢對付雷彥恭，開平二年（908）五月，雷彥恭投奔淮南，澧州、漵州相繼降於馬殷，「楚始得澧、朗

〔註73〕《新五代史》卷41《雷滿傳》，第445頁。

〔註74〕《資治通鑑》卷254，唐僖宗中和元年十二月，第8261頁。另，《新唐書》卷186《鄧處訥傳附雷滿傳》載：「詔授朗州兵馬留後。」第5421頁。《新五代史》卷41《雷滿傳》則稱：「昭宗以澧、朗爲武貞軍，拜滿節度使。」第445頁。其說不一，茲從《通鑑》。

〔註75〕《資治通鑑》卷254，唐僖宗中和元年十二月，第8261頁。

〔註76〕《資治通鑑》卷256，唐僖宗光啓元年正月，第8319頁。

〔註77〕《資治通鑑》卷261，唐昭宗光化元年七月胡三省注，第8516頁。

〔註78〕《資治通鑑》卷262，唐昭宗光化三年九月胡三省注，第8533頁。

〔註79〕《新唐書》卷186《鄧處訥傳附雷滿傳》，第5423頁。《資治通鑑》卷262「唐昭宗天復元年十二月」同此。第8566頁。按，《舊五代史》卷17《雷滿傳》載：「及（雷滿）死，子彥恭繼之。」第237頁。今從《新唐書》與《通鑑》。

〔註80〕《資治通鑑》卷264，唐昭宗天復三年五月，第8609頁。

〔註81〕《新唐書》卷186《鄧處訥傳附雷滿傳》，第5423頁。

二州」〔註82〕。自此，澧、朗二州隸入割據湖南的馬楚政權。

三、西川王建奪取夔、忠、萬、歸、峽五州

繼澧、朗二州脫離荊南鎮後，西川王建趁勢掠取夔、忠、萬、歸、峽五州。唐昭宗天復三年（903），成汭失荊南，王建乘機襲取江陵屬郡。是年八月，「前渝州刺史王宗本言於王建，請出兵取荊南；建從之，以宗本爲開道都指揮使，將兵下峽」〔註83〕。「峽」即指三峽。《新唐書・昭宗紀》云：同年十月，「王建陷忠、萬、施三州」，又「陷夔州」〔註84〕。內中施州並非荊南屬地。《新五代史》卷63《前蜀世家》稱：「攻下夔、施、忠、萬四州。」歸、峽不在其內。《資治通鑑》卷264云：「遂定夔、忠、萬、施四州。」又「蜀之議者，以瞿唐，蜀之險要，乃棄歸、峽，屯軍夔州。」胡三省注：「荊南自此止領荊、歸、峽三州。」〔註85〕《蜀鑑》卷7「王建取夔、忠、萬、施四州，屯軍夔州」條，所載同於《資治通鑑》。據是，王建攻取夔、忠、萬等州的時間當爲天復三年（903）十月。前引書表明，王建此次用兵並未據有其地，歸、峽仍爲荊南巡屬。

然而上述記載與史實稍有出入。按，《舊五代史》卷136《王建傳》云：「趙匡凝之失荊、襄也，其弟匡明以妻孥奔蜀，建因得夔、峽、忠、萬等州。」此則材料乃四庫館臣採自《冊府元龜》卷233《僭僞部・勦伐第三》，原文爲：「趙（匡）凝之失荊襄也，弟（匡）明以其奴奔蜀，建因得夔、峽、忠、萬等州。」峽州赫然在列，但誤繫其時於905年趙匡凝、趙匡明兄弟失荊、襄之後。《冊府元龜》卷338《宰輔部・貪黷》則言其事曰：「天祐初，成汭失荊、襄，王建乘虛收歸、夔、峽等州。」此載繫時亦不確。《舊五代史》、《冊府元龜》關於史實記載多引據五代實錄，史料價值在《新五代史》、《資治通鑑》之上。雖然二書關於此事時間之記述明顯有誤，但史實並無出入。綜合前引史料，可知王建此次用兵當取得夔、忠、萬、歸、峽等州。其後，夔、忠、萬三州改隸西川，迄至前蜀滅亡，終無更改。

相較而言，歸、峽二州雖在天復三年（903）十月納入西川，但其情形與夔、忠、萬三州稍有不同。聯繫上文《資治通鑑》卷264、《蜀鑑》卷7所載，

〔註82〕《資治通鑑》卷266，後梁太祖開平二年五月，第8701頁。
〔註83〕《資治通鑑》卷264，唐昭宗天復三年八月，第8613頁。
　　　　渝州，治今重慶市，轄境相當今重慶江津、壁山、永川等市縣地。
〔註84〕《新唐書》卷10《昭宗紀》，第301頁。
　　　　施州，治今湖北恩施市，轄境相當今湖北西南部五峰、建始等縣以西地。
〔註85〕《資治通鑑》卷264，唐昭宗天復三年十月，第8619頁。

其時前蜀雖領有歸、峽，卻有可能未嘗駐軍於此。《十國春秋》卷 35《前蜀一・高祖本紀上》亦稱王建「乃棄歸、峽，屯軍夔州，於是并有三峽之地」。「三峽」，即長江三峽之簡稱，起今四川奉節縣東白帝城至湖北宜昌市西南津關間，歷史時期組成三峽之三段峽谷之名稱雖屢有變更，但其地域大致固定於此範圍。既言「并有三峽之地」，歸、峽屬西川殆無疑義。至此，荊南八州已失其七。是時，趙匡凝任荊襄節度使，表趙匡明爲荊南留後。天祐元年（904）五月，趙匡凝派水軍上峽攻夔州，西川將王宗阮敗之，萬州刺史張武作鐵索「鎖峽」〔註86〕。時距西川取歸、峽未遠，趙匡凝既得「上峽攻夔州」，此亦可證王建取歸、峽之初或未於此屯兵。

天祐二年（905）九月，汴軍破襄州，趙匡凝出奔淮南，趙匡明棄城逃至成都，荊南納入朱全忠勢力範圍，賀瓌充荊南留後。次年十月，雷彥恭屢寇荊南，賀瓌閉城自守，朱全忠以高季昌代之。《資治通鑑》卷 265 載：「又遣駕前指揮使倪可福將兵五千戍荊南以備吳、蜀。」〔註87〕屯師荊南以抵禦西川之師，可見歸、峽仍隸入西川。

高季昌入據荊南之前，西川王建並未放棄對荊南原管屬郡歸、峽的控制與爭奪。天祐三年（906）正月，「西川將王宗阮攻歸州，俘其將韓從實」。胡三省注：「歸州屬荊南。」〔註88〕韓從實爲何方將領，已無從查考。《新五代史》卷 63《前蜀世家》言其事爲：「又取歸州，於是并有三峽。」既有三峽，峽州自不在其外。將此記載結合前引王建據有歸、峽的史實進行分析，大致可做出如下推斷：該地區自天復三年（903）至天祐（904～907）年間基本上處於王建控制之下，不過不能排除偶而也有外來力量的侵入，王建此次再取歸州，即應是驅逐入侵者，恢復對該地區統治的一次軍事勝利。胡三省「歸州屬荊南」之注，欠妥。

綜合以上敘述，可知至天復三年（903）十月，原荊南鎮所轄八州中的七州，已分別被相鄰勢力侵佔，荊南原管轄郡僅存荊州。天祐三年（906）十月，高季昌代賀瓌爲荊南留後之時其情形仍然如此，即如史載：「季興始至，江陵一城而已。」〔註89〕

〔註86〕 〔宋〕路振：《九國志》卷6《前蜀・王宗壽傳》謂「鎖峽」爲「以鐵鏃斷夷陵江」。見五代史書彙編本（第 6 冊），杭州出版社點校本 2004 年版，第 3283 頁。
〔註87〕《資治通鑑》卷 265，唐昭宣帝天祐三年十月，第 8663 頁。
〔註88〕《資治通鑑》卷 265，唐昭宣帝天祐三年正月，第 8657 頁。
〔註89〕《新五代史》卷 69《南平世家》，第 856 頁。

第二章　高氏荊南的建立及傳承

第一節　高季昌入主荊南與高氏荊南政權的創立

　　唐昭宗天祐三年（906）十月，朱全忠以高季昌爲荊南留後，高氏「自此遂據有荊南」〔註1〕。開平元年（907）五月，後梁太祖「以權知荊南留後高季昌爲節度使」〔註2〕，高氏荊南遂得專擅一方。迄宋太祖乾德元年（963）二月，高繼沖降於宋，前後57年間，高氏荊南已歷「四世五主」〔註3〕，分別爲高季興、高從誨、高保融、高保勗（或作「勖」）〔註4〕和高繼沖。其中，保融、保勗均爲從誨之子。〔註5〕伴隨高氏五主的傳承，高氏荊南也經歷了從藩鎭到割據小國、再至亡國的過程。

〔註1〕《資治通鑑》卷265，唐昭宗天祐三年十月胡三省注，第8663頁。

〔註2〕《資治通鑑》卷266，後梁太祖開平元年五月，第8680頁。

〔註3〕按，〔元〕脫脫：《宋史》卷483《荊南高氏世家》稱：「自高季興據有荊南、歸峽之地，傳襲三世五帥，凡四十餘年。」中華書局點校本1985年版，第13955頁。此載「三世五帥，凡四十餘年」，均與史不合，今不取。

〔註4〕《舊五代史》卷133《高季興傳附高保勗傳》載：「保勗，季興之幼子也。」第1754頁。《新五代史》卷69《南平世家》載：「保勗字省躬，從誨第十子也。」第860頁。〔宋〕李燾：《續資治通鑑長編》卷3「太祖建隆三年十一月」有「荊南節度使高保勖寢疾」之載。中華書局點校本2004年版，第75頁。《宋史》卷483《荊南高氏世家》有「保勗字省躬」之語。第13953頁。可知「保勗」與「保勖」係同一人。

〔註5〕《新五代史》卷69《南平世家》載：「從誨十五子，長曰保勗、次保正，保融第三子也。」「保勗字省躬，從誨第十子也」。第859、860頁。《宋史》卷483《荊南高氏世家》亦云：「從誨生保融」，「保勗字省躬，從誨第十子，保融同母弟也」。第13952、13953頁。按，以從誨之子命名方式而言，此說近實，當採信。另，《舊五代史》卷133《高季興傳附高保勗傳》稱：「保勗，季興之幼子也。」第1754頁。當誤，無足爲信。

一、高季興早年履歷

　　高季興（858～928），字貽孫，本名季昌，避後唐莊宗祖父李國昌諱，改名季興。陝州硤石（今河南陝縣東南五十二里硤石鄉）人。高季昌早年爲汴州商人李七郎（一說爲李讓〔註6〕）家奴，李七郎因獻貢軍資財而被朱全忠收爲養子，更名友讓。季昌「耳面稍異」，朱全忠乃令朱友讓「養之爲子」。朱全忠鎮宣武期間，季昌成爲其麾下牙軍將領之一，能騎善射，〔註7〕並擔任制勝軍使，後遷毅勇指揮使。〔註8〕「制勝」、「毅勇」當爲朱全忠牙軍眾多番號中的兩個，而牙軍自唐後期以來一直是藩鎮節帥至爲倚重的部隊之一，擔負保衛節帥和攻城野戰的雙重職責，季昌初入軍旅，即躋身牙將行列，可見季昌自有其過人之處，並非僅憑「耳面稍異」。自此，季昌以元從身份追隨朱全忠，征戰四方，屢立戰功。

　　季昌成名於唐昭宗天復二年（902）的汴岐之戰。天復元年（901）十一月，岐王李茂貞與宦官韓全誨等人挾持唐昭宗入鳳翔，矯詔徵兵天下，討伐朱全忠。次年，汴軍進攻鳳翔，李茂貞堅壁不出。攻圍多日，師老兵疲，朱全忠部下大多主張撤兵，時任親從指揮使的高季昌力排眾議，說：「天下雄傑，窺此舉者一歲矣，今岐人已困，願少俟之。」又獻計曰：「兵法貴以正理，以奇勝者詐也，乘機集事，必由是乎。」〔註9〕朱全忠採納其議，決定施以詐降

〔註6〕《新五代史》卷69《南平世家》載：「季興少爲汴州富人李讓家僮。」第855頁。按，李七郎與李讓或爲一人，前者呼以排行，後者以名相稱，其改名「友讓」，乃因養子之故，朱溫遂取其原名，另依眞子命名之法而致。

〔註7〕《舊五代史》卷133《高季興傳》，第1751頁。《新五代史》卷69《南平世家》所述文字不同，但内容大致同此。第855頁。另，關於高季昌投身軍旅的經過，也有不同說法。〔宋〕周羽翀：《三楚新錄》卷3即稱：「幼好武而有膽氣。乾符（874～879）末，所在寇賊兢起，時梁祖爲元帥，專征伐，潛有飛揚跋扈之志，思得義勇者與之同力。時季興潛察之，乃謁梁祖於郊，尋拔爲制勝軍使。」五代史書彙編本（第10冊），杭州出版社點校本2004年版，第6327頁。據此，季昌幼年時即尚武好勇，其從軍乃緣於朱全忠爲壯大勢力而召募勇士之時，自願投奔。《十國春秋》卷100《荊南一·武信王世家》則糅合以上三書，敘述季昌早年事跡。第1427頁。茲從《舊五代史》（簡稱《舊史》，下同）與《新史》。

〔註8〕《新五代史》卷69《南平世家》，第855頁。《十國春秋》卷100《荊南一·武信王世家》同此。第1427頁。另，季昌起初所任軍職，《三楚新錄》卷3亦稱爲「制勝軍使」。第6327頁。

〔註9〕《舊五代史》卷2《梁太祖紀二》，第31頁。《新五代史》卷69《南平世家》記季昌之語爲：「天下豪傑窺此舉者一歲矣，今岐人已憊，破在旦夕，而大王之所慮者，閉壁以老我師，此可以誘致之也。」第855頁。《十國春秋》卷100《荊南一·武信王世家》同於《新史》，第1427頁。

之術，引誘岐軍出城作戰，屆時汴軍趁機予以攻擊，具體由季昌秘密實施招募軍士入岐詐降的計劃。騎士馬景領命而行，果然使李茂貞中計，岐軍大敗。天復三年（903）正月，岐軍向汴軍求和。朱全忠迎唐昭宗還京，李茂貞「自是兵力殫盡，垂翅不振」〔註10〕。對於朱全忠而言，此戰的勝利，既進一步鞏固了其效忠唐廷的形象，又解除了西面的軍事威脅，有助於全力與北面、東面藩鎮廝殺，搶奪地盤，擴充實力。是役中，高季昌展示了其隨機應變、果敢有謀的作風，其過人的軍事素養與指揮才能，是贏得汴岐之戰勝利的關鍵，「由是知名」〔註11〕於軍中。朱全忠對於一戰成名、居功至偉的高季昌自然青睞有加，高季昌旋被唐廷授以迎鑾勇毅功臣、檢校大司空、行宋州刺史，得以成為朱全忠控制地方的得力幹將之一。

　　汴岐之戰後，高季昌又「從梁祖平青州，改知宿州事，遷潁州防禦使，梁祖令復姓高氏」〔註12〕。汴軍破青州，事在天復三年（903）九月〔註13〕，則「知宿州事，遷潁州防禦使」當在此後不久。高季昌能在戰後被拔擢，並復歸原姓，當是朱全忠鑒於其立功表現的嘉獎。惜史籍缺載，季昌究竟在此役中有何等表現，現已無法確知。

〔註10〕　《舊五代史》卷 132《李茂貞傳》，第 1740 頁。
〔註11〕　《十國春秋》卷 100《荊南一・武信王世家》，第 1428 頁。
〔註12〕　《舊五代史》卷 133《高季興傳》，第 1751 頁。按，此事另有不同記載。《新五代史》卷 69《南平世家》稱：「明年，拜宋州刺史。從破青州，徙潁州防禦使，復姓高氏。」第 856 頁。又《資治通鑑》卷 263「唐昭宗天復二年九月」載：「（朱）全忠表季昌為宋州團練使。」第 8582 頁。《九國志》卷 12《北楚・武信王世家》載：「天復三年（903），拜宋州團練使，徙潁州防禦使。」第 3369 頁。《十國春秋》卷 100《荊南一・武信王世家》云：「明年，拜宋州團練使，從破青州，徙潁州防禦使，復姓高氏。」第 1428 頁。據此，季昌破青州前或任「宋州刺史」、「宋州團練使」。《舊史》不載，姑識於此，俟考。
青州，治今山東青州市，轄境相當今山東濰坊、青州、臨朐、廣饒、博興、壽光、昌樂、濰縣、昌邑等市縣地。
宿州，治今安徽宿州市，轄境相當今安徽宿州、固鎮、泗縣、靈壁、濉溪等市縣地。
潁州，治今安徽阜陽市，轄境相當今安徽阜陽、阜南、潁上、太和、鳳臺、界首、臨泉等市縣地。
〔註13〕　《新唐書》卷 10《昭宗紀》載：「九月……戊午，平盧軍節度使王師範叛附於全忠。」第 301 頁。《舊五代史》卷 2《梁太祖紀二》同此。第 33～34 頁。《舊唐書》卷 20 上《昭宗紀》記為「十一月丁酉朔」。第 777 頁。茲從《新唐書》與《舊史》。

　　隨著獨霸中原局面的漸趨形成，朱全忠終於得以騰出手來對付長期與其對立的山南東道節度使趙匡凝。此前，唐昭宗天復三年（903），荊南節度使成汭傾巢出動進援鄂州，武安節度使馬殷、武貞節度使雷彥威趁虛進襲江陵，雷彥威據有其地。當年十月，趙匡凝襲破荊南，逐走雷彥恭，以其弟趙匡明爲荊南留後。趙氏兄弟不服朱全忠，在「天子微弱，諸道貢賦多不上供」的形勢下，仍於唐廷「委輸不絕」〔註14〕，並「東與楊行密交通，西與王建結婚」〔註15〕。朱全忠既深惡趙氏兄弟，又垂涎荊襄這塊兵家要地，遂於唐天祐二年（905）遣楊師厚攻伐荊襄，一舉攻下唐、鄧、復、郢、隨、均、房七州〔註16〕，進而攻佔襄陽、江陵，趙匡凝奔吳，趙匡明投前蜀，荊南被朱全忠控制。朱全忠遂任楊師厚爲山南東道節度使，賀瓌充荊南留後。次年十月，雷彥恭再次興兵進攻荊南，賀瓌閉城自守，「朱全忠以爲怯，以穎州防禦使高季昌代之，又遣駕前指揮使倪可福將兵五千戍荊南以備吳、蜀。朗兵引去」〔註17〕。高季昌自此入據荊南。

　　《五代史補》卷2《高季興據荊南》記有高季昌至荊南前的一則軼事，無妨移錄如下：

　　　　初，季興嘗從梁太祖出征，引軍早發，至逆旅未曉，有嫗秉燭迎

<hr />

〔註14〕《資治通鑒》卷264，唐昭宗天復三年十月，第8621頁。
〔註15〕《資治通鑒》卷265，唐昭宣帝天祐二年八月，第8645頁。
〔註16〕唐州，治今河南泌陽縣，轄境相當今河南泌陽、唐河、方城、社旗、桐柏等縣地。
　　　　鄧州，治今河南鄧州市，轄境相當今河南鄧州、南陽二市及南陽、新野、內鄉、西峽、淅川、鎮平、南召等縣地。
　　　　郢州，治今湖北鍾祥市，轄境約當今湖北鍾祥、京山二市縣地。
　　　　隨州，治今湖北隨州市，轄境相當今湖北隨州、棗陽二市境。
　　　　均州，治今湖北丹江口市西北關門巖東舊均縣城，轄境約當今湖北丹江口、十堰二市和鄖縣地。
　　　　房州，治今湖北房縣，轄境相當今湖北房縣、竹山、竹溪、保康等縣及神農架林區北部地。
〔註17〕《資治通鑒》卷265，唐昭宗天祐三年十月，第8663頁。《十國春秋》卷100《荊南一·武信王世家》同此。第1428頁。另，〔宋〕陶岳：《五代史補》卷2《高季興據荊南》載：「（高季昌）爲太祖禪將，出爲郢州防禦使。時荊南成汭征鄂州，不利而卒，太祖命季興爲荊南留後。到未幾，會武陵土豪雷彥恭作亂，季興破之，遂以功授荊南節鉞。」五代史書彙編本（第5冊），杭州出版社點校本2004年版，第2489頁。按，此段記載錯訛之處頗多，如郢州爲不附朱全忠的山南東道所轄，高季昌並無可能任職於此，「郢州」當係「穎州」之誤；再者此載繫時與史實出入甚大，明顯與他書不合。故不取。

門，具禮甚厚。季興疑而問之，對曰：「妾適夢有人叩關，呼曰：『速
　起速起，有裂土王來！』及起，盥漱畢，秉燭開門，而君子奄至，得
　非所謂王者耶？所以不敢褻慢爾。」季興喜。及來荊南，竟至封王。

材料所言，未必真有其事，極有可能是高季興封王後而杜撰，無非是以此表
明其裂土一方乃是神明所諭，從而為高氏荊南政權的存在尋找上合天心的可
靠根據。這與歷史上改朝換代之際，易姓之君往往借助昭示吉凶禍福和治亂
興亡的讖言，以證明新生政權受命於天的舉措，如出一轍。而與此相類似的
舉動亦並非僅見，如《三楚新錄》卷3載：高季昌係「東魏司徒昂之後」。此
說顯然是季昌受門第遺風薰染，有意標榜自身高貴血統的把戲，其目的仍然
是為高氏荊南的統治提供輿論支持，無須多論。

二、高季興據有荊南及高氏荊南政權的開創

　　在高季昌受命出任荊南留後之前，荊南原管諸州已被相鄰勢力分割殆
盡，荊南鎮原統八州已失其七，僅存荊州一地。這種情形在高季昌入主荊南
之時，依然如故。《新五代史》卷69《南平世家》即載：「季興始至，江陵一
城而已。」《資治通鑑》卷266「後梁太祖開平元年五月」亦云：「乾符以來，
寇亂相繼，（荊南）諸州皆為鄰道所據，獨餘江陵。」《十國春秋》卷100《荊
南一·武信王世家》亦稱：「荊南舊統八州，僖、昭以來數為諸道蠶食，季昌
至，惟江陵一城而已。」長期遭受戰火沖刷的江陵也是滿目瘡痍，凋弊不堪。
史載：「荊州自唐乾符之後，兵火互集，井邑不完。」〔註18〕「季昌到官，城
邑殘毀，戶口彫耗」〔註19〕。面對如此殘局，高季昌並未知難而退，而是勵
精圖治，著力醫治戰爭創傷，收效甚快，所謂「招葺離散，流民歸復」〔註20〕。
後梁開平元年（907）四月，朱全忠廢唐昭宣帝，建立後梁，定都汴州，朱溫
更名晃，是為後梁太祖。次月，高季昌被擢為荊南節度使，荊南成為後梁方
鎮之一。《冊府元龜》卷69《牧守部·招葺》記其事為：「高季興為荊南兵馬
留後。荊州自乾符之後，兵火互集，井邑不完，季興招葺離散，流民歸復。
太祖嘉之，乃授節鉞。」在此前後，高季昌組成其荊南鎮幕僚的基本班底，
所謂「乃以倪可福、鮑唐為將帥，梁震、司空薰、王保義等為賓客」〔註21〕。

〔註18〕《舊五代史》卷133《高季興傳》，第1751頁。
〔註19〕《資治通鑑》卷266，後梁太祖開平元年五月，第8680頁。
〔註20〕《舊五代史》卷133《高季興傳》，第1751頁。
〔註21〕《新五代史》卷69《南平世家》，第856頁。

　　後梁建立之後，處於四戰之地的荊南仍未擺脫戰爭陰霾，外來侵襲中首當其衝者，莫過於朗州的雷彥恭勢力。開平元年（907）六月，武貞節度使雷彥恭再次聯合馬殷，出兵進逼江陵，「季昌引兵屯公安，絕其糧道；彥恭敗，楚兵亦走」〔註22〕。荊南暫時打退了來犯之敵。當年九月，雷彥恭又攻涔陽（今湖北公安縣南一百里）、公安（今湖北公安縣），亦被擊退。因「彥恭貪殘類其父（雷滿），專以焚掠為事，荊、湖間嘗被其患；又附於淮南」〔註23〕。後梁太祖下詔削奪彥恭官爵，且命季昌、馬殷予以討伐。是年十月，高季昌派遣倪可福會同楚將秦彥暉聯兵攻打朗州，雷彥恭被迫降附於淮南。來自朗州雷氏的軍事威脅最終消除。在此之後，荊南與相鄰勢力之間的軍事紛爭仍然間有發生。為避免重蹈成汭、趙匡凝的覆轍，針對強鄰環伺的險峻局面，高季昌或和或戰，依附後梁，利用求和手段，多次化解滅頂之災，使江陵這一根本之地免遭兵燹襲擾，根基逐步得以穩固。

　　後梁太祖在位期間，因係其舊將，高季昌尚能輸誠納忠。史載：

　　　　（闕七字）董掌奏記，府主褊急。（闕九字）詣梁園勸梁太祖，（闕十字）官入中原授大理（闕七字）季昌怒曰：「天下皆知四鎮令公必作天子，（闕三字）偃仰乎？」詬怒而起。久之，召孔目官王仁厚謂曰：「我（闕四字）書記所見甚長，且廣南、湖南，與梁王齊肩，所以（闕四字）使我乃梁王將校，安可輒同兩處？」差都押衙可（闕四字）董且召宴飲，迎面謂曰：「集性急，請一切勿言。」仍遺衣段數十匹以安之。董雖稟受，莫知喜怒之由。他日聞說，自（闕兩字）我本無此見，誠出司徒之意，都校充使，於禮合儀。所遺衣段，乃謬恩也。〔註24〕

儘管此段記載闕字甚多，文意卻大體可知。高季昌之所以發怒，不過是因其麾下勸朱全忠奪取唐室，搶奪了自身勸進的先機，從而喪失奉承朱全忠的絕好機會，故盛怒難抑。這則材料所記，雖然發生於高季昌任荊南留後時，但高季昌對朱全忠的推崇之心，顯然有踰常人。也正是基於對朱全忠的崇敬與畏憚，因此，後梁太祖在世時，高季昌表面上依然謹守臣節，未敢公然有獨擅地方的反常舉動。

〔註22〕《資治通鑑》卷266，後梁太祖開平元年六月，第8683頁。
〔註23〕《資治通鑑》卷266，後梁太祖開平元年九月，第8684～8685頁。
〔註24〕《北夢瑣言逸文》卷2《高季昌推崇梁王》，見〔五代〕孫光憲：《北夢瑣言》，中華書局點校本2002年版，第402～403頁。

　　然而，推崇梁祖之心，終究還是無法遏止割據之念。後梁太祖在位末年，縱意聲色，諸子爭寵，朝政日紊，梁、晉之爭更熾。眼見及此，「高季昌潛有據荊南之志，乃奏築江陵外郭，增廣之」〔註25〕。史籍記載：

　　　　季興以江陵古之重地，又當天下多事，陰有割據之志，乃大興力役，重築城壘，執畚者逮十數萬人，皆攀援賓友，負土助焉。其郭外五十里墳冢，皆令發掘，取磚以甃之。及土功畢，陰慘之夜，皆聞鬼哭，鬼火數起，將撲之，奄然而滅。如此者累月方定。論者以為，發掘墳冢使幽魂不安故也。〔註26〕

　　乾化二年（912）六月，郢王友珪謀弒其父，太祖崩。次年二月，均王友貞依靠禁軍之力，篡奪帝位，是為後梁末帝。後梁王朝的此番內訌發生後，高季昌跋扈之態愈益彰顯，「遂厚斂於民，招聚亡命」〔註27〕。面對高氏荊南蔑視朝廷、公開對抗的行為，梁末帝無可奈何，只能「優容之」，並於乾化三年（913）八月，「封季興渤海王，賜以袞冕劍佩」〔註28〕。關於高季昌自太祖之後圖謀割據的表現與經過，《資治通鑑》卷268有如下概括：

　　　　（乾化二年十二月），高季昌出兵，聲言助梁伐晉，進攻襄州。山南東道節度使孔勍擊敗之。自是朝貢路絕。〔註29〕

　　　　（乾化三年九月），高季昌造戰艦五百艘，治城塹，繕器械，為攻守之具，招聚亡命，交通吳、蜀，朝廷浸不能制。〔註30〕

高氏荊南與後梁斷絕關係的狀況，共持續了5年左右，貞明三年（917）五月，「高季昌與孔勍脩好，復通貢獻」〔註31〕。重新修復與後梁間的臣屬關係，而其意圖無非在於以此自保而已。

　　不尊王命的高氏荊南，不僅交通吳、蜀，自為攻守之計，並且進犯王境，顯然已非後梁王朝轄境中的藩鎮之所應為。因此，上述種種跡象均已表明，高氏荊南自後梁太祖以後，已並非後梁王朝所能控制的藩鎮，而是正在加速向獨立王國的目標進化，割據一方的姿態已漸趨明顯。

〔註25〕《資治通鑑》卷268，後梁太祖乾化元年五月閏，第8758頁。
〔註26〕《三楚新錄》卷3，第6327頁。
〔註27〕《舊五代史》卷133《高季興傳》，第1751頁。
〔註28〕《新五代史》卷69《南平世家》，第856頁。
〔註29〕《資治通鑑》卷268，後梁太祖乾化二年十二月，第8764～8765頁。
〔註30〕《資治通鑑》卷268，後梁均王乾化三年九月，第8776～8777頁。
〔註31〕《資治通鑑》卷269，後梁均王貞明三年五月，第8815頁。

後唐同光元年（923）二月，晉王李存勗稱帝於太原（今山西太原市西南晉源鎮），是爲莊宗；同年十月，莊宗入汴州，滅亡後梁。後梁、後唐易代，諸侯震驚。照理而言，高季昌本爲後梁太祖舊人，梁、晉世爲仇敵，結怨極深，高季昌應無改圖之可能，事實卻截然相反。爲討得新主歡心，季昌更其名爲季興，以避莊宗祖父李國昌名諱故也。恰逢莊宗下詔徵諸侯入朝，四方諸侯均「不過遣子弟將吏」〔註32〕入貢，而司空薰等幕僚皆勸季興進京朝覲，季興有意前往，梁震諫曰：

> 朝廷自反正後，有吞併諸侯之心，若我繕甲以自守，猶恐不保其地，況敢拋棄軍國，千里入覲哉。且又今之諸侯，爲梁朝舊人者唯公耳，安知朝廷不以讐敵相待耶？幸望圖之，無使懷王之患，復見於今日也。〔註33〕

這是甚有識見的看法，是權衡各方利害關係之後而得出的睿智之論，但季興不爲所動，堅執己見：

> 某事梁祖，僅獲自免，龍德已來，止求安活。我今入覲，亦要嘗之，彼若經營四方，必不縻我。若移入他鎮，可爲子孫之福，此行決矣。〔註34〕

於是，季興留其二子，以騎士三百爲護衛，朝于洛陽。〔註35〕

在洛陽期間，莊宗曾就伐吳、伐蜀的問題，試探季興：

> 初，季興方對，莊宗謂之曰：「今天下負固不服者，唯吳與蜀耳。朕今欲先有事於蜀，而蜀地險阻，尤難之。江南才隔荊南一水耳，朕欲先征之，卿以爲何如？」季興對曰：「臣聞蜀國地富民饒，獲之可建大利。江南國貧地狹民少，得之恐無益。臣願陛下釋吳先蜀。」時莊宗意欲伐蜀，及聞季興之言，大悅。〔註36〕

莊宗聞聽季興答語，大喜之餘，「以手拊其背，季興因命工繡其手迹於衣，歸以爲榮耀。」〔註37〕

不過，君臣相歡亦僅此而已，莊宗有意將季興扣留，後在謀臣郭崇韜的

〔註32〕《新五代史》卷69《南平世家》，第856頁。

〔註33〕《三楚新錄》卷3，第6327頁。

〔註34〕《北夢瑣言逸文》卷4《高季昌論唐莊宗》，見《北夢瑣言》，第448頁。

〔註35〕《新五代史》卷69《南平世家》，第856頁。

〔註36〕《三楚新錄》卷3，第6327～6328頁。

〔註37〕《新五代史》卷69《南平世家》，第857頁。

勸說下，莊宗才厚禮遣返。季興早已是歸心似箭，立即啓程返回荊南。關於其南返的經過，史籍有載：

> 季興倍道而去，至許州，謂左右曰：「此行有二失：來朝一失，縱我去一失。」過襄州，節度使孔勍留宴，中夜，斬關而去。〔註38〕

> 莊宗遂令季興歸。行已浹旬，莊宗易慮，遽以詔命襄州節度劉訓伺便因之。而季興至襄州，就館而心動，謂史曰：「吾方寸擾亂，得非朝廷使人追而殺吾耶！梁先輩之言中矣，與其往而生，不若去而死。」遂棄輜重，與部曲趫健者數百人南走。至鳳林關，已昏黑，於是斬關而去。既而是夜三更，向之急遞果至襄州，劉訓料其去遠不可追而止。〔註39〕

兩處記載雖略有不同，但都說明季興此次朝唐，確係狼狽而歸。季興回後謂梁震曰：「不聽君言，幾葬虎口。」〔註40〕

雖說朝唐之旅充滿風險，近乎身家不保，但季興在洛陽的所見所聞，卻使其近距離感受到伶宦的貪得無厭，以及莊宗的狂妄自大、不恤下情和遊畋無度，從而愈加堅定了割據的念頭。史載：「高季興在洛陽，帝左右伶官求貨無厭，季興忿之。」〔註41〕從洛陽返回後，高季興即曾對僚佐說：「新主百戰方得河南，對勳臣誇手抄《春秋》，又豎手指云：『我於指頭上得天下。』如此則功在一人，臣佐何有！且遊獵旬日不回，中外之情，其何以堪，吾高枕無憂矣。」〔註42〕誠如胡三省所說：「帝荒淫驕矜，為鄰敵及奸雄所窺。」〔註43〕於是，高季興「增築西面羅城，備禦敵之具。時梁朝舊軍多為季興所誘，由是兵眾漸多，跋扈之志堅矣」〔註44〕。

〔註38〕《資治通鑑》卷272，後唐莊宗同光元年十二月，第8910頁。按，孔勍，《新五代史》卷69《南平世家》作「劉訓」，當誤，訓於同光三年（925）始鎮襄州，見《舊五代史》卷61《劉訓傳》，第820頁。另，《舊五代史》卷133《高季興傳》載：「夏，請放歸藩，季興促程而去。至襄州，酒酣，謂孔勍曰：『是行有二錯：來朝一錯，放回二錯。』」第1752頁。考其時事勢，高季興當不至以此語言之於孔勍，今從《通鑑》。

〔註39〕《五代史補》卷4《梁震禪贊》，第2516～2517頁。按，「劉訓」係「孔勍」之誤。

〔註40〕《三楚新錄》卷3，第6327頁。

〔註41〕《資治通鑑》卷272，後唐莊宗同光元年十二月，第8910頁。

〔註42〕《舊五代史》卷133《高季興傳》，第1752頁。另，《北夢瑣言逸文》卷4《高季昌論唐莊宗》記其語為謂梁震曰。見《北夢瑣言》，第448頁。

〔註43〕《資治通鑑》卷272，後唐莊宗同光元年十二月胡三省注，第8910頁。

〔註44〕《舊五代史》卷133《高季興傳》，第1752頁。

同光二年（924）三月，後唐封季興南平王。季興極為明瞭此舉的意圖，謂梁震曰：「此恐吾與蜀連衡也。」〔註45〕次年九月，莊宗遣師伐蜀，高季興曾兩次奏請收復夔、忠、萬、歸、峽等原管轄郡，後來，雖得許可，但未及下詔，莊宗被殺。明宗即位之初，季興再次奏請，終使上述諸州重新隸屬荊南。然而，在後唐平定前蜀後，魏王繼岌將所獲蜀中財貨沿江運往洛陽，季興卻派兵劫掠，悉數據為己有。而對於名義上割隸於高氏荊南的夔、忠、萬三州，季興請求朝廷不除刺史，而以高氏子弟任之；並且，趁夔州刺史罷官之機，襲占其地，拒絕接受後唐朝廷委派的夔州刺史西方鄴；又派兵攻打後唐涪州〔註46〕。這一連串的挑釁，終於使明宗忍無可忍，遂下令出師討伐高氏荊南。「季興遂以荊、歸、峽三州臣于吳，吳冊季興秦王」〔註47〕。其時為天成三年（927）六月。

應該看到，儘管荊南由藩鎮發展為獨立政權，確實並非一日之功，而是有其轉化演進的客觀過程，但在此行程中，很難找到一個通行的、並得到普遍認同的標準，來斷定其上述嬗變歷程的終結。結合以上敘述，高氏荊南在後梁乾化二年（912）與後唐天成二年（927）曾兩度斷絕與中朝的關係，其後，後漢天福十二年（947）亦有類似事件發生，以其中的任何一次作為高氏荊南立國的上限都有所不妥。即便以後梁乾化二年（912）為起點，同樣亦難以服人。因此，在研究這一政權時，以傳統史家的說法為依據，即以後梁開平元年（907）作為高氏荊南政權創立的時間上限，在目前來看仍然是最為穩妥和可靠的處理方式，而在對高氏荊南展開具體研究時，對其獨立性逐步增強的發展歷程，又不能不給予足夠的重視和關注。大體來說，從後梁太祖末年潛有割據之志，至天成二年（927）二月為後唐王朝討伐，高氏荊南已由昔日的中朝藩鎮，漸次演變為一個獨立的政權，對其轄境內的政治、軍事、外交均有自主權。高氏荊南之所以往往臣屬於其他政權，也僅僅是因其特殊的地理位置所限，出於自存的需要，必須採取聯合相鄰政權中實力較強者，以此作為與其他勢力對抗的後盾，惟有如此，高氏荊南才不至於陷入四面楚歌、孤立無援的境地，也不至於成為列強的盤中之餐。

〔註45〕《十國春秋》卷100《荊南一·武信王世家》，第1433頁。
〔註46〕涪州，治今重慶涪陵市，轄境相當今重慶涪陵、長壽、南川、武隆等市縣地。
〔註47〕《新五代史》卷69《南平世家》，第857頁。

三、高季興的爲治之術

　　高季興統治荊南期間，其轄境起初惟荊州而已，且處於列強包圍之中，北面相繼有後梁、後唐王朝，西面是前蜀王建，南面則是澧、朗雷彥恭和湖南馬楚，東面是淮南楊吳，這些勢力中任何一方的實力，都在高氏荊南政權之上，若稍有不慎，江陵必然淪爲他人掌中之物。事實上，高氏荊南在後梁至後唐初期，與相鄰勢力間也是屢興干戈，然而每次均能化險爲夷，高季昌不僅未成爲又一個旋起旋滅的匆匆過客，高氏荊南反而還有所壯大和發展，而這一切固然與中原形勢不穩，相鄰南方勢力大多採取保境安民的國策有關，至爲關鍵的原因仍在於高季昌採取的行之有效的爲治之術。

　　首先是招撫流移，醫治瘡痍。唐末荊南地區戰無寧日，經濟凋弊，人口銳減。如雷彥恭被逐出江陵時，「廩藏金帛，市里人民，悉爲彥恭舟徙而去」〔註48〕。所以，高季昌入據荊南之初，江陵已是井邑廢毀，閭里蕭條，人戶稀疏。高季昌招輯離散，流民歸復，荊南步入戰後重建階段。其時，高季昌恢復經濟的成效，正如孫光憲所說：「荊南亂離之後，賴公休息士民，始有生意。」〔註49〕

　　在推行正常的恢復經濟的舉措之外，季昌常借江陵處於南北交通要道這一特殊地理位置之便，徵收過往商旅，以資國用，即使是南方諸國入貢，途經江陵，也往往將其貢物掠爲己有。「初，荊南介居湖南、嶺南、福建之間，地狹兵弱，自武信王季興時，諸道入貢過其境者，多掠奪其貨幣。及諸道移書詰讓，或加以兵，不得已復歸之，曾不爲愧」〔註50〕。甚至，中朝財物經過江陵時，也時常不忘撈上一把。如後唐伐蜀後，「魏王繼岌遣押牙韓珙等部送蜀珍貨金帛四十萬，浮江而下，季興殺珙等於峽口，盡掠取之。朝廷詰之，對曰：『珙等舟行下峽，涉數千里，欲知覆溺之故，自宜按問水神。』」〔註51〕這次所得極爲豐厚，史載：

> 同光中，莊宗遣平蜀，得王衍金銀，命悉鎔之爲金塼銀塼。約重三百斤，一塼間開一竅，二人擔之，上有匠人名曰「馮高」。過荊南，高季興曰：「馮高，主屬我。」坑官吏，持而有之，儲爲一庫。

〔註48〕《冊府元龜》卷420《將帥部・掩襲》，第5008頁。
〔註49〕《資治通鑒》卷275，後唐明宗天成元年四月，第8980頁。
〔註50〕《資治通鑒》卷287，後漢高祖天福十二年八月，第9375～9376頁。
〔註51〕《資治通鑒》卷275，後唐明宗天成二年二月，第9002頁。

皇朝建隆中，金銀入京師，斤兩封緘如故。〔註52〕

這種劫奪過往貲財的行徑，以君子大義裁之，看似與打家劫舍的強盜並無二致，但正如王夫之所言：

> 中國之雄桀，鄙夷而姍笑之，乃不知其竊笑羣雄者之尤甚也。……夫其為術，抑有可以自立之道焉。季興以盜掠諸國之貢享而得貨……其以繕城郭、修甲兵、養士卒者，皆取給於他國無名之饋遺，而不盡苦剝其民，則民得以有其生而兵不匱。〔註53〕

季興「盜掠諸國之貢享」的做法，較之盡剝其民以奉軍國的其他政權而言，未嘗不是有益於紓蘇民困之舉。因其如此，季興深孚民望，及其朝唐夜歸，「將吏父老出迎於郊外」〔註54〕。

其次是網羅人才，從善如流。唐末以降，武人得志，悍卒橫行，文人斯文掃地，難伸其志。然不少藩鎮仍能重用文士，「自廣明大亂之後，諸侯割據方面，競延名士，以掌書檄。是時梁有敬翔，燕有馬郁，華州有李巨川，荊南有鄭準，鳳翔有王超，錢塘有羅隱，魏博有李山甫，皆有文稱，與襲吉齊名於時」〔註55〕。五代初期，其風未息，「各方鎮猶重掌書記之官。蓋羣雄割據，各務爭勝，雖書檄往來，亦恥居人下，覘國者並於此觀其國之能得士與否，一時遂各延致名士，以光幕府」〔註56〕。高季昌雖出身僕隸，起於行伍，卻也深知人才對於保全高氏荊南的重要意義，所謂「王雖武人，頗折節好賓客」〔註57〕，故極力延攬才俊，聘請高明。如梁震，後梁初期返蜀途中，「重到渚宮，江路梗紛，未及西泝，渤海王邀致府衙，俾草檄書」〔註58〕；天成元年（926）四月，莊宗遇弒，益重梁震。〔註59〕孫光憲，受梁震所薦，季興「使掌書記」〔註60〕。即便是對中朝士族子弟，亦是厚禮相待。史載：

〔註52〕 〔宋〕李石：《續博物志》卷10，景印文淵閣四庫全書本（第1047冊），上海古籍出版社1987年版，第974頁。

〔註53〕 《讀通鑑論》卷29《五代中》，第1058~1059頁。

〔註54〕 《三楚新錄》卷3，第6327頁。

〔註55〕 《舊五代史》卷60《李襲吉傳》，第805頁。

〔註56〕 〔清〕趙翼著，王樹民校證：《廿二史札記校證》卷22《五代幕僚之禍》，中華書局1984年版，第475頁。

〔註57〕 《十國春秋》卷100《荊南一·武信王世家》，第1438頁。

〔註58〕 《北夢瑣言》卷7《梁震無祿》，第167頁。

〔註59〕 《資治通鑑》卷275，後唐明宗天成元年四月，第8979頁。

〔註60〕 《資治通鑑》卷275，後唐明宗天成元年四月，第8979頁。

後莊宗過河……韋（說）、鄭（珏）二公，繼登台席，中朝士族
子弟，多不達時變，復存舊態。……李載仁，韋說之甥，除秘書郎。
劉詵，鄭珏之妹夫也，除《毛詩》博士，賜緋。爾後韋屢督李入京，
高氏欲津置之。載仁遷延，自以先德遺戒，不欲依舅氏，但不能顯
言，竟不離高氏門館。劉詵無他才望，性嗜酒，口受新命，殊無行
意，日于高氏，情敬不衰，然則美醞肥羜之所引也，無何以疾終。
高氏贍給孤遺，頗亦周至。……明年，保勗（按，「勗」誤，實爲從
誨）嗣襲，辟李爲掌記。他日，錄其長息爲子壻，第三子皆奏官，
一門朱紫翰如也。劉詵三子，迭加任遇，三孫女適高氏子弟，向三
十年，享其祿食，亦足稱也。〔註61〕

甚至「遊士緇流至者無不傾懷結納，詩僧貫休、齊己，皆在所延攬」〔註62〕。

文士之外，季興對武將亦頗器重，倪可福、鮑唐、王保義、梁延嗣等皆
是季興網羅而致。如倪可福、梁延嗣原爲梁將，季興惜才，將其攬入高氏荊
南，分別委以重任。另外，還以姻親方式相籠絡，如倪可福之子知進即娶季
興之女爲婦，且結之以恩信，史載：

（龍德元年十一月），高季昌遣都指揮使倪可福以卒萬人脩江陵外
郭，季昌行視，責功程之慢，杖之。季昌女爲可福子知進婦，季昌謂
其女曰：「歸語汝舅：吾欲威眾辦事耳。」以白金數百兩遺之。〔註63〕

對幕僚建議，季興大多能從善如流，特別是朝唐歸來後，尤其注意傾聽
下屬意見。縱使有忤逆之言，季興亦涵容不怒。史載：

貫休以忤成汭故，遞放黔中；後復來遊江陵，王優禮之，館於
龍興寺。會有謁宿者言時政不治，貫休乃作《酷吏辭》刺之，辭云：
「霰雨濛濛，風吼如劚。有叟有叟，暮投我宿。吁歎自語，云太苛
酷。如何如何，掠脂幹肉。吳姬唱一曲，等閒破紅束，韓娥唱一曲，
錦段鮮照屋。寧知一曲兩曲歌，曾使千人萬人哭。不惟哭，亦白其
頭饑其族。所以祥風不來，和風不復，蝗兮螟兮，東西南北。」王
聞之，雖被疎遠，而亦不甚罪焉。〔註64〕

〔註61〕 〔宋〕李昉等：《太平廣記》卷266《韋說輕高氏》，中華書局斷句本1961年
　　　　 版，第2087～2088頁。
〔註62〕 《十國春秋》卷100《荊南一・武信王世家》，第1438頁。
〔註63〕 《資治通鑑》卷271，後梁均王龍德元年十一月，第8871頁。
〔註64〕 《十國春秋》卷100《荊南一・武信王世家》，第1438頁。

貫休詩句，語含譏刺，高季興卻並不以此治其罪，此等胸襟，與其時尋常武夫相比，可謂有天壤之別。而高季興對文士的寬容，在一定程度上當能更加激發僚佐大膽言事的風氣。史載：「武信王鎮荊南，（司空）薰與梁震、王保義等偕居幕府，遇事時多匡正。」〔註65〕自然也能以此而對流寓士人產生更大的吸引力。

最後是或和或戰，縱橫捭闔。在列強林立的環境中，高季興在處理與鄰國間的關係上，亦自有一套。而加強自身守禦能力，總是立足一方的基本保證，高季昌於後梁乾化元年（911）五月〔註66〕和龍德元年（921）十一月〔註67〕，兩度修築江陵外城，構建捍衛江陵的軍事防禦體系。軍閥割據的時代，軍事衝突自然無可避免，值此情勢，季昌並不一味以力相拼，形勢危殆之時，則往往運用求和手段，消弭戰火。如後梁開平二年（908）九月，荊南「遣兵屯漢口，絕楚朝貢之路；楚王（馬）殷遣其將許德勳將水軍擊之，至沙頭，季興懼而請和」〔註68〕。後唐天成二年（927）五月，馬楚中軍使史光憲奉命入貢後唐，攜明宗回賜「駿馬十，美女二」，返程經過江陵時，季興「執光憲而奪之」〔註69〕。次年三月，馬殷率軍親征，大敗荊南軍隊於劉郎洑（今湖北石首市西北長江北岸），高季興勢蹙求和，送還史光憲和禮物，馬殷勒兵而歸。同年八月，季興稱臣於吳，後唐命馬殷統兵討伐，馬楚再度舉兵進攻荊南。季興從子高從嗣率軍迎擊，被斬於陣前，高季興懼而請和。與求和之策相類似的還有稱臣之舉，季興或奉中朝正朔，或交通吳、蜀，甚至稱臣於吳，始終以藩臣自處，而不以屈節為恥。求和、稱臣，往往為士君子所不屑，看似屈辱，滑稽可笑，但此舉終究使高氏荊南得以保全，使黎民免遭塗炭，這何嘗又不是實力不濟之時，自保一方的明智之舉呢？

求和旨在拉攏、改善與鄰國的關係，稱臣則是以強援為後盾牽制敵對勢力。在此以外，季興還曾使用離間術試圖削弱馬楚實力。史載：

> 初，楚王殷用都軍判官高郁為謀主，國賴以富強，鄰國皆疾
> 之。……高季興亦以流言間郁於殷，殷不聽，乃遣使遺節度副使、

〔註65〕《十國春秋》卷102《荊南三‧司空薰傳》，第1460頁。
〔註66〕《資治通鑒》卷268，後梁太祖乾化元年五月閏，第8758頁。
〔註67〕《資治通鑒》卷271，後梁均王龍德元年十二月，第8871頁。
〔註68〕《資治通鑒》卷267，後梁太祖開平二年九月，第8704頁。
〔註69〕《資治通鑒》卷275，後唐明宗天成二年五月，第9005～9006頁。《十國春秋》卷100《荊南一‧武信王世家》亦載，略與此同。第1435頁。

　　知政事希聲書，盛稱郁功名，願爲兄弟。使者言於希聲曰：「高公常

　　云：『馬氏政事皆出高郁』，此子孫之憂也。」希聲信之。〔註70〕

其後，高郁果爲馬希聲殺害，馬楚很快陷入諸子紛爭的局面，終亡於南唐，湖南再度淪爲分崩離析之區。繼之而起的湖南周行逢政權，已很難再與高氏荊南相較短長。

　　至於朝唐之時，季興之所以勸莊宗伐蜀，並非僅僅是因爲，「蜀國地富民饒，獲之可建大利；江南國貧地狹民少，得之恐無益」。而是出於高氏荊南安危考慮，有意慫恿後唐進軍易守難攻的前蜀，以此消耗後唐實力。「未踰年，莊宗伐蜀，季興私自喜曰：『此吾以計紿之，彼乃信而用耳。』……及蜀破，書至，季興方食，落筯而歎曰：『此吾之失計也，所謂倒持太阿，授人以柄。』」〔註71〕荊、蜀勢同唇齒，季興本以爲後唐難有勝機，不料後唐軍隊出師僅兩個多月，即消滅前蜀，高氏荊南形勢自然危急，此即季興所謂「倒持太阿，授人以柄」。然而，後唐取得伐蜀之役的勝利後，不久即陷入內亂，高氏荊南再次免遭劫難。

　　季興高明的外交手段，是高氏荊南能在四戰之地以一州自存的重要因素之一，對此，清代史家吳任臣嘗言：「蕞爾荊州，地當四戰，成趙相繼，亡不旋踵，武信以一方而抗衡諸國間，或和或戰，戲中原于股掌之上，其亦深講于縱橫之術也哉！」〔註72〕

　　後唐明宗天成三年（928）十二月二十五日，季興卒，年七十一。其子從誨嗣位。長興元年（930）正月，後唐追封季興楚王，諡曰武信。〔註73〕

第二節　高從誨時期的高氏荊南

　　高從誨在位期間，對高氏荊南的治理之功，突出表現於調整高氏荊南的對外政策方面。高從誨開始確立以「事大稱臣」爲核心的外交原則，且在奉中原王朝正朔的同時，服從於南方諸國大多實行保境安民國策的總體形勢，廣泛交結南唐、後蜀、馬楚等政權，由是兵旅不興、邊境無虞，高氏荊南從此步入和平穩定局面。

〔註70〕《資治通鑒》卷276，後唐明宗天成四年六月，第9031頁。

〔註71〕《三楚新錄》卷3，第6328頁。

〔註72〕《十國春秋》卷100《荊南一·論曰》，第1438頁。

〔註73〕《新五代史》卷69《南平世家》，第858頁。

一、高從誨生平與為人

高從誨（891～948），字遵聖，乃武信王長子。〔註74〕關於從誨的出生，史籍中有這樣一則記載：

> 初，季興之事梁也，每行軍，常以愛姬張氏自隨。一旦軍敗，攜之而竄，遇夜，誤入深澗中。時張氏方妊行遲，季興恐為所累，俟其寢酣，以劍刺岸邊而壓殺之，然後馳去。既而岸欲崩，張氏且驚起，呼季興曰：「妾適夢大山崩而壓妾身，有神人披金甲執戈以手托之，遂免。」季興聞之，謂必生貴子，遂挈之行，後生從誨。〔註75〕

其說不免荒誕，當係杜撰，目的在於擡高從誨的地位，確立其威望。

從誨初仕梁，歷殿前控鶴都頭、鞍轡庫副使、左軍巡使、如京使、左千牛大將軍、荊南牙內都指揮使，領濠州刺史，改歸州刺史，累官至檢校太傅。〔註76〕貞明四年（918）五月，後梁以荊南衙內馬步軍都指揮使、檢校司徒高從誨領濠州刺史。〔註77〕天成三年（928）十二月，高季興寢疾，時任荊南行軍司馬、忠義節度使、同平章事的高從誨，受命權知軍府事。季興卒後，吳烈祖楊渥以從誨為荊南節度使兼侍中。〔註78〕

受富室公子奢侈習氣的薰染，高從誨亦心有所好。「楚王希範好奢靡，游談者共誇其盛。從誨謂僚佐曰：『如馬王可謂大丈夫矣。』」胡三省指出：「高從誨之羨馬希範，是侈心之萌芽也。」對此，孫光憲勸道：「天子諸侯，禮有等差。彼乳臭子驕侈僭忕，取快一時，不為遠慮，危亡無日，又足慕乎！」〔註79〕從誨不久醒悟，競奢之念稍有抑制，但奢華習慣終未能根除。

〔註74〕《九國志》卷12《北楚・文獻王世家》，第3369頁。《十國春秋》卷101《荊南二・文獻王世家》載：「武信王有九子，而從誨其長子也。」第1439頁。〔宋〕阮閱：《詩話總龜・前集》卷22《宴遊門》亦稱：「荊南高從誨字遵聖，季興嫡子也。」人民文學出版社點校本1987年版，第239頁。按，《五代史補》卷5《高從誨母夢》則云：「高從誨，季興之庶子而處長。」第2515頁。兩說相異，俟考。茲從《九國志》。

〔註75〕《五代史補》卷5《高從誨母夢》，第2515頁。

〔註76〕《舊五代史》卷133《高季興傳附高從誨傳》，第1752頁。另，《新五代史》卷69《南平世家》載：從誨，「季興時，入梁為供奉官，累遷鞍轡庫使，賜告歸寧，季興遂留為馬步軍都指揮使、行軍司馬」。第858頁。
濠州，治今安徽鳳陽縣東北臨淮關東，轄境相當今安徽蚌埠、定遠、鳳陽、明光等市縣地。

〔註77〕《舊五代史》卷9《梁末帝紀中》，第134頁。

〔註78〕《資治通鑒》卷276，後唐明宗天成三年十二月，第9026頁。

〔註79〕《資治通鑒》卷279，後唐潞王清泰二年十月，第9135頁。

後晉天福八年（943），「鑿江陵城西南隅為池，立亭於上，曰渚宮。先是，城東南舊有渚宮，王特倣其名而稱之，又置亭於渚宮側，曰迎春」〔註80〕。開運二年（945），建杞梓堂，又建木犀亭。〔註81〕又「性雅好馬，常不惜千金求良駿，竟沒世不遇，以此為恨」〔註82〕。其奢華之欲，還遠不止此，《詩話總龜・前集》卷22《宴遊門》載：

> 荊南高從誨字遵聖，季興嫡子也。久事戎間，及至繼立，頗叶眾望。始則飾車服，尚鮮華，遠市駔駿，廣招伶倫。荊渚樂籍間，多有梁園舊物。季興先時建渚宮於府庭西北隅，延袤十餘里，亭榭鱗次，艫艦翼張，栽種異果名花修竹。從誨紹立，尤加完葺。每月夜花朝，會賓客。從誨明音律，僻好彈胡琴。有女妓數十，皆善其事。王仁裕使荊渚，從誨出十妓彈胡琴。仁裕有詩美之曰：「紅粧齊抱紫檀槽，一抹朱弦四十條。湘水凌波慚鼓瑟，秦樓明月罷吹簫。寒敲白玉聲尤婉，暖逼黃鶯語自嬌。丹禁舊臣來側耳，骨清神爽似聞韶。」

而這還是有所克制之後的表現，此前所為當已不難想見。

從誨愛好文學，鑒詩亦有心得。史載：

> 僧可隆善詩，高從誨閱其卷，有《觀棋》句云：「萬般思後行，一失廢前功。」從誨謂可隆曰：「吾師此詩，必因事而得。」隆答曰：「某本姓慕容，與桑維翰同學。少負志氣，多忤維翰。維翰登第，以至入相，某猶在場屋。頻年敗衄，皆維翰所挫也。因削髮為僧，其句實感前事而露意焉。」從誨識鑒多此類也。〔註83〕

緣於文學之好，高從誨亦往往將舞文弄墨之士引入幕中。如「高若拙善詩，從誨辟於幕下。嘗作《中秋不見月》云：『人間雖不見，天外自分明。』從誨覽之，謂賓佐曰：『此詩雖好，不利於己，將來但恐喪明。』後果如其言」〔註84〕。

從誨禮佛，曾「迎彌勒瑞像於萬壽寺」〔註85〕，又於後晉天福三年（938）

〔註80〕《十國春秋》卷101《荊南二・文獻王世家》，第1443頁。
〔註81〕《十國春秋》卷101《荊南二・文獻王世家》，第1443頁。
〔註82〕《十國春秋》卷101《荊南二・文獻王世家》，第1445頁。
〔註83〕《詩話總龜・前集》卷25《感事門下》，第266頁。
〔註84〕《詩話總龜・前集》卷34《詩識門下》，第338頁。
〔註85〕《十國春秋》卷101《荊南二・文獻王世家》，第1441頁。

作僧伽妙應塔〔註 86〕，並曾「遣使如蜀，請翰林待詔李文才圖義興門石筍并其故事」〔註 87〕。而且，迷信天命，史載：「荊南高從誨鑿池於山亭下，得石匣長尺餘，扃鑰甚固。從誨神之，屏左右，焚香啓匣，中得石，有文云：『此去遇龍即歇。』及建隆（960～963）中，從誨孫繼沖入朝，改鎮徐州。龍、隆音相近。」〔註 88〕對方士道術之言，亦頗信重。天福六年（941），因從誨貢獻軍食以助後晉討伐襄州安從進的叛亂，後晉少帝加其守尚書令之官銜，「從誨上章固讓，朝廷遣使敦勉，竟不受其命。時有術士言從誨年命有厄，宜退避寵祿故也」〔註 89〕。竟以術者言其數運有災，而堅辭加官，可見，從誨信奉術士之言何其之深。

二、高從誨的治理之道

從誨承繼父業，為一方之主，高氏荊南的國策亦在此一時期趨於完善和定型。在治理高氏荊南期間，從誨與其父既有相同之處，亦小有差別，其中最大的不同則在於逐漸確立了奉事中朝的政策，而且，其手法更為高超和巧妙。

從誨重用人才，一如其父。對幕僚皆待以賓主之禮，史載：「荊南節度使高從誨，性明達，親禮賢士，委任梁震，以兄事之；震常謂從誨為郎君。」胡三省注：「門生故吏呼其主之子為郎君。梁震事高季興，從誨之父也，故以郎君呼從誨。」〔註 90〕由此可知，從誨與梁震之間關係何等親密。而這只是其與眾多賓幕成員關係的一個縮影。從誨仍重用知名文士孫光憲，使其負責高氏荊南政權的文職工作，「凡牋奏書檄皆出其手」〔註 91〕。武將方面，則將梁延嗣「擢為大校，承制授歸州刺史。已又領復州團練使，仍掌親軍」〔註 92〕。

在對外政策上，高從誨開始奉行「事大以保其國」〔註 93〕和交好鄰道的

〔註 86〕《十國春秋》卷 101《荊南二‧文獻王世家》，第 1442 頁。
〔註 87〕《十國春秋》卷 101《荊南二‧文獻王世家》，第 1443 頁。
〔註 88〕〔元〕馬端臨：《文獻通考》卷 310《物異考十六‧訛言》，中華書局影印本 1986 年版，考 2431。
〔註 89〕《舊五代史》卷 133《高季興傳附高從誨傳》，第 1753 頁。
〔註 90〕《資治通鑑》卷 279，後唐潞王清泰二年十月胡三省注，第 9135 頁。
〔註 91〕《三楚新錄》卷 3，第 6328 頁。
〔註 92〕《十國春秋》卷 103《荊南四‧梁延嗣傳》，第 1469 頁。
〔註 93〕《資治通鑑》卷 286，後漢高祖天福十二年正月胡三省注，第 9337 頁。

雙重主張。就其時形勢而言，中朝無疑是相鄰政權中實力最爲強大的政治實體，因而順理成章地成爲從誨「事大」政策的目標。從誨在位期間，高氏荆南長時期稱臣於中朝，並竭力保持與中朝間的臣屬關係。而其父生前，嘗斷絕與後梁的朝貢關係，又曾因觸怒後唐明宗而招致討伐，並以三州之地改奉吳正朔。其實，從誨並不贊成其父與後唐對立，「初，季興之將叛也，從誨常泣諫之，季興不從」〔註 94〕。而從誨在這一事件中的態度及表現，在下述記載中反映得更爲具體詳細：

> 初，從誨父季興以請峽内三州事據城阻命，繕甲，締結夐夷，從誨屢諫不從。及王師問罪，孔循令門客李湜見季興，諭以禍福，季興悖慢不遜。從誨俟其有間，私與湜曰：「令公性強，不能遠圖，此事予嘗號泣言之，竟未聽從。然予之操心必不負于國家，苟王師退舍，聖上許其改圖，予必可致令公首過。公爲予言于朝執。」〔註 95〕

繼位伊始，從誨即努力修復與中朝的關係。「從誨既襲位，謂僚佐曰：『唐近而吳遠，非計也。』乃因楚王殷以謝罪於唐。又遣山南東道節度使安元信書，求保奏，復脩職貢」〔註 96〕。除通過湖南、襄陽從外圍入手說服明宗外，天成四年（930）六月，高從誨還自稱前荆南行軍司馬、歸州刺史，上表求内附，「上章首罪，乞修職貢，仍進銀三千兩贖罪」〔註 97〕。終獲明宗首肯，當年七月，後唐以從誨爲荆南節度使兼侍中，並罷荆南招討使。〔註 98〕既臣於唐，必開罪於吳，亦不當再稟其正朔。在業已取得後唐朝廷許可之後，長興元年（930）三月，「高從誨遣使奉表詣吳，告以墳墓在中國，恐爲唐所討，吳兵援之不及，謝絕之。吳遣兵擊之，不克」〔註 99〕。終後唐、後晉兩朝，高氏荆南再未改圖。一直到後漢天福十二年（947）八月，因後漢高祖未兌現即位前割隸郢州的諾言，從誨遂率兵攻打襄州和郢州，斷絕朝貢，高氏荆南再度與中朝交惡。爲時不過一年，乾祐元年（948）六月，高從誨「遣使謝罪，乞修職貢」〔註 100〕，重稟中朝正朔。

〔註 94〕《舊五代史》卷 133《高季興傳附高從誨傳》，第 1752 頁。
〔註 95〕《冊府元龜》卷 166《帝王部・招懷四》，第 2007 頁。
〔註 96〕《資治通鑑》卷 276，後唐明宗天成四年五月，第 9030 頁。
〔註 97〕《舊五代史》卷 40《唐明宗紀六》，第 551 頁。
〔註 98〕《資治通鑑》卷 276，後唐明宗天成四年七月，第 9030 頁。
〔註 99〕《資治通鑑》卷 277，後唐明宗長興元年三月，第 9040 頁。
〔註 100〕《十國春秋》卷 101《荆南二・文獻王世家》，第 1444 頁。

　　從誨奉事中朝，表面上恪守藩臣本分、時有貢奉、助獻軍食外，還極盡手腕表其忠誠。其一，對出使、經過荊南的中朝使臣無不盡其所能，優禮相待。如清泰元年（934），後唐使臣李璘、馬承翰自楚返回，經荊南，「求貨於王，王贈以馬紅裝拂二、猱獫皮一」〔註101〕。後晉學士王仁裕出使荊南，「王出十伎彈琴以樂之」〔註102〕。

　　其二，善於做表面文章，以顯示其忠心。史載：

　　　　從誨爲人明敏，多權詐。晉高祖遣翰林學士陶穀爲從誨生辰國信使，從誨宴穀望沙樓，大陳戰艦於樓下，謂穀曰：「吳、蜀不賓久矣，願修武備，習水戰，以待師期。」穀還，具道其語，晉高祖大喜，復遣使賜以甲馬百匹。〔註103〕

　　然而，奉事中朝僅僅是高從誨「事大」政策中最爲重要的組成部分之一，而一旦中朝政局動蕩、形勢不穩之時，從誨往往能見機行事，瞄準新目標，尋找下一個靠山。如在後晉末年，契丹入主中原之時，高從誨「遣使入貢於契丹，契丹遣使以馬賜之」。「亦遣使詣河東勸進」。胡三省注：「荊南高氏父子事大以保其國，爲謀大率如此。」〔註104〕

　　扛著奉事中朝的大旗，高氏荊南亦未忽視與其他勢力的交往，而是主動與相鄰政權建立和睦相處的關係，與吳、南唐、馬楚和後蜀間鮮有戰事發生。如對其東面代吳而立的南唐，從誨較早即已看清形勢，在吳權臣徐知誥（即南唐烈祖李昇）尚未登基之時，即「遣使奉牋」勸其即皇帝位〔註105〕。此舉果然爲其後高氏荊南與南唐建立良好關係奠定了基礎。天福二年（937）十一月，從誨「表請於齊，請置邸金陵」，得到南唐許可。次年正月，從誨又遣使龐守規至南唐，賀即位。〔註106〕自此，荊南與南唐已形成較爲穩固的盟友關係。

　　不過，值得注意的是，從誨的「事大稱臣」儘管不假，但其對中朝也並非完全是俯首貼耳、唯唯喏喏。前述以術士之言而堅辭後晉加官，乃至怒而叛漢，已是明證。

〔註101〕《十國春秋》卷101《荊南二‧文獻王世家》，第1440頁。
〔註102〕《十國春秋》卷101《荊南二‧文獻王世家》，第1443頁。
〔註103〕《新五代史》卷69《南平世家》，第858頁。
〔註104〕《資治通鑑》卷286，後漢高祖天福十二年正月及胡三省注，第9337頁。
〔註105〕《十國春秋》卷101《荊南二‧文獻王世家》，第1441頁。
〔註106〕《十國春秋》卷101《荊南二‧文獻王世家》，第1441頁。

總體來看，從誨的對外政策以「事大」爲核心，而輔以交好四鄰的原則，較之其父成策確實更爲理性和務實，也更加靈活和開放。這種政策的執行，大大解除了長久以來籠罩於高氏荊南之上的戰爭陰雲，帶來了較長時期的和平穩定局面，爲高氏荊南政權的延續確立了良好的基調。從誨之後繼者，莫不踵行其策，以保其國。就此而論，高從誨實際上是高氏荊南擺脫前期困境、步入後期平穩階段的過渡性之主，其所制訂的對外政策，是高氏荊南長期立於不敗之地的關鍵性因素。

三、高從誨與「高賴子」之名

儘管高從誨治理高氏荊南卓有成效，但史臣卻對其有不同評價，歐陽修即指斥其爲「高賴子」：

> 荊南地狹兵弱，介於吳、楚爲小國。自吳稱帝，而南漢、閩、楚皆奉梁正朔，歲時貢奉，皆假道荊南。季興、從誨常邀留其使者，掠取其物，而諸道以書責誚，或發兵加討，即復還之而無愧。其後南漢與閩、蜀皆稱帝，從誨所嚮稱臣，蓋利其賜予。俚俗語謂奪攘苟得無媿恥者爲賴子，猶言無賴也，故諸國皆目爲「高賴子」。〔註107〕

胡三省亦曾說：

> 高從誨以區區三州介居唐、吳、蜀之間，利其賞賜，所向稱臣，諸國謂之「高賴子」，其有以也夫。〔註108〕

至於「賴子」之名，胡三省亦有解釋：「俚俗語謂奪攘苟得無愧恥者爲無賴。」〔註109〕

這種評論顯係宋人正統觀念所致。就高氏荊南存在的客觀環境而言，在惟強力是尙、兵荒馬亂的割據年代，高氏荊南實力明顯遠遜於中朝、吳、南唐、前後蜀與馬楚，若一味奉行「君子大義」，謹守先賢遺訓，樹氣節，尙名義，不求變通，採取與列強對抗的姿態，此舉無異於以卵擊石，自取滅亡。即便南方諸國大多推行保境息民之策，其國亦早就會被無情的戰火所吞噬，斷不至於存在 50 餘年。反過來看，雖則「所向稱臣」不合常理，有悖王道，但卻是高氏荊南自王一方最合適的統治之術，是立足於現實而做出的明智的生存之道，無可厚非。歐陽永叔之論過於偏頗，失之甚矣！

〔註107〕《新五代史》卷 69《南平世家》，第 859 頁。
〔註108〕《資治通鑒》卷 280，後晉高祖天福元年四月胡三省注，第 9141 頁。
〔註109〕《資治通鑒》卷 287，後漢高祖天福十二年八月胡三省注，第 9376 頁。

司馬光對高從誨亦有評價，所謂：

> 初，荊南介居湖南、嶺南、福建之間，地狹兵弱，自武信王季
> 興時，諸道入貢過其境者，多掠奪其貨幣。及諸道移書詰讓，或加
> 以兵，不得已復歸之，曾不爲愧。及從誨立，唐、晉、契丹、漢更
> 據中原，南漢、閩、吳、蜀皆稱帝，從誨利其賜與，所向稱臣。諸
> 國賤之，謂之「高無賴」。〔註110〕

不過，與歐陽修有所不同的是，司馬光對高從誨並未全盤否定。《資治通鑒》在記述孫光憲勸諫高從誨之事後，有一番論贊，曰：「孫光憲見微而能諫，高從誨聞善而能徙，梁震成功而能退，自古有國家者能如是，夫何亡國敗家喪身之有。」〔註111〕言語之中對於高從誨從善納諫之事，給予了高度認可，而此點亦是關乎國家敗亡的重要因素，從誨能有此舉，誠爲不易。高氏能保其國，自然與此不無干係。吳任臣亦言：「南平起家僕隸，而能折節下賢。震以謀略進，光憲以文章顯，卒之保有荊土，善始善終。區區一隅，歷世五主，夫亦得士力哉！」〔註112〕呂思勉則稱高從誨爲「五代時之賢主」〔註113〕。可見，從誨的自立之道，確有其過人之處。

其實，「利其賜與，所向稱臣」，較之於其時「僭竊以主中國者，方日括民財以養騎卒，以媚黠虜，用逞其不戢之凶威，至於釜甑皆強奪以充賞」的舉措，顯然高出一截，實則是有益於民的「自全之便術」。〔註114〕

後漢乾祐元年（948）冬十一月，從誨卒，年五十八。後漢詔贈尙書令，諡曰文獻。〔註115〕同年，葬於江陵之龍山。〔註116〕

第三節　高氏後三主時期

高從誨之後，高氏荊南又歷三主，分別是高保融、高保勗與高繼沖。其時，中原政局已發生較大變化，後周、北宋相繼而興，中央集權較之此前明顯有所加強，統一的因素漸次增長。這種外在客觀環境的變化，對於高氏荊

〔註110〕《資治通鑒》卷287，後漢高祖天福十二年八月，第9375～9376頁。
〔註111〕《資治通鑒》卷279，後唐潞王清泰二年十月「臣光曰」，第9135～9136頁。
〔註112〕《十國春秋》卷102《荊南三·論曰》，第1464頁。
〔註113〕呂思勉：《隋唐五代史》，上海古籍出版社2005年版，第585頁。
〔註114〕《讀通鑒論》卷29《五代中》，第1059頁。
〔註115〕《舊五代史》卷133《高季興傳附高從誨傳》，第1753頁。
〔註116〕《十國春秋》卷101《荊南二·貞懿王世家》，第1446頁。

南國策的制訂與實施產生了極大的影響。從高氏荊南政權內部來看，高氏後三主之中，惟保融尚能恪守前人之志，力保荊南政局穩定，繼續保持高從誨以來的局面。保勖之後，治軍御民皆無良法，終於陷入庸碌無爲之境，高氏荊南國勢不如從前，其滅亡已爲時不遠。

一、高氏後三主時期中原形勢的變化

後晉、後漢兩朝，中原局勢極爲混亂，契丹鐵騎橫行，強藩擁兵叛亂，權臣倨傲跋扈，內憂外患日甚一日。乾祐三年（950）十二月，後漢樞密使、鄴都〔註117〕留守、兼天雄軍〔註118〕節度使郭威，依靠禁軍擁戴，黃袍加身，奪取後漢政權。次年正月，郭威即位，國號周，改元廣順，是爲後周太祖。自此之後直到宋初，中原形勢日趨穩定，中央集權不斷有所加強，統一因素愈益增長。

後周太祖郭威在位期間，以保境爲務，銳意內政改革，切實採取措施紓蘇民困，休養生息，發展經濟；又重構法網，整頓吏治，削弱地方；並貶抑權臣，重用文人，致思求治。〔註119〕種種舉措的實施，不僅使久遭戰火屠戮的中原經濟得以恢復，吏治漸歸清明，而且一定程度上扭轉了武夫悍卒用長槍大劍左右政局的風氣，文人開始在政壇上顯露頭角。這是五季宋初改革的前奏，之後世宗與北宋初年的改革〔註120〕，皆以此爲端緒，惟其深度和廣度

〔註117〕鄴都，後唐莊宗同光元年（923）改魏州爲興唐府，建號東京；三年（925）改東京爲鄴都，治今河北大名縣東北大街鄉（舊府城）。明宗天成四年（929）罷都。後晉高祖天福二年（937），改興唐府爲廣晉府；三年（939）復以廣晉府爲鄴都。後漢高祖乾祐元年（948）改爲大名府。後周太祖顯德元年（954）罷鄴都爲天雄軍。

〔註118〕天雄軍，即魏博鎮，治今河北大名縣東。

〔註119〕參見拙文：《後周太祖郭威內政改革瑣論》，《湖北大學學報》2003年第3期。另可參閱唐啓淮：《郭威改革簡論》，《湘潭大學學報》1988年第3期；劉永平：《郭威改革述論》，《徐州師範大學學報》1992年第1期。

〔註120〕關於後周世宗的改革，參見徐明德：《論周世宗的改革及其歷史意義》，《杭州大學學報》1983年第1期；唐兆梅：《簡論周世宗》，《文史哲》1984年第3期；單子敏：《論周世宗改革》，《遼寧大學學報》1988年第4期；趙永春：《周世宗改革的歷史經驗》，《吉林師範大學學報》1992年第3期；黃曉華：《周世宗柴榮改革瑣議》，《蘇州大學學報》1995年第3期。另可參酌拙文：《後周太祖、世宗懲治官員考析》，《歷史文獻與傳統文化》（第10輯），蘭州大學出版社2003年版。關於宋初加強中央集權的舉措，成果眾多，無法一一列舉，述之甚詳者，尤推何忠禮：《宋代政治史》，浙江大學出版社2007年版，第25～43頁。

又有不同程度的推進與拓展。

從加強中央集權的角度而言，後周太祖、世宗與宋太祖所採取的下述措施，至為關鍵，且成效卓著。

其一，打壓方鎮勢力。對於反叛中央的藩鎮，一無例外地予以嚴懲。後周太祖即位不久，泰寧軍節度使慕容延超勾結南唐、契丹與北漢，於廣順二年（952）正月發動叛亂。當年四月，郭威下詔親征兗州〔註121〕，次月即平。自此以降，藩鎮跋扈之態，漸有收斂。宋太祖登基未久，後周昭義〔註122〕節度使李筠與淮南節度使李重進，又相繼發難，趙匡胤均親自至前線督戰，二鎮叛亂被迅速撲滅。為徹底改變自唐末以來藩鎮割據的狀況，宋太祖採納趙普「稍奪其權，制其錢穀，收其精兵」〔註123〕的建議，逐步削奪藩鎮的民權、財權和兵權，「始以知州易方鎮」〔註124〕，存在近兩百年的藩鎮叛上作亂現象逐漸絕跡。

其二，整編禁軍。禁軍至五代中後期已然形成侍衛親軍與殿前軍兩大系統，其中的侍衛親軍，是五代各朝至為倚重的核心武裝力量之一，在五代政權的遞嬗中扮演著極為重要的角色，以至有五代「各朝興亡，多視禁軍向背」〔註125〕的說法。揆諸史實，五代帝王憑藉侍衛親軍之擁戴而上臺者，相繼有後梁末帝朱友貞、後唐明宗李嗣源、末帝李從珂，以及後周太祖郭威。〔註126〕針對侍衛親軍驕縱難制、屢廢人主的弊病，後周世宗在高平（今山西高平市西北）戰役後，「慨然有懲革之意」，開始著手禁軍的整治，將禁軍中的「精銳者升在上軍，怯懦者任從安便」。並有意擡高殿前軍的地位，以此遏制侍衛親軍。誠如史載：世宗「又以驍勇之士，多為外諸侯所佔，於是召募天下豪傑，不以草澤為阻，進於闕下，躬親試閱，選武藝超絕及有身首者，分署為

〔註121〕兗州，治今山東兗州市，轄境相當今山東濟寧、曲阜、泰安、萊蕪、汶上、寧陽、泗水、鄒城等市縣地。

〔註122〕昭義軍，治今山西長治市，長期領有澤、潞、磁、洺、邢五州，轄境相當今河北內丘、隆堯以南，鉅鹿、丘縣、肥鄉以西，涉縣、邯鄲市以北，山西濁漳河、丹河流域及沁水、陽城兩縣地。

〔註123〕〔宋〕司馬光：《涑水記聞》卷1《杯酒釋兵權》，中華書局點校本1989年版，第11頁。

〔註124〕〔宋〕王應麟：《通鑒地理通釋》卷3《歷代州域總敘下·宋二十三路》，景印文淵閣四庫全書本（第312冊），上海古籍出版社1987年版，第38頁。

〔註125〕聶崇岐：《論宋太祖收兵權》，《燕京學報》1948年第34卷，收入氏著：《宋史叢考》，中華書局1980年版。

〔註126〕張其凡師：《五代政權遞嬗之考察——兼評周世宗的整軍》，《華南師範大學學報》1985年第1期，收入氏著：《五代禁軍初探》，暨南大學出版社1993年版。

殿前諸班」〔註127〕。經過一系列的整頓，殿前軍的地位卓然凌駕於侍衛親軍之上，精銳程度更甚。建隆元年（960），宋太祖「詔諸州長吏選所部兵送都下，以補禁旅之闕。又選強壯卒定爲兵樣，分送諸道；其後代以木梃，爲高下之等，散給諸州軍，委長吏、都監等召募教習，俟其精練，即送闕下」〔註128〕。禁軍對地方藩鎮武裝的優勢更加明顯。

　　其三，嚴密法網。後周時期的立法成就，在五代各朝中最爲突出。廣順元年（951）初，後周太祖詔令沿用後晉天福元年（936）有關律令。〔註129〕同年六月，編成《大周續編敕》。此一時期，既襲用前代舊法，亦用本朝敕文。世宗顯德五年（957），將《大周刑統》（也稱《顯德刑統》）21 卷頒行天下，且與律、令、疏、式通行。《大周刑統》所開創的法典纂集的新體例，成爲《宋刑統》倣仿的藍本，對宋初法制建設影響深遠，所謂「《刑統》一書，終宋行之」〔註130〕。宋初亦重視法制建設，如建隆三年（962）二月，宋太祖即下詔繼續沿用後唐明宗時期確立的每五日內殿起居之制，規定官員以次轉對的重要內容之一，即是指陳「刑獄冤濫，百姓疾苦」〔註131〕，務使法制有序化。而「頗用重典，以繩奸慝」〔註132〕，目的亦在於制止武人濫殺無辜的現象。

　　在推行上述措施加強中央集權的同時，統一活動亦漸次展開。高平戰役後，世宗深知民心所向，慨然有削平天下之志。顯德二年（955），「秦、鳳人戶怨（後）蜀之苛政，相次詣闕，乞舉兵收復舊地」〔註133〕。世宗從其請，遣將率兵伐蜀，奪取秦、成、階三州。隨後，王樸獻《安邊策》，提出「先易後難」的統一戰略，認爲應從南唐入手，「得吳，則桂、廣皆爲內臣，岷、蜀可飛書而召之，如不至，則四面並進，席卷而蜀平矣。吳、蜀平，幽可望風而至。唯并必死之寇，不可以恩信誘，必須以強兵攻之，但亦不足以爲邊患，可爲後圖，候其便則一削以平之」〔註134〕。世宗以此策爲基礎，在選擇具體打擊對象時又稍做調整，先後三次用兵南唐，兩次出師北漢。並於顯德五年

〔註127〕以上引文俱見〔宋〕王溥：《五代會要》卷 12《京城禁軍》，上海古籍出版社點校本 1978 年版，第 206 頁。
〔註128〕《宋史》卷 187《兵志一·禁軍上》，第 4571 頁。
〔註129〕《冊府元龜》卷 613《刑法部·定律令五》，第 7363 頁。
〔註130〕《資治通鑒》卷 293，後周世宗顯德四年五月胡三省注，第 9569 頁。
〔註131〕《續資治通鑒長編》卷 3，太祖建隆三年二月，第 62 頁。
〔註132〕《宋史》卷 199《刑法志一》，第 4961 頁。
〔註133〕《舊五代史》卷 115《周世宗紀二》，第 1529 頁。
〔註134〕《舊五代史》卷 128《王樸傳》，第 1679～1680 頁。

（958），盡取南唐江北之地；顯德六年（959），佔領北漢莫、瀛、易〔註135〕等州。惜天不假年，世宗齎志而歿，享年僅39歲。

上述中原形勢的變化，極大地震撼了南方割據勢力，如一向藐視中朝的南漢中宗劉晟，得知南唐敗訊後，憂懼不已，因入貢受阻，遂作長夜之飲，籲歎不止：「吾身得免，幸矣，何暇慮後世哉！」〔註136〕高氏荊南毗鄰後周與北宋，受此影響更爲明顯。

二、高保融、高保勗與高繼沖生平

高保融（920～960），字德長，從誨第三子。〔註137〕後晉天福（936～943）年間，制授檢校司空、判內外諸軍，俄遷節度副使。開運（944～947）末年，領峽州刺史，累加官至檢校太傅。後漢初年，父從誨卒，權知軍府事，制授起復檢校太尉、同平章事、江陵尹、荊南節度、荊歸峽觀察使。後漢乾祐二年（949），加檢校太師兼侍中。後周廣順（951～953）初年，加兼中書令，封渤海郡王。世宗即位，加守中書令。顯德元年（954），進封南平王。顯德六年（959），恭帝即位，加守太保。宋初，守太傅。建隆元年（960）八月，卒，年四十一。宋冊贈太尉，諡貞懿。〔註138〕《南平高正懿王神道碑》云：「王諱保融，葬龍山。陶穀撰。」〔註139〕

史載：「保融性迂緩，無材能，而事無大小，皆委其弟保勗。」〔註140〕

〔註135〕 莫州，治今河北任丘市北三十里鄚州鎮，轄境相當今河北保定、任丘二市及清苑、文安等縣地。

瀛州，治今河北河間市，轄境相當今河北保定市、博野縣以東，肅寧、泊頭、滄州、鹽山等縣市以北，大清河以南地區。

易州，治今河北易縣，轄境相當今河北內長城以南，安新、滿城以北，南拒馬河以西。

〔註136〕 《資治通鑑》卷293，後周世宗顯德四年十二月，第9576頁。

〔註137〕 《新五代史》卷69《南平世家》，第859頁。《九國志》卷12《北楚‧貞懿王世家》，第3370頁。《十國春秋》卷101《荊南二‧貞懿王世家》，第1446頁。

〔註138〕 《舊五代史》卷133《高季興傳附高保融傳》，第1753頁；《新五代史》卷69《南平世家》，第860頁；《宋史》卷483《荊南高氏世家》，第13952頁。另，〔清〕徐松輯：《宋會要輯稿》禮五八之八二載：南宋孝宗淳熙十四年（1187）八月，「荊南節度使、兼中書令、南平王高保融諡正懿」。中華書局影印本1957年版，第1652頁。

〔註139〕 〔宋〕王象之：《輿地紀勝》卷65《荊湖北路‧江陵府下‧碑記》，中華書局影印本1992年版，第2236頁。

〔註140〕 《新五代史》卷69《南平世家》，第860頁。

此說或有不確，從保融在位期間的表現來看，實際上仍能延續高從誨以來的各種做法，荊南局勢亦未見有任何變故，而這種局面的取得，並無可能盡皆保勗所爲，畢竟保融乃一國之主，具有最終的決策權。下述記載多少對此有所反映：

> 荊南節度使高保融有疾，幕吏孫光憲夢在渚宮池與同僚偶座，而保融在西廳獨處，唯姬妾侍焉。俄而高公弟保勗見召上橋，授以筆研，令光憲指撝發軍，仍遣廳頭二三子障蔽光憲，不欲保融遙見。逡巡有具纂鞬將校，列行俟命。〔註141〕

這段文字出自高氏荊南幕府重臣孫光憲筆下，眞實性應無可懷疑。儘管所記爲夢中所思，但亦是現實的反映。材料顯示，保勗擬欲發兵，但在命孫光憲起草文書之時，卻遮遮掩掩，並派人圍住孫光憲，唯恐被保融發覺。試想，如果保勗大權在握，「事無大小」皆可一憑己意，又何以故做神秘，擔心保融察覺呢？唯一的解釋只能是，高氏荊南的國政仍操持於高保融之手，保融擁有最高的決定權。因此，高保融在位期間，保勗並非擁有決斷一切的大權。《新五代史》的上述說法，存在疑問。

保融在位時，除謹守從誨之策外，對中原王朝亦存戒心。他曾修築名爲「北海」的軍事水利防禦工程，其意圖在於防範中原王朝吞併荊南。史載：高保融於「紀南城北決江水瀦七里餘，謂之北海，以閡行者」〔註142〕。他書亦載「周顯德二年（955），高保融自西山分江流，方五七里，築堤而居之，謂之北海」〔註143〕。可見，高保融並非無所作爲之輩，至少是守成之主，所謂「御軍治民皆無法，高氏始衰」〔註144〕之說，顯然並不符合歷史事實。高氏荊南衰落的起點始於保勗在位之時。

保融寢疾之時，「以其子繼元幼弱，未堪承嗣，命其弟行軍司馬保勗總判內外軍馬事」〔註145〕。至此，保勗才獨攬高氏荊南大權。保融卒後，保勗繼位。

〔註141〕《北夢瑣言逸文》卷3《孫光憲異夢》，見《北夢瑣言》，第413頁。
〔註142〕《宋史》卷483《荊南高氏世家》，第13953頁。
〔註143〕《輿地紀勝》卷64《荊湖北路‧江陵府上‧景物上‧北海》，第2203頁。《十國春秋》卷101《荊南二‧貞懿王世家》載其事爲：顯德元年（954），「王修江陵大堰，改名曰北海」第1447頁。今從前說，以其時爲「顯德二年（955）」。
〔註144〕《續資治通鑒長編》卷1，太祖建隆元年八月，第22頁。
〔註145〕《續資治通鑒長編》卷1，太祖建隆元年八月，第22頁。

　　保勗（924～962），字省躬，文獻王第十子，保融同母弟。〔註146〕後晉天福（936～943）初年，起家領漢州刺史。保融在位時，判內外諸軍事。後周廣順元年（951），加檢校太傅，充荊南節度副使。顯德（954～960）初年，加檢校太尉，充行軍司馬，領寧江軍節度。保融卒，權知軍府事。宋太祖授以節度使。

　　保勗，「少多病，體貌臞瘠」〔註147〕，並且「眉目疏秀，羸疾而口吃」〔註148〕。其有「萬事休」之名，據說來自於幼年。史載：「初，保勗在保抱，文獻王獨鍾愛之，或盛怒，見必釋然而笑，荊人目爲『萬事休』。」〔註149〕建隆三年（962），保勗病重，「謂其將梁延嗣曰：『我疾遂不起，兄弟孰可付之後事者？』延嗣曰：『公不念貞懿王乎？先王寢疾，以軍府付公，今先王子繼沖長矣。』保勗曰：『子言是也。』即以繼沖判內外兵馬」〔註150〕。當年十一月，保勗卒〔註151〕，年三十九。宋贈侍中。繼沖繼立。

　　繼沖（943～973），字成和〔註152〕，保融長子。後周顯德六年（959），以蔭檢校司空，爲荊南節度副使。建隆三年（962），保勗寢疾，權知軍府事。次年正月，承制授檢校太保、江陵尹、荊南節度使。「高繼沖自以年幼，未知民事，刑政、賦役委節度判官孫光憲，軍旅、調度委衙內指揮使梁延嗣，謂曰：『使事事得中，人無間言，吾何憂也。』」〔註153〕

　　繼沖繼位的次年二月，宋軍借討伐湖南張文表叛亂之機，假道荊南，兵不血刃襲據江陵，繼沖納降，高氏荊南國亡。宋太祖授繼沖節度使如故，九月，繼沖入朝。開寶六年（973），卒，年三十一。贈侍中。

〔註146〕《宋史》卷483《荊南高氏世家》，第13953頁；《十國春秋》卷101《荊南二·侍中保勗世家》，第1451頁。按，《舊五代史》卷133《高季興傳附高保勗傳》載：「保勗，季興之幼子也。」當誤，今不取。

〔註147〕《十國春秋》卷101《荊南二·侍中保勗世家》，第1450頁。

〔註148〕《續資治通鑑長編》卷1，太祖建隆元年八月，第22頁。

〔註149〕《十國春秋》卷101《荊南二·侍中保勗世家》，第1451頁。

〔註150〕《新五代史》卷69《南平世家》，第860頁。

〔註151〕《新五代史》卷69《南平世家》，第860頁。《宋史》卷483《荊南高氏世家》同此。第13953頁。按，《舊五代史》卷133《高季興傳》記作「皇朝建隆四年（963）春卒」。第1754頁。今從《新史》。

〔註152〕《新五代史》卷69《南平世家》，第860頁。《十國春秋》卷101《荊南二·侍中繼沖世家》同此。第1451頁。按，《宋史》卷483《荊南高氏世家》作「字贊平」。第13953頁。今從《新史》。

〔註153〕《續資治通鑑長編》卷4，太祖乾德元年二月，第84頁。

三、高氏後三主的守成與無爲

　　在高氏荊南「四世五主」的傳承中，既有父死子繼，亦有兄終弟及，大體較爲順利，至少在現存史籍中尚未見到有關高氏子弟篡奪王位的明確記載〔註154〕，較之湖南馬楚、福建王閩、南越劉漢等國的父子相殘、兄弟鬩牆，政局無疑穩定得多。但自從高從誨歿後，高氏荊南的後三主較之其先人，遜色多多，高氏荊南國勢自高保勗之後逐漸呈現衰退之跡。導致這種局面的原因極多，除有高氏後三主的才幹、智識不及高季興和高從誨等因素之外，後周和北宋初期，中原王朝力量的日臻強大，統一趨勢的增長，則是其中至爲關鍵性的要素。即此而論，高保融等三主無所作爲，單純保守前人之業，亦是必然之勢。相比較而言，高氏後三主統治期間，高保融在位時高氏荊南政權尚能運轉有序，局面依然穩定。其後，則一年不如一年。

　　在對外政策上，高氏荊南仍奉中朝正朔，効忠程度更甚以往。後漢乾祐元年（948），從誨下葬之時，「漢主遣翰林茶酒使郭允明來賜衣幣，允明車服導從如節度使，乃陰使人步測其城池高下，若爲攻取之計者以動我，國人皆恐。保融重賂允明以遣」〔註155〕。其實，後漢未必有征伐高氏荊南之意，郭允明此舉無非是想趁機敲詐勒索而已，即令如此，高保融仍極力奉承，以維繫與中朝間牢固的臣屬關係。

　　後周時期與北宋初年，高氏荊南貢奉更勤。自世宗即位以後，尤其如此，史載：「荊南自後唐以來，常數歲一貢京師，而中間兩絕。及世宗時，無歲不貢矣。保融以謂器械金帛，皆土地常產，不足以効誠節，乃遣其弟保紳來朝，世宗益嘉之。」〔註156〕宋太祖開國，保融更爲憂懼，「一歲之間三入貢」〔註157〕。保勗繼任後，又於建隆二年（961），遣其弟保寅入貢。

　　對他國叛臣，則執之送還其國。如後漢、後周更迭之際，後蜀施州刺史田行皋來奔，保融認爲：「彼貳於蜀，安肯盡忠於我！」徑自將其押送至後蜀。〔註158〕在後周軍隊於顯德（954～960）年間討伐南唐、後蜀時，高氏荊南均

〔註154〕按，《新五代史》卷69《南平史家》載：「保融第三子也，不知其得立之因。」又載：「其從叔從義謀爲亂，爲其徒高知訓所告，徙之松滋而殺之。」第859頁。因缺乏其他材料佐證，難以判斷此兩段文字是否與王位傳承有關，但從目前所能掌握的材料來看，高氏荊南的王位傳襲並無太多異常之處。

〔註155〕《十國春秋》卷101《荊南二‧貞懿王世家》，第1446頁。

〔註156〕《新五代史》卷69《南平世家》，第859頁。

〔註157〕《新五代史》卷69《南平世家》，第860頁。

〔註158〕《十國春秋》卷101《荊南二‧貞懿王世家》，第1446頁。

出兵相助或有意聲援。而且，屢屢致書南唐、後蜀國主，諭以奉周之意。如顯德三年（956），遣客將劉扶奉箋於南唐，勸其內附；顯德五年（958），曾兩次遣使勸後蜀後主稱臣於周。〔註159〕

凡此種種輸誠納忠之表現，究其原因，高氏荊南實在是擔心日益壯大的中原王朝陳兵境上，進而一舉殲滅之，因此，保融等人寄望以此換取中原政權的扶持，從而實現保全其國的目的。但是，「臥榻之側，豈容他人酣睡」〔註160〕，上述措施，僅可保高氏荊南於一時，一旦時機成熟，中原王朝必然會刀兵相嚮，高氏荊南亦遲早會被統一的洪流淹沒。

「頗有治事才」〔註161〕的保勗，繼位以後，奢靡淫侈之風漸盛，耽於享樂，以至國事荒廢，更加速了高氏荊南的覆滅。史載：

> （保勗）淫泆無度，日召倡伎集府署，擇士卒壯健者令恣調謔，
> 乃與姬妾垂簾共觀，以為娛樂。又好營造臺榭，窮極土木之功。有
> 估客自嶺外來，得龍眼一枝，約四十圍，共千枚，獻於保勗。保勗
> 命作琅玕檻子置之，名曰：「海珠簇」。其玩物多此類也。〔註162〕

自此以降，「軍民咸怨」〔註163〕。孫光憲勸諫道：「宋有天下，四方諸侯屈服面內，凡下詔書皆合仁義，此湯、武之君也。公宜克勤克儉，勿奢勿僭，上以奉朝廷，中以嗣祖宗，下以安百姓，若縱佚樂，非福也。」〔註164〕但保勗不納其議，政事日壞，高氏荊南已趨於窮途末路。

乾德元年（963）二月，宋廷兵發湖南，假道荊南，趁機掩襲江陵，高氏荊南滅亡。

〔註159〕《十國春秋》卷101《荊南二·貞懿王世家》，第1448頁。
〔註160〕《續資治通鑒長編》卷16，太祖開寶八年十一月，第350頁。
〔註161〕《十國春秋》卷101《荊南二·侍中保勗世家》，第1450頁。
〔註162〕《十國春秋》卷101《荊南二·侍中保勗世家》，第1450頁。
〔註163〕《宋史》卷483《荊南高氏世家》，第13953頁。
〔註164〕《續資治通鑒長編》卷2，太祖建隆二年九月，第53～54頁。

第三章　高氏荊南的滅亡

第一節　宋初「假道荊南」之策

　　建隆元年（960）正月，趙宋政權建立。北宋建立之初，其控制範圍僅限於中原地區。在平定昭義李筠、淮南李重進的叛亂之後，宋代開國之君太祖趙匡胤與其臣僚趙普等，制訂了「先南後北」的統一戰略，所謂「中國自五代以來，兵連禍結，帑藏空虛，必先取巴蜀，次及廣南，即國用富饒矣」〔註1〕。南方諸國如後蜀、南漢、南唐，成爲實施此戰略的先期打擊目標。未及此戰略計劃付諸實施，建隆三年（962）十月，趁湖南周行逢病卒、其子保權繼立之際，衡州刺史張文表舉兵叛亂，自稱留後。保權遣使求援於荊南，並乞援於宋。次年二月，宋太祖命慕容延釗、李處耘領軍討伐張文表。由於事先已實施若干先期準備工作，宋廷對高氏荊南已是志在必得，於是，藉此應援湖南的大好時機，宋軍以假道之計順便降服高氏荊南。高繼沖歸降於宋，高氏荊南國除。

一、宋太祖與高氏荊南

　　宋太祖即位之初，對南面的高氏荊南早已有吞併之心，只是由於高氏荊南貢奉甚勤，未能覓得出兵藉口，貿然興師，畢竟有損新立未久的趙宋政權形象，而且極有可能導致諸侯離心，甚至對即將開展的統一戰爭產生阻礙，此種局面顯然有違宋太祖初衷。但是，兼併高氏荊南的意圖已然不可動搖，這

〔註1〕〔宋〕王稱：《東都事略》卷23《孟昶傳‧論》，臺北文海出版社影印本1967年版，第405頁。

一地區是其實施「先南後北」戰略至為理想的根據地，自然成為其平定南方諸國的首選目標。宋太祖登基不久，就極為留意荊南局勢。史載：「上初聞保融之喪，遣兵部尚書萬年李濤往弔，及還，上問保勗堪其事否，濤以為可任，而保勗貢奉亦數至，乃授節鉞。」〔註2〕因缺乏其他材料的佐證，太祖是否此時即已有剷除高氏荊南的動機，尚難斷言，但其對荊南政局變動如此敏感，本身似可表明太祖有意將高氏荊南納入趙宋版圖，而這只是時間早晚的問題。

並且，為便於日後順利平定高氏荊南，宋太祖曾兩次派遣使者赴江陵，其目的就是瞭解、打探其虛實。盧懷忠奉命出使高氏荊南前，太祖即曾叮囑：「江陵人情去就，山川向背，我盡欲知之。」〔註3〕可見，盧懷忠之行旨在「覘勢強弱」〔註4〕。高繼沖嗣位之時，宋太祖又「命（康）延澤齎書幣先往撫之，且察其情偽。及還，盡得其機事」〔註5〕。在其後平定高氏荊南的過程中，康延澤即是宋軍進入高氏荊南境內的嚮導。

所以，建隆（960～963）初年，儘管高氏荊南政權仍然存在。但是，宋太祖收拾高氏荊南的各項準備工作，已在有條不紊地進行。

其一，籠絡、收買高氏子弟，為和平解決荊南創造條件。宋太祖物色的人選是高保寅。保寅字齊巽，高從誨之子。高保融時，為節院使。趙宋立國，保勗命保寅入覲，「太祖召對便殿，授掌書記遣還」〔註6〕。掌書記一職乃藩鎮自行辟署，宋太祖授保寅之職，顯然有逾常制。不過，此舉收效極佳，保寅回歸後，即勸保勗：「真主出世，天將混一區宇，兄宜首率諸國奉土歸朝，無為他人取富貴資。」〔註7〕保寅顯係已被宋太祖拉攏。而在宋軍進抵荊門（今湖北荊門市）之時，「高繼沖遣其叔保寅及軍校梁延嗣奉牛酒犒師，且來覘也。處耘待之有加，諭令翌日先還。延嗣大喜，令報繼沖以無虞。……是夕，召保寅等宴飲延釗之帳」〔註8〕。李處耘當夜悄悄率數千輕騎直奔江陵，一舉佔據江陵。此次誤報軍情，致使高氏荊南喪失最後的抵禦機會，作為同往打探軍情者之一的高保寅，自然負有不可推卸的責任。

〔註2〕《續資治通鑒長編》卷2，太祖建隆二年九月，第53頁。

〔註3〕《續資治通鑒長編》卷4，太祖乾德元年正月，第81頁。

〔註4〕《宋史》卷257《李處耘傳》，第8961頁。

〔註5〕《宋史》卷255《康延澤傳》，第8926頁。

〔註6〕《宋史》卷483《荊南高氏世家》，第13955頁。

〔註7〕《宋史》卷483《荊南高氏世家》，第13955頁。

〔註8〕《宋史》卷257《李處耘傳》，第8961～8962頁。

　　其二，削弱高氏荊南軍事防禦實力，減輕宋軍可能遭到抵抗的強度。後周顯德二年（955），高保融曾於江陵城北，修築長達 7 里的軍事水利防禦工程「北海」，本意即在於防範中原王朝軍隊的南下侵襲。高保寅朝覲時，「太祖因保寅歸，諭旨令決去（北海），使道路無阻」〔註9〕。太祖頒發此令，冠冕堂皇的理由是暢通南北交往，其實又何嘗不是借機掃清克平高氏荊南的險隘呢？既有此旨，其時的高氏荊南惟能照章辦事而已。雖說史籍中並未明言其後荊南是否填平北海，但高保勖應該還不至於膽敢抗旨不遵。而且，之後宋太祖也並未對此予以追究，看來阻礙宋軍南下的北海工程的確已遭毀廢。

　　隨著準備工作的大致就緒，恰逢湖南周保權又前來乞師討伐叛將張文表，宋太祖又以應援湖南為名，不失時機地下令「荊南發水兵三千人赴潭州」〔註10〕。對於高氏荊南而言，3,000 水兵不可謂不多，更為關鍵的是，此詔頒發於宋軍即將「假道」荊南之前，宋太祖將高氏荊南的主力兵種水軍，抽調至湖南前線，無疑削減了荊南軍隊的有生力量，降低了未來可能遭遇到的抵抗強度，為即將開展的吞併戰爭埋下了伏筆。

　　在宋軍出征之前，太祖聽說「高繼沖託以供億王師，貸民錢帛」〔註11〕，又下詔予以制止。至於高繼沖「貸民錢糧」是否真為「供億王師」，抑或含有積儲軍糧以禦敵的計劃，僅據現存史載確已難於考知。然而，太祖此令一定程度上必然產生限制高氏荊南擴充、壯大實力的效果。

　　宋軍平定高氏荊南，至此已同如弦之箭，一觸即發。

　　建隆三年（962），湖南周保權的乞師之舉，為宋太祖克平荊南提供了難得的契機。之前，盧懷忠出使高氏荊南返回後，即稟報曰：「高繼沖甲兵雖整，而控弦不過三萬，年穀雖登，而民困於暴斂。南通長沙，東距建康，西迫巴蜀，北奉朝廷，觀其形勢，蓋日不暇給，取之易耳。」乾德元年（963）正月，太祖召見宰相范質等，謂曰：「江陵四分五裂之國，今假道出師，因而下之，蔑不濟矣。」〔註12〕明確提出「假道出師，因而下之」的作戰方案，並將此策略授之於此次軍中都監李處耘，命其會同襄州慕容延釗出師荊湖，以假道之名平定高氏荊南。可見，所謂「假道」，不過是伐虞滅虢之計的翻版，高氏荊南的滅亡已是指日可待。

〔註 9〕《宋史》卷 483《荊南高氏世家》，第 13953 頁。
〔註10〕《續資治通鑒長編》卷 4，太祖乾德元年正月，第 82 頁。
〔註11〕《續資治通鑒長編》卷 4，太祖乾德元年正月，第 83 頁。
〔註12〕《續資治通鑒長編》卷 4，太祖乾德元年正月，第 81～82 頁。

二、宋廷「假道荊南」的方略

太祖此次平定荊湖，志在一舉而下之，其軍事部署即可印證此點。史載：

> 太祖建隆四年，武陵周行逢僞命衡州刺史張文表舉兵攻潭州，行逢子保權初嗣立，乞師於朝廷，以爲救援。正月七日，詔以山南東道節度使慕容延釗爲湖南行營都總管，宣徽南院使李處耘爲都監，率兵討之。又以申州刺史轟章爲壕寨使，遣內酒坊副使盧懷忠、氈毯使張繼勳、染院副使康仁澤（即康延澤）領步騎數千赴之，分命使臣十一人發安、復、郢、陳、澶、孟、宋、亳、潁、光等州兵會襄陽，以判四方館事武懷節爲行營戰棹都監，郢州刺史趙重進爲先鋒都監。八日，以淄州刺史尹崇珂爲行營馬軍都指揮使，師至荊門，保權已擒文表，殺之。〔註13〕

而就在當年（963）二月，李處耘即銜命至襄州，儘管慕容延釗仍在病中，太祖詔令肩輿即戎事。

李處耘先後兩次派遣閤門使丁德裕前往荊南。第一次，直接論繼沖以假道之意。史載其事曰：

> 李（處耘）以路由江陵，慮繼沖不測，先遣使諭之曰：「比者王師救應，東道之主誠在足下，然利在急速，故不淹留，但假一鄉道，使於城外經過，幸矣。」〔註14〕

並請「具薪水給軍」。繼沖召集僚佐謀議，「以民庶恐懼爲辭，願供芻餼百里

〔註13〕《宋會要輯稿》兵七之二三～二四，第6881頁。

申州，治今河南信陽市，轄境相當今河南信陽市及信陽、羅山二縣地。

陳州，治今河南淮陽縣，轄境相當今河南淮陽、商水、太康、西華、沈丘等縣及周口、項城二市地。

澶州，治今河南清豐縣西南，轄境相當今河南清豐縣及濮陽縣東北、范縣西北各一部分地。後晉高祖天福四年（939）移治德勝城（今濮陽縣東南五里）。後周徙治今濮陽縣。

孟州，治今河南孟縣南十五里，轄境相當今河南孟縣、溫縣、濟源等縣市及滎陽市部分地。

亳州，治今安徽亳州市，轄境相當今安徽亳陽、渦陽、蒙城及河南鹿邑、永城等市縣地。

光州，治今河南潢川縣，轄境相當今河南潢川、光山、新縣、固始、商城等縣及安徽金寨縣西部地。

淄州，治今山東淄博市西南淄川城，轄境相當今山東淄博市及博興縣西南部，高青、鄒平兩縣東部地。

〔註14〕《三楚新錄》卷3，第6329頁。

外」。委婉拒絕宋軍假道的提議。不久，丁德裕又奉命至江陵遊說。此次提議，不知出於何故，高氏荊南幕府重臣孫光憲與梁延嗣，竟然皆表示同意。

　　不過，對於宋軍以假道之名而行平定荊南之實的眞實意圖，高氏荊南兵馬副使李景威心知肚明，其對繼沖說：

　　　　今王師雖假道以收湖湘，然觀其事勢，恐因而襲我。景威願效
　　犬馬之力，假兵三千，於荊門中道險隘處設伏，候其夜行，發伏攻
　　其上將，王師必自退却，回軍收張文表以獻於朝廷，則公之功業大
　　矣。不然，且有搖尾求食之禍。〔註15〕

　　《新五代史》卷69《南平世家》載景威之語爲：

　　　　兵尚權譎，城外之約，不可信也。宜嚴兵以待之！

繼沖則回答：「吾家累歲奉朝廷，必無此事，爾無過慮，況爾又非慕容延釗之敵乎？」可見，繼沖還完全沉浸在幻想之中，以爲長期效忠朝廷，即可確保高氏荊南無虞，對眼前局勢之危急缺乏正確預判，其想法太過簡單和幼稚。實際上，國與國之間，僅憑道義和誠信構建的同盟關係，在現實利益面前，總是會顯得極其脆弱，不堪一擊。可惜繼沖不明此理，乃至於認爲景威之慮實過多餘，並又以景威並非慕容延釗敵手，拒納其議。

　　李景威又道：「舊傳江陵諸處有九十九洲，若滿百則有王者興。自武信王之初，江心深浪之中，忽生一洲，遂滿百數，昨此洲漂沒不存，茲亦可憂也。」此說亦不太可信，但景威用意仍在於以此勸說繼沖提防宋軍的進攻。已經認可宋軍假道之議的孫光憲，則勸繼沖：

　　　　景威，峽江一民爾，安識成敗。且中國自周世宗時，已有混一
　　天下之志。聖宋受命，凡所措置，規模益宏遠。今伐文表，如以山
　　壓卵爾。湖湘既平，豈有復假道而去耶！不若早以疆土歸朝廷，去
　　斥堠，封府庫以待，則荊楚可免禍，而公亦不失富貴。〔註16〕

上述議論中，孫光憲對天下形勢的判斷的確不差，自後周至宋初，統一浪潮日甚一日，高氏荊南確非宋軍敵手，所謂假道亦不過是幌子而已，滅亡高氏荊南乃是宋廷此次用兵的目的之一。照此而言，不如早日歸降，既可使本地黎民免遭屠戮，高氏一門亦不失利祿榮寵。此論本無可挑剔，亦是切中肯綮的深識時務之言。但是，姑且不論景威所提之策是否有效，在大敵當前之際，

―――――――――――

〔註15〕以上引文俱見《續資治通鑑長編》卷4，太祖乾德元年二月，第84頁。
〔註16〕以上引文俱見《續資治通鑑長編》卷4，太祖乾德元年二月，第84～85頁。

孫光憲早早定下歸降的基調，其間所顯示出的軟弱，較之同為高氏重臣的景威展露出的剛勇，兩者高下立判。

話說回來，宋廷此次用兵已是志在必得，景威之謀未必管用，假若高氏荊南一旦抵抗，其結局只能是自取其辱，如同其後的湖南周保權政權。史載：宋軍平定荊南之時，儘管張文表已被殺，宋軍仍長驅入潭州。周保權不聽觀察判官李觀象歸順朝廷的建議，在指揮使張從富等人挑唆下，圖謀抗拒。三江口（今湖北監利縣東南長江北側荊河腦附近）一役，宋軍「獲船七百餘艘，斬首四千餘級」〔註17〕。其後敖山寨（今湖南臨澧縣東南）一戰，湖南軍隊再次大敗，「處耘擇所俘體肥者數十人，令左右分食之，少健者悉黥其面」〔註18〕，周保權終於未能逃脫喪師滅國的命運。再者，即使在高季興、高從誨時期，高氏荊南尚不敢與中原王朝進行正面交鋒，更何況此時高氏荊南國勢已經轉弱，而天水一朝正如日中之天，兩相對比，孰強孰弱，優劣成敗，清晰可鑒，因此，孫光憲歸降之議，的確不失為一種明智的選擇。

李景威知道大局已定，再難更改，遂出而歎曰：「大事去矣，何用生為！」〔註19〕扼吭而死。高氏荊南中唯一反對假道之議的武將壯烈而終，宋廷的假道之策終於得以付諸實施。

三、宋軍突襲江陵

實施此策時，李處耘、慕容延釗事先故意用計麻痺荊南高氏，使其放鬆警惕，爾後乘其不備，連夜突入江陵，造成既成之勢，逼迫繼沖就範。

繼沖接受假道之議後，「遣延嗣與其叔父掌書記保寅，奉牛酒來犒師，且覘師之所為」〔註20〕。即以梁延嗣、高保寅借犒軍之名前來打聽動靜，探其虛實，再作應對。其時，梁延嗣為高氏荊南衙內指揮使，與孫光憲對掌文、武二事，全權負責軍旅調度，是高氏荊南軍隊的最高長官。〔註21〕李處耘將大軍前行，遂令軍中曰：「入江陵城有不由路及擅入民舍者斬。」〔註22〕駐紮於荊門，接見延嗣與保寅，「待之有加，諭令翼日先還」〔註23〕。盛情款待之

〔註17〕《續資治通鑑長編》卷4，太祖乾德元年三月，第86頁。
〔註18〕《續資治通鑑長編》卷4，太祖乾德元年三月，第86～87頁。
〔註19〕《續資治通鑑長編》卷4，太祖乾德元年二月，第85頁。
〔註20〕《續資治通鑑長編》卷4，太祖乾德元年三月，第85頁。
〔註21〕《續資治通鑑長編》卷4，太祖乾德元年三月，第84頁。
〔註22〕《宋史》卷257《李處耘傳》，第8961頁。
〔註23〕《續資治通鑑長編》卷4，太祖乾德元年二月，第85頁。

後，當日將二人留營不遣。梁延嗣蒙蔽於歌舞昇平的假象，以為宋軍不會立即向荊南進發，遂向繼沖發出錯誤信息，報以無虞。

眼見延嗣與保寅中計，延釗與處耘遂分頭行事。由慕容延釗出面招待延嗣等繼續在軍營中酣飲，穩住二人，李處耘則連夜率輕騎迅速奔赴江陵。荊門距江陵不過百里左右，宋軍前來的消息很快就傳入江陵，而延嗣派回荊南報平安的使者尚未至江陵，繼沖仍在等待延嗣、保寅歸來，「遽聞大軍奄至，即皇恐出迎，遇處耘於江陵北十五里」。處耘並未止住前行大軍，僅「揖繼沖」，令其等候延釗的到來，自率親兵經北門進入江陵。等到繼沖與延釗入城，宋軍已經「分據衝要，布列衢巷」〔註24〕。

至此，高氏荊南實際上已不戰而亡。

宋初平定高氏荊南，並非強取，而是以假道之名為掩蓋，趁其無備襲取江陵，進而迫使高繼沖放棄抵抗，歸附於宋，此役絲毫未損宋軍有生力量，由此亦充分顯現出宋太祖、李處耘、慕容延釗等人非凡的軍事智慧與卓越的軍事藝術。

第二節　高氏荊南的納土

在宋軍趁虛佔據江陵城之後，高繼沖已無可選擇，惟有束手待命而已。高氏荊南的納土歸附，是趙宋政權開展統一戰爭、實施先南後北戰略，取得的初次大捷，此舉不僅為宋廷打通了南下的通道，更可以荊南水軍充實統一大軍的力量，以荊南三州的豐富物產增加宋王朝的經濟實力，為隨後順利平定南方諸國的戰爭創造諸多有利條件。儘管高氏荊南並非主動投附宋廷，但在平定的過程中，由於高氏荊南全無抵抗，宋軍未費一兵一卒，兵不血刃即奄有其地，並且不久繼沖即入朝，故而宋廷對高氏荊南舊臣與高氏後裔，仍能優遇有加，高氏一脈至南宋尚有胤續。

一、高繼沖歸降於宋

伴隨江陵城的失守，高繼沖自知大勢已去，憂懼不安，進城不久，即「詣延釗，納牌印，遣客將王昭濟等奉表以三州，十七縣，十四萬二千三百五十戶來歸」〔註25〕。關於其後的經過，史籍有如下詳細記載：

〔註24〕《續資治通鑑長編》卷4，太祖乾德元年二月，第85頁。
〔註25〕《續資治通鑑長編》卷4，太祖乾德元年二月，第85頁。

太祖令御廚使郜岳持詔安撫，樞密承旨王仁贍爲荊南都巡檢使，仍令齎衣服、玉帶、器幣、鞍勒馬以賜繼沖，授繼沖馬步都指揮使，梁延嗣爲復州防禦使，節度判官孫光憲爲黃州刺史，右都押衙孫仲文爲武勝軍節度副使，知進奏鄭景玫爲右驍衛將軍，王昭濟左領軍衛將軍，蕭仁楷供奉官。繼沖籍管內芻糧錢帛之數來上，又獻錢五萬貫、絹五千匹、布五萬匹，復遣支使王崇範詣闕貢金器五百兩、銀器五千兩、錦綺二百段、龍腦香十斤、錦繡帷幕二百事。三月，詔鞶轡庫使翟光裔齎官告、旌節賜繼沖，并存問參佐官吏等；又以保融兄弟、諸父江陵少尹保紳爲衛尉卿，節院使保寅爲將作監、充內作坊使，左衙都將保緒爲鴻臚少卿，右衙都將保節爲司農少卿，合州刺史從翊爲右衛將軍，衙將保遜爲左監門衛將軍，巴州刺史保衡爲歸州刺史，知峽州事保膺爲本州刺史，衙將從訛爲右衛率府率，從讓爲左清道率府率，從謙爲左司禦率府率；又以王崇範爲節度判官，高若拙觀察判官，梁守彬江陵少尹，韋仲宣掌書記，胡允脩節度推官，州縣官悉仍舊，別賜管內符印。五月，保紳等來朝，各賜京城第一區。六月，命王仁贍兼知軍府事。

會是歲將郊祀，表求入覲，可之。十月，至闕下，獻金銀器、錦帛、寶裝弓劍、繡旗幟、象牙、玉鞍勒等，賜賚甚厚。效祀畢，授繼沖徐州大都督府長史、武寧軍節度使、徐宿觀察使。繼沖鎮彭門幾十年，委政僚佐，部內亦治。開寶六年，卒，年三十一。廢朝二日，贈侍中，遣中使護喪，葬事官給。〔註26〕

當年九月，繼沖赴朝前，「具文告三廟」，隨即「率其將、吏宗族五百餘人朝于京師」〔註27〕。《續資治通鑑長編》卷4「太祖乾德元年十二月」亦載：「先是繼沖表乞陪祀，許之，因舉族歸朝。」高氏至此離開江陵，高氏在荊南的統治徹底結束。

〔註26〕《宋史》卷483《荊南高氏世家》，第13954～13955頁。
　　　　黃州，治今湖北黃州市，轄境大致包括今湖北黃州、武穴、麻城三市及黃陂、紅安、新洲等地。
　　　　合州，治今重慶合川市，轄境相當今重慶合川、銅梁、大足及四川武勝等市縣地。
　　　　巴州，治今重慶市，轄境相當今重慶市渝北區以南，江津以東，涪陵以西地區。
〔註27〕《新五代史》卷69《南平世家》，第861頁。《十國春秋》卷101《荊南二‧侍中繼沖世家》，第1450頁。

繼沖隨即被任爲徐州節度使，在鎮徐州期間，還頗有治績。開寶六年（973）十一月〔註28〕，卒於鎮，贈侍中。在史籍中，還有一則看似與繼沖有關的材料，茲先錄之如下：

> 張平，青州臨朐人。弱冠寓單州，依刺史羅金山。金山移滁州，署平馬步都虞候。太宗尹京兆，置其邸。及秦王廷美領貴州，復署爲親吏。後數年，有譖平匿府中錢物，秦王白太宗鞫之，無狀，秦王益不喜，遂遣去。太宗憐其非罪，以屬徐帥高繼沖，繼沖署爲鎮將。平歎曰：「吾命雖蹇，後未必不爲福也。」〔註29〕

按，太宗即位於開寶九年（976）十月〔註30〕，而秦王廷美任貴州防禦使始於太平興國四年（979）二月〔註31〕，此時距繼沖辭世已七個年頭，而上述記載中，太宗以張平「屬徐帥高繼沖」之事，還在廷美領貴州之職數年以後，可見，此說明顯失實，此事亦與繼沖無關，故不取。

不過，高繼沖在《傷寒論》這一中醫文獻的傳承上，卻是極爲關鍵性的人物，其功尤爲後世醫家推崇。宋人林億《傷寒論·序》稱：「開寶（968～976）中，節度使高繼沖曾編錄進上。」〔註32〕據考證，宋淳化本《太平聖惠方》卷 8《傷寒論》，即依高繼沖所獻校讎而成。〔註33〕有學者指出，此書大約獻於高繼沖臨終前的開寶四年（971）或開寶五年（972），爲投宋太宗廣求醫書之好，繼沖才將極爲珍視的此書獻錄朝廷。〔註34〕至元代，醫家李仲南《永類鈐方》卷 1《傷寒》又將殘缺的高氏《傷寒論》，收錄其中。由此表明，高氏本《傷寒論》的價值在元代仍然得到醫家承認，而《永類鈐方》的傷寒

〔註28〕《宋史》卷 481《荊南高氏世家》，第 13955 頁。《宋會要輯稿》禮四一之五一，第 1403 頁。《宋會要輯稿》儀制一一之一九，第 2034 頁。

〔註29〕《宋史》卷 276《張平傳》，第 9405 頁。
單州，治今山東單縣南，轄境大致包括今山東單縣、成武、魚臺及安徽碭山等縣地。
滁州，治今安徽滁州市，轄境相當今安徽滁州市和來安、全椒二縣地。
貴州，治今廣西貴州市，轄境相當今廣西貴港市地。

〔註30〕《續資治通鑑長編》卷 17，太祖開寶九年十月，第 381 頁。

〔註31〕《宋史》卷 4《太宗紀一》，第 61 頁。

〔註32〕〔金〕成無己注：《傷寒論注釋》，景印文淵閣四庫全書本（第 734 冊），上海古籍出版社 1987 年版，第 203 頁。

〔註33〕馬繼興：《中醫文獻學基礎》，中醫研究院中國醫史文獻出版社 1982 年版，第 166 頁。

〔註34〕錢超塵：《高繼沖及其所獻〈傷寒論〉考略》，《中國醫藥學報》1986 年第 1 期。

部分，亦爲研究高氏本《傷寒論》的流傳，提供了極爲寶貴的資料。〔註35〕
總之，高氏本《傷寒論》對研究中醫版本學和校勘《傷寒論》，大有裨益。這
是高繼沖在中醫文獻保留上的功績，不可不提。

二、宋廷之安撫

　　宋廷對高氏子弟及其舊臣，均有妥善安排，而對在平定荊南過程中力主
歸降的孫光憲、梁延嗣，則又分別授予黃州刺史和復州防禦使之職。對於平
定之前已被拉攏的高保寅，更是寵渥有加。太祖嘉其有功，「驛召赴闕，授將
作監，充內作使，賜第一區。俄知宿州」。不久，又轉少府監。開寶五年（972），
知懷州〔註36〕。保寅在懷州任上，「蘇易簡、王欽若並妙年始趨學」；任職同
州〔註37〕時，「錢若水爲從事」；在光化軍〔註38〕任上，「張士遜其邑人也」。
對上述人物，「保寅一見皆獎拔，許以遠大，議者多其知人」。其子輔政、輔
之、輔堯、輔國，並進士及第。輔政至秘書丞，輔之至太常丞。〔註39〕史籍
中，還有這樣一則記載：「高輔國，曾祖季興，祖從誨，俱爲南平王，蓋荊南
高氏。輔國之父保寅，不知在從誨十五子中爲第幾人，與繼沖俱歸本朝者也。」
〔註40〕可見，輔國確係保寅之子。

　　保寅入宋後，一度與趙普發生過摩擦，並曾上疏請罷節鎮領支郡之制。
史載其事曰：

> 　　太宗太平興國二年八月，上初即位，以少府監高保寅知懷州。
> 懷州故隸河陽，時趙普爲節度使。保寅素與普有隙，事多爲普所抑，
> 保寅心不能平，手疏乞罷節鎮領支郡之制。乃詔懷州直隸京，長吏
> 得自奏事。於是虢州刺史許昌裔訴保平軍節度使杜審進闕失事。詔
> 右拾遺李瀚往察之。瀚因言節鎮領支郡多俾親吏掌其關市，頗不便
> 於商賈，滯天下之貨，望不令有所統攝，以分方面之權，尊獎王室，

〔註35〕（日）岡田研吉、郭秀梅：《高繼沖本〈傷寒論〉與〈永類鈐方・傷寒〉》，《吉
　　　　林中醫藥》1995 年第 1 期。

〔註36〕懷州，治河南沁陽市，轄境相當今河南焦作、沁陽、武陟、獲嘉、修武、
　　　　博愛等市縣地。

〔註37〕同州，治今陝西大荔縣，轄境相當今陝西大荔、合陽、韓城、澄城、白水等
　　　　縣市地。

〔註38〕光化軍，北宋乾德二年（964）置，治今湖北老河口市西北西集街。

〔註39〕以上引文俱見《宋史》卷483《荊南高氏世家》，第13955～13956頁。

〔註40〕〔宋〕樓鑰：《攻媿集》卷73《跋金花貼子綾本小錄》，四部叢刊初編本，上
　　　　海商務印書館 1926 年版，頁 8-1。

亦強幹弱枝之術也。始唐及五代，節鎮皆有支郡。太祖平湖南，始
令潭、朗等州直屬京師，長吏得自奏事。其後，大縣屯兵，亦有直
屬京師者，興元之三泉是也。〔註41〕

雖然太宗即位之初，趙普鬱鬱不得志，但畢竟是太祖舊臣，而保寅竟敢與其
抗衡，這顯然不是一般地位低下之人所能做到的，保寅此時實際的政治地位
似乎並不低。而宋初廢除節鎮領支郡之事，看來與保寅多少還有些關係。

三、趙宋王朝恩遇荊南高氏後裔

入宋後的高氏後人，長時間受到趙宋王朝的特殊恩渥，至南宋時期仍然
如此。茲將翻檢所得有關材料，依時代先後列於其下，以見其實。

北宋眞宗大中祥符元年（1008）十月，詔：「兩浙錢氏、泉州陳氏近親，蜀
孟氏、湖南馬氏、荊南高氏、廣南河東劉氏子孫未食祿者，聽敍用。」〔註42〕

大中祥符元年（1008）十月二十六日，「東封，敕：應吳越忠懿王近親未
食祿者，特與敍用。泉州陳氏近親未食祿者，分析聞奏。僞蜀孟氏、吳李氏、
湖南馬氏、荊南高氏、廣南河東劉氏，親嫡子孫未食祿者，特與甄敍」〔註43〕。

仁宗天聖二年（1024）正月，「故尚書令、南平王高從誨孫進士輔元，
有兄亡，係周親服制，取應不得。詔以王公之後祿仕殆絕，特令送貢院試」
〔註44〕。

仁宗天聖五年（1027）五月，賜進士顧洵美、高輔元同學究出身。……
輔元，即故荊南節度使高從誨之孫。〔註45〕

天聖七年（1029）六月，「錄其（高從誨）曾孫燾爲江陵府枝江縣尉」
〔註46〕。

明道二年（1033）六月十三日，「詔錄南平王高季興、吳王李煜、楚王孟
昶、彭城郡王劉繼元、南越王劉銀嫡子或孫一人官，原文資與簿尉班行，與

〔註41〕《宋會要輯稿》職官三八之一~二，第3141～3142頁。
　　　　保平軍，疑爲「保寧軍」之誤。保寧軍，治今四川閬中市，後廢。
　　　　興元，即興元府，治今陝西漢中市東，轄境相當今陝西漢中市及南鄭、勉縣、
　　　　城固等縣地。三泉，即三泉縣，治今陝西寧強縣西北陽平關，北宋升爲大安軍。
〔註42〕《宋史》卷7《眞宗紀二》，第138頁。
〔註43〕《宋會要輯稿》崇儒七之七五，第2326頁。
〔註44〕《宋會要輯稿》選舉三之一四，第4268頁。
〔註45〕《宋會要輯稿》選舉九之八，第4400頁。
〔註46〕《宋會要輯稿》崇儒七之七五，第2326頁。

三班奉職」〔註47〕。

　　景祐二年（1035）十一月十五日，「南郊，赦兩浙錢氏、泉州陳氏、西川孟氏、江南李氏、湖南馬氏、荊南高氏、廣南劉氏、河東劉氏子孫未仕者，於所在投狀，擇其近親一人，特錄用之」〔註48〕。

　　景祐四年（1037）六月，「又錄其後濟爲三班借職」〔註49〕。

　　南宋理宗淳祐九年（1249），「又求隋、唐及朱氏、李氏、石氏、劉氏、郭氏之後，及吳越、荊南、湖南、蜀漢諸國之子孫，皆命以官，使守其祀」〔註50〕。

　　可見，高氏後代在趙宋一朝常常因其先人，以蔭補官，或受到特別照顧，高氏血脈胤續也基本貫穿有宋一代，其具體傳承則已無可考。

第三節　高氏荊南存續的歷史條件剖釋

　　高氏荊南最終滅亡於北宋，但其畢竟存在長達半個多世紀之久，而且被史家列入五代十國時期的南方九國之一，其歷史地位不容抹殺。而且，高氏荊南是南方諸國中最小的割據政權，其能在中原王朝、馬楚、吳、南唐與前後蜀的夾縫中，延續至北宋初期，較之於同一歷史時期的前蜀、馬楚與閩，存在時間更爲長久，其間的原因何在呢？

　　關於此點，學界此前已有探討。沈起煒以爲，荊南高氏不耽於享樂，「荊南經濟全靠南北通商，政治生命全靠同人家搞好關係」，爲其生存之本。〔註51〕陶懋炳認爲是保境息民，恢復生產。〔註52〕朱巨亞的看法爲，高氏父子所採取的藩屬中朝、休養生息、或和或戰的諸項政策，以及相鄰勢力的相互牽制，是高氏荊南存在於這塊彈丸之地的原因。〔註53〕宋嗣軍指出，四鄰勢力留存高氏荊南以爲緩衝，與高氏荊南四向稱臣、保境安民、重用人才與恢復經濟的舉措，是該政權存在的根源。〔註54〕曾國富的研究表明，與中原王朝長期

〔註47〕《宋會要輯稿》崇儒七之七五，第 2326 頁。
〔註48〕《宋會要輯稿》崇儒七之七五，第 2326 頁。
〔註49〕《宋會要輯稿》崇儒七之七五，第 2326 頁。
〔註50〕《宋史》卷 119《禮志二十二·賓禮四》，第 2798～2799 頁。
〔註51〕沈起煒：《五代史話》，中國青年出版社 1983 年版，第 109 頁。
〔註52〕《五代史略》，第 177 頁。
〔註53〕朱巨亞：《淺析荊南政權存在的原因》，《蘇州科技學院學報》1987 年第 3 期。
〔註54〕宋嗣軍：《五代時期南平立國原因淺析》，《湖北師範學院學報》1990 第 3 期。

的密切關係，與四鄰的和睦相處，堅固的城防，重視、重用人才，是荊南政權能在列國夾縫中立足的主要原因。〔註55〕李文瀾指出，「從外部條件看，唐末五代形成的分裂割據勢力還相當強大，在一定時期內統一的條件尚未形成」；從內部原因來看，荊南高氏政權「尚能招致人才、知人善任、聽忠納諫；在境內又能保境息民，這是它能生存一個時期的政治條件」〔註56〕。以上諸家所言已揭櫫高氏荊南得以存在、延續的歷史原因。茲撮其要，略述之如下。

一、外部環境分析

從高氏荊南存在的外在條件看，北方中原王朝無力南顧與南方諸國的保境息民，為高氏荊南提供了賴以存在的有利環境。唐末以降，南方各地軍閥經過長達多年的血拼與較量，至五代十國時期，大體上已形成一個較為穩定的均衡局面，北方中原王朝一直到後周立國之前，始終是內憂外患頻仍，政局動蕩不寧，無法集中力量平定南方諸國，統一的因素尚未顯現。而南方諸國盡皆奉行保境守土之策，大多追求相安無事、邊境無虞的和平狀態，以吞併鄰國為目的的戰爭並不多見。因此，南北雙方大致都能各守其境，竭力維持彼此間相互制衡的均勢格局。作為這個多元力量所構建的平衡圈中的一極，高氏荊南既是上述地緣政治格局鏈條中的一環，其強弱盛衰不僅攸關自身存亡，亦能對上述均勢格局產生一定的影響。而一旦南北力量對比發生巨大變化，即北方中原王朝取得對南方的壓倒性優勢時，均勢無疑就會打破，而作為南方諸國中實力最為弱小，且處於四戰之地的高氏荊南，也必然會成為北方中原王朝南下的突破口，與之相應，南方其他諸國隨後亦將步其後塵，被重新納入大一統王朝的框架，並重塑新型的政治地理格局。然而，自後梁至後周世宗即位前，南北雙方的彼此制衡局面仍是主流。正是這種特定的客觀環境，造就了高氏荊南立足狹小之地的有利生存空間。

首先來看五代中原王朝的總體形勢。

「五代五十年間，易姓告代，如翻鏊上餅」〔註57〕。短短54年間，中原地區迭經後梁、後唐、後晉、後漢、後周五朝更替，易代頻仍，國祚大多短

〔註55〕曾國富：《五代南平史三題》，《中國史研究》1996年第1期。
〔註56〕《湖北通史・隋唐五代卷》，第407～408頁。
〔註57〕〔宋〕陶穀：《清異錄》卷3《陳設門・綽楔臺盤》，叢書集成本，中華書局影印本1991年版，第226頁。

促，王朝至短者無過後漢的四載，最長者亦不過後梁的十六年。踐登帝位者，則計有八姓十四君，在位時間最短者後唐閔帝李從厚，僅及三個月；最長者則是後唐明宗，也僅有區區八個年頭。其間，「干戈起於骨肉，異類合爲父子」〔註58〕，相逐相弒之事不絕如縷。而在易代如此頻繁之際，五代有作爲的君主惟有後唐明宗、後周太祖與世宗，其餘皆是暴戾荒淫、顢頇無能之輩，以致朝綱紊亂，政事不舉，內訌不休，兵連禍結，黎民塗炭。高季興在後唐同光元年（923）入覲莊宗歸來後，即有感而發：「中外之情，其何以堪，吾高枕無憂矣！」〔註59〕

內耗本已甚劇，帝位亦岌岌可危，而自唐末已迅速崛起的北方契丹民族，又不失時機地南下牧馬，將中原王朝的北部邊境攪得不得安寧。中原地區亦屢遭戰火蹂躪，契丹鐵騎所過之處，猶如秋風掃落葉，城郭爲墟，白骨如莽。史載：契丹「乃縱胡騎四出，以牧馬爲名，分番剽掠，謂之『打草穀』。丁壯斃於鋒刃，老弱委於溝壑，自東、西兩畿及鄭、滑、曹、濮，數百里間，財畜殆盡」〔註60〕。在割取幽雲十六州之後，契丹兵鋒直接威脅黃河中下游地區，暴掠更甚，乃至一度攻陷後晉首都汴州，擄掠後晉少帝北返。其後仍不時尋釁於邊，成爲關乎中原政權危亡的最大心腹之患。

中原政局，板蕩連年，根本無暇顧及南方諸國。乾化三年（913），後梁曾遣將征吳，結果大敗而回；後唐同光二年（924），莊宗伐蜀，雖克平其地，但至明宗時期，旋爲孟知祥割據，建立後蜀。此後，一直到後漢滅亡，中原王朝針對南方諸國的大規模戰爭，已近絕跡。其自保猶力有不足，又何能刀兵相加？其實，後梁立國之初，就已然認可南方政權的存在，如後梁太祖「聞岐、蜀相攻……遺蜀主書，呼之爲兄」。胡三省注云：「帝與蜀主偕起於細微者也。蜀兵強地險，帝自度力不能制，故用敵國禮，呼之爲兄。」〔註61〕而在中原以南，中朝均以襄陽爲其要地，駐軍於此，「控蜀扼荊」〔註62〕，兵鋒極少南指。正是基於中原形勢不穩，無力南下，所以，遠在嶺南的劉陟恥稱「南海」之號，並感歎：「中原多故，誰爲眞主，安能萬里梯航而事僞庭乎！」

〔註58〕《新五代史》卷36《義兒傳·序》，第385頁。

〔註59〕《舊五代史》卷133《高季興傳》，第1752頁。

〔註60〕《資治通鑑》卷286，後漢高祖天福十二年正月，第9334～9335頁。
鄭州，治今鄭州市，轄境相當今河南鄭州、滎陽、新鄭三市及中牟、原陽等縣地。

〔註61〕《資治通鑑》卷268，後梁太祖乾化二年二月，第8751頁。

〔註62〕《資治通鑑》卷275，後唐明宗天成元年五月胡三省注，第8986頁。

遂於後梁貞明三年（917）八月，於廣州稱帝，國號大漢，改元乾亨。〔註63〕

　　直至後周世宗時期，隨著中原王朝的日益強大，上述形勢才被逐漸扭轉。北方在戰略全局上取得壓倒性的優勢後，統一的進程才次第展開。在此之前，中原王朝對南方割據政權基本上採取聽之任之的態度。

　　再來看高氏荊南鄰國的對外戰略。

　　南方相對安寧，高氏荊南相鄰諸國皆以保境息民爲國策，相互間的攻伐相對較少。南唐李昇嘗言：「百姓皆父母所生，安用爭城廣地，使之肝腦異處，膏塗草野。」打消臣下對外征戰的念頭，希望「討伐之議，願勿復關白也」〔註64〕。割據湖南的馬楚也以睦鄰爲原則，認爲交好四鄰，「大可以爲緩急之援，小可通商旅之利」〔註65〕。前蜀王建亦非窮兵黷武之輩，唐昭宗天復元年（901），前蜀諸將建議出兵消滅岐王李茂貞，王建力排眾議，認爲：「吾所得已多，不俟復增岐下。茂貞雖常才，然名望宿素，與朱公力爭不足，守境有餘。韓生所謂入爲扞蔽，出爲席藉是也。適宜援而固之，爲吾盾鹵耳。」〔註66〕這種以守境爲目的的國策長期得以執行。天復三年（903），王建獲取荊南原管五州，堅持「以瞿塘，蜀之險要」〔註67〕的方略，屯軍夔州，無意揮師三峽以東地區。後梁乾化四年（915）八月，荊南與前蜀不睦，「峽上有堰，或勸蜀主乘夏秋江漲，決之以灌江陵，毛文錫諫曰：『高季昌不服，其民何罪！陛下方以德懷天下，忍以鄰國之民爲魚鼈食乎！』」〔註68〕王建聽從其議。後蜀時期，亦照搬前蜀成策，仍以夔州爲控扼三峽的門戶，與高氏荊南相安無事。

　　若單單依據上述情形而論，顧祖禹下述之言倒是不差：「五代時高氏保江陵，賴中原多故，稱臣諸國以延歲月，宋師一逾襄陽而國不可立矣。」〔註69〕然而，無論是中原王朝政局動蕩不穩，無力南顧，還是南方諸國以保境安民爲務，均僅涉及問題的一個方面，即僅僅注意到高氏荊南存在的的外部條件，卻對該政權存在的內部根源，有所忽略，所論有欠全面。

〔註63〕　《舊五代史》卷135《劉陟傳》，第1808頁。
〔註64〕　〔宋〕史溫：《釣磯立談》，五代史書彙編本（第9冊），杭州出版社點校本2004年版，第5007頁。
〔註65〕　《資治通鑒》卷266，唐昭宗天祐元年十二月，第8638頁。
〔註66〕　《舊五代史》卷136《王建傳》，第1819頁。
〔註67〕　《資治通鑒》卷264，唐昭宗天復三年十月，第8619頁。
〔註68〕　《資治通鑒》卷269，後梁均王乾化四年八月，第8784頁。
〔註69〕　《讀史方輿紀要》卷75《湖廣一‧湖北方輿紀要序》，第3486頁。

二、內部根源研究

任何政權的存在，僅僅依靠外部力量的相互牽制與平衡，或可立足於一時，但注定不會長久。與高氏荊南相鄰的南方割據政權，常有覆滅或易代的情形發生，前者如馬楚與前蜀，後者如吳，這些政權所處的外部環境大致與高氏荊南相同，而高氏荊南卻前後歷經近 60 年，兩相比照，不難發現，如果單純從外在條件進行分析，顯然無法解釋高氏荊南政權的存在與延續。事實上，外在的客觀環境，固然是高氏荊南賴以安身立命的重要因素之一，但在此之外，高氏荊南自身推行的種種有力舉措，對於該政權的自立，所起作用同樣不容小視。

從政治上看，高氏荊南以自居藩鎮、奉行事大政策，作爲立國基調。利用藩臣的身份與地位，高氏荊南長期稱臣於中朝，兩者關係較爲密切，雖說「中間兩絕」〔註 70〕於中朝，一度稱臣於吳，但其時間均不長，而且，自後周世宗以後，更是無歲不貢京師，所謂「吾家累歲奉朝廷」〔註 71〕者也。此舉有效避免了中朝、吳與南唐的強有力打擊，並起到震懾其他相鄰勢力，使之不至於貿然加兵荊南的作用。之所以，後唐一舉克平關山阻隔、富極一時的前蜀，而未翦除毗鄰而居、「地狹兵弱」〔註 72〕的高氏荊南；吳、前蜀、楚與荊南迭有戰事，卻皆存之而不取，雖然其中皆不乏以其地爲緩衝的戰略意圖，但至爲關鍵之處則在於高氏荊南「奉事中國」政策的執行。惟因如此，故「卒然犯之，其名不祥」〔註 73〕，而這種去虛名而務實效的政策，恰恰是高氏荊南得以立足的政治前提。故此，在與中朝發生尖銳對立時，高氏荊南常常通過多種渠道表達稱臣意願，負荊請罪，乞修職貢，其目的即在於鞏固中朝藩屬國的地位。

在推行「事大」政策的同時，高氏荊南也能注重與周邊政權建立睦鄰友好關係，以求得多方支持和庇護。如後梁時期，荊南與楚屢有衝突，幾乎每次又都以荊南的求和而止，兩國關係亦因此而恢復如初。高從誨繼位後，改奉後唐正朔，因此而與吳鬧僵。長興元年（930）三月，「吳遣兵擊之，不克」〔註 74〕。然而，至末帝清泰三年（936）四月，「王遣使奉牋吳臣徐知誥即帝

〔註 70〕《新五代史》卷 69《南平世家》，第 859 頁。

〔註 71〕《續資治通鑒長編》卷 4，太祖乾德元年二月，第 84 頁。

〔註 72〕《資治通鑒》卷 287，後漢高祖天福十二年八月，第 9375 頁。

〔註 73〕《釣磯立談》，第 5011 頁。

〔註 74〕《資治通鑒》卷 277，後唐明宗長興元年三月，第 9040 頁。

位」。天福二年（937）十一月，又置邸金陵。〔註75〕正是通過上述不懈努力，在吳、南唐易代之際，荊南與代吳而起的南唐結成了較爲緊密的盟友關係。得益於與相鄰政權間的這種良好關係，所以，荊南在遭受一國入侵時，往往能順利得到別國的援助，擊退來犯之敵。這種靈活的外交策略，是荊南屢次化險爲夷，在夾縫中求生存的又一高明的政治手腕。

重視、重用人才，是高氏荊南走出誤區、擺脫一輪又一輪危機的人才上的保證。高氏荊南所倚重的梁震、司空薰、孫光憲等文士，與倪可福、鮑唐、梁延嗣等武將，對穩固該政權的統治，發揮了積極作用。如司空薰「遇事時多匡正」，「唐舍江陵而竟先滅蜀者，亦薰一言力也」〔註76〕。又如王保義，在天福六年（941）安從進反叛後晉的事件中，因高從誨不願與之同叛，反遭誣陷，時任荊南行軍司馬的王保義，「勸從誨具奏其狀，且請發兵助朝廷討之」〔註77〕，使高氏荊南成功躲過一場浩劫。這些文臣武將，或通過曉之以理，或通過制止高氏統治者的莽撞行爲，從而使得高氏荊南「政寬事簡」〔註78〕，免遭覆滅，並保持了較長時期的和平穩定局面。

高氏荊南政權內部的穩定，也少見於南方諸國。中原五代王朝的迭相更替，是權臣爭權奪利、強將擅兵的必然結果；南方諸國中，禍起肘腋、兄弟鬩牆、父子相殺之類的現象，亦是屢見不鮮。如楚國自馬殷死後，即陷入「眾駒爭卓棧」〔註79〕的境地，不久即鼎移南唐；又如閩在王審知之後，王氏兄弟相互殘殺，致使「福、建之間，暴骨如莽」〔註80〕，終鹿死南唐。但是，高氏荊南境內既無父子兄弟間的攻伐，亦無武將的驕橫跋扈，政局極爲穩定。內部的安定，自然而然也相應減少了外來勢力入侵荊南的可乘之機。

〔註75〕《十國春秋》卷 101《荊南二‧文獻王世家》，第 1441 頁。
〔註76〕《十國春秋》卷 102《荊南三‧司空薰傳》，第 1460 頁。
〔註77〕《資治通鑒》卷 282，後晉高祖天福六年四月，第 9222 頁。另，《新五代史》卷 69《南平世家》載其事曰：「襄州安從進反，結從誨爲援，從誨外爲拒絕，陰與之通。晉師致討，從誨遣將李端以舟師爲應，從進誅，從誨求郢州爲屬郡，高祖不許。」第 858 頁。《十國春秋》卷 101《荊南二‧文獻王世家》亦載：「天福五年（940）春三月，晉山南東道節度使安從進謀叛，王陰與之通。」「天福六年（941）夏四月，晉安從進反，求援於我，王遣（當爲『遺』）從進書，陽爲拒絕，從進怒，誣王以他事。王用行軍司馬王保義言，具奏其事於晉，且請助兵討之。」第 1442 頁。兩說不同，茲從《通鑒》。
〔註78〕〔宋〕洪邁：《容齋續筆》卷 12《貽子錄》，見《容齋隨筆》，中華書局點校本 2005 年版，第 377 頁。
〔註79〕《資治通鑒》卷 276，後唐明宗天成三年五月，第 9019 頁。
〔註80〕《資治通鑒》卷 282，後晉高祖天福六年七月，第 9226 頁。

　　從軍事上看，高氏荊南注意增強自我防禦能力，擴大軍隊規模。在高氏荊南修建的一系列軍事防禦工程中，以城牆的修築和軍事水利設施的開鑿最為突出和有效。高季興曾於後梁乾化二年（912）〔註81〕、龍德元年（921）〔註82〕、後唐同光初年〔註83〕、天成二年（927）〔註84〕，四次大興土木，構築和修繕江陵子城與羅城，使江陵城整體的防衛能力得以大大提高。高保融在位期間，「於紀南城北決江水瀦之，凡七里餘，謂之北海，以閡行者」〔註85〕。北海工程的修築，亦能起到阻擊中原王朝軍隊進攻江陵城的作用。在增強軍事防禦能力的同時，高氏荊南的軍隊規模也有穩步增長，截止宋初，其人數已逾30,000 左右。〔註86〕這種不斷提高的軍事實力，為高氏荊南的存在提供了軍事上的保障。

　　從經濟上看，高氏荊南能採取措施休養生息，發展商貿。高季昌始至荊南，便著手醫治戰爭創傷，招輯撫綏，短期內便出現「流民歸復」〔註87〕的情景。其後，又在監利縣修江堤〔註88〕，在安遠鎮北築高氏堤，「以障襄、漢二水」〔註89〕。並充分利用本地交通條件，大力推動對外貿易的開展，促使荊南商業日趨繁榮。「本末兼治」，而又以商業發展為重點的經濟政策，使荊南經濟迅速自立，並漸漸呈現出富足的局面。而自身經濟的逐步強大，也在一定程度上打消了鄰國吞噬高氏荊南的企圖。

　　上述內部條件，亦是高氏荊南存在的重要條件。若不具備以上數端，高氏荊南亦決無可能延續至宋初。

三、滅亡原因探討

　　高氏荊南政權的滅亡，是五季宋初統一因素增長的必然結果。史載：「唐室既衰，五季迭興，五十餘年，更易八姓，寓縣分裂，莫之能一。」〔註90〕在五代54 年的歷史中，天下分崩離析，中原政權自保不暇，故而大江南北，

〔註81〕　《資治通鑑》卷268，後梁太祖乾化二年五月閏，第8758 頁。
〔註82〕　《資治通鑑》卷271，後梁均王龍德元年十二月，第8871 頁。
〔註83〕　《舊五代史》卷133《高季興傳》，第1752 頁。
〔註84〕　《十國春秋》卷100《荊南一‧武信王世家》，第1436 頁。
〔註85〕　《十國春秋》卷101《荊南二‧侍中保勗世家》，第1450 頁。
〔註86〕　《續資治通鑑長編》卷4，太祖乾德元年正月，第81 頁。
〔註87〕　《舊五代史》卷133《高季興傳》，第1751 頁。
〔註88〕　《十國春秋》卷112《地理表下》，第1622 頁。
〔註89〕　《讀史方輿紀要》卷77《湖廣三‧承天府‧潛江縣‧高氏堤》，第3591 頁。
〔註90〕　《宋史》卷85《地理志一》，第2093 頁。

政權林立，帝制自爲的現象比比皆是。然而自後周立國之後，伴隨中原王朝政局的日益穩定，中央集權的顯著加強，統一的時機漸趨成熟，南方割據政權亦注定會被捲入統一洪流之中。

自唐末迄至宋初，中原地區屢經兵燹，黎民塗炭。鋒鏑餘生的中原百姓呻吟於武夫悍卒的淫威已長達一個多世紀，迫切希望盡快終結暴政統治；北方人民長期爲契丹鐵騎所蹂躪，不堪忍受，以至抗遼鬥爭不斷；南方百姓亦不滿暴政，奔向後周。故而，擺脫戰禍屠戮，實現政局穩定，是飽受苦難的百姓的共同心聲。後周世宗顯德元年（954）四月，世宗率軍親征，迎擊北漢劉崇，「既入北漢境，其民爭以食物迎周師」〔註91〕。顯德二年（955）五月，後蜀轄境內的秦、鳳二州的人戶，「怨蜀之苛政，相次詣闕，乞舉兵收復舊地」〔註92〕。顯德三年（956），周軍攻南唐，「及周師至，（民）爭奉牛酒迎勞」〔註93〕。其後，宋初在致力於統一戰爭時，各地割據政權統治下的百姓，同樣壺漿簞食以迎王師，因爲各地百姓無不祈求中原王朝能夠統一天下，以期生活在安寧的社會環境中。

社會上層對和平的渴求，在五代末年也表現得分外強烈。經年出入於刀光劍影中的武夫悍卒，開始厭倦血雨腥風的爭鬥；長期深陷於無情政治傾軋中的權臣，亦因其地位之朝不保夕而惶惶不可終日。無論武將，抑或是文臣，其名利和地位都長期處於變幻不居的動盪狀態下，更爲嚴重的是身家性命亦難保全。因此，寄望政治的清明和政局的安定，成爲武將和文人共同的心理訴求。特別是士大夫階層，在武人當政的晚唐五代，其社會地位極爲低落，飽受迫害之苦，際遇悲慘。進入後周，長期仰武人鼻息而低聲下氣的文人，爲免刀鋸之禍，期待能擺脫武人專制的摧殘，渴望改變現狀，以期能重新走向政治舞臺的前沿，實現自己的政治抱負和理想。

此外，農業生產的恢復，水利工程的興修，以及商業的發展也迫切要求和平局面的實現和藩鎮壁壘的打破〔註94〕，此乃眾所周知的常識，無須多論。

故而，統一國家的重建確已成爲全體社會成員的共同願望，經濟發展的內在要求。胡如雷在總結中國古代社會發展的規律時，曾說：「從發展的觀點看，分裂割據有越來越弱的趨勢，統一集權有越來越強的趨勢，而這種彼弱

〔註91〕《資治通鑒》卷291，後周太祖顯德元年四月，第9509頁。
〔註92〕《舊五代史》卷115《周世宗紀二》，第1529頁。
〔註93〕《資治通鑒》卷293，後周世宗顯德三年七月，第9558頁。
〔註94〕《五代史略》，第294～298頁。

此強的最主要的變化，發生在五代、北宋之交。」也就是中國古代社會由前期走向後期之交。〔註95〕史實表明，自後周開始，中原王朝已被公認爲統一戰爭的執行者。

上述統一形勢的出現，對於高氏荊南的存在構成了極大的威脅。特別是趙宋政權的建立，使其生存形勢變得更爲嚴峻。出於延續政權的目的，高氏荊南竭力以入貢的方式，鞏固其臣屬地位，即如史載：「宋興，保融懼，一歲之間三入貢。」〔註96〕但此舉在統一洪流高漲之際，其作用自然有限。高氏荊南的臣僚對於即將出現的趙宋王朝一統天下的形勢，亦有所預見。如孫光憲即言：「宋有天下，四方諸侯屈服面內，凡下詔書皆合仁義，此湯、武之君也。」〔註97〕建隆二年（961），高保寅在朝宋歸來後，甚至規勸高保勗趁早納降於宋，其曰：「眞主出世，天將混一區宇，兄宜首率諸國奉土歸朝，無爲它人取富貴資。」〔註98〕這些言論，反映出的其實都是統一形勢已無可阻擋的趨向。

而且，荊南地處長江中游，自古即爲兵家重地，以荊州爲龍頭的長江中游地區，往往成爲強大勢力結束分裂局面、重建大一統王朝，必須首先予以掌控的關鍵性區域。歷史事實多次昭明此理，如秦始皇統一南方的進程始於滅楚；晉將杜預攻克江陵，沿江東下，「沅湘以南，至于交廣，吳之州郡皆望風歸命，奉送印綬」〔註99〕。因此，控制長江中游地區，實際上是統一與分裂天平的一個決定因素〔註100〕。切實控制具有超乎尋常軍事意義的荊南，自然也是宋初實施「先南後北」戰略的起點。

因此，在統一的浪潮不斷高漲之際，荊南的覆亡已經不可避免。史臣有言：

　　自唐末亂離，海內分割，荊、湖、江、浙，各據一方，翼子貽

　孫，多歷年所。夫如是者何也？蓋値諸夏多艱，王風不競故也。泊

〔註95〕胡如雷：《中國封建社會形態研究》，三聯書店1979年版，第407頁。

〔註96〕《新五代史》卷69《南平世家》，第860頁。

〔註97〕《續資治通鑑長編》卷2，太祖建隆二年九月，第53頁。《十國春秋》卷102《荊南三·孫光憲傳》載其語爲：「中國自周世宗時，已有混一天下之志，況聖宋受命，眞主出邪！」第1463頁。

〔註98〕《輿地紀勝》卷64《荊湖北路·江陵府上·景物上·三海》，第2202頁。

〔註99〕〔唐〕房玄齡：《晉書》卷34《杜預傳》，中華書局點校本1974年版，第1030頁。

〔註100〕王賡武著，趙鴻昌譯：《長江中游地區在唐代的政治地位》，《研究集刊》1985年第1期；轉引自李文瀾：《湖北通史·隋唐五代卷》，華中師範大學出版社1999年版，第403頁。

> 皇宋之撫運也，因朗、陵之肇亂，命王師以有征，一矢不亡，二方
> 俱服。遂使瑤琨篠蕩，咸遵作貢之文；江、漢、灘、漳，盡鼓朝宗
> 之浪。夫如是者何也？蓋屬大統有歸，人寰允洽故也。〔註101〕

捨棄其中的天命思想和虛誇成分，上述言論對分裂與統一局面出現原因的分
析，大致允當。

　　清代史家吳任臣對高氏荊南滅亡的原因，有如下總結：

> 真人出，四海一，理勢之必然也。天水肇興，群雄漸削，即無
> 伐虢滅虞之謀，高氏其能常守此土乎？〔註102〕

所強調的亦是宋初統一形勢的高漲，對高氏荊南所帶來的毀滅性打擊。外在
客觀環境已然如此，內在條件發揮作用的空間與舞臺也日益縮小。而且，高
保勖繼位後，「御軍治民皆無法，高氏始衰」〔註103〕，國勢也正走向下坡路。
兩相結合，高氏荊南入宋已是大勢所趨，無可逆轉。

〔註101〕《舊五代史》卷 133《世襲列傳‧史臣曰》，第 1775～1776 頁。
〔註102〕《十國春秋》卷 101《荊南二‧論曰》，第 1454 頁。
〔註103〕《續資治通鑑長編》卷 1，太祖建隆元年八月，第 22 頁。

第四章　高氏荊南的疆域

第一節　歸州、峽州的歸屬

研究高氏荊南之疆域，首先遇到的問題，便是歸州與峽州的歸屬問題。

一、問題的提出

歸州，戰國時屬楚，為南郡之地。西漢於此置秭歸縣。三國時，吳於此置建平郡，晉、宋、齊相沿無改。隋屬巴東郡之秭歸縣。唐高祖武德二年（619），割夔州之秭歸、巴東二縣置歸州。次年分秭歸置興山縣，治白帝城。唐玄宗天寶元年（742），改為巴東郡。唐肅宗乾元元年（758），復為歸州。〔註1〕領秭歸、巴東、興山三縣。〔註2〕歸州以秭歸為理所。

峽州，春秋及戰國屬楚。秦、漢為南郡。三國時魏置臨江郡，蜀改為宜都郡，吳稱之為西陵。晉、宋、齊並為宜都郡。梁置宜州。西魏時，改為拓州。後周以地扼三峽之險，改拓州為硤州。隋改夷陵郡。唐復稱硤州，更「硤」為「峽」。自唐太宗貞觀八年（634）後，唐代夷陵（硤州）領五縣：即夷陵、宜都、遠安、長陽、巴山。〔註3〕唐玄宗天寶八年（749），省巴山入長陽。〔註4〕硤州以夷陵為治所。

〔註 1〕《太平寰宇記》卷 148《山南東道七・歸州》，第 321 頁。

〔註 2〕〔唐〕杜佑：《通典》卷 183《州郡十三・古荊州》，中華書局點校本 1988 年版，第 4859 頁。《舊唐書》卷 39《地理志二・山南道》同此。第 1554 頁。

〔註 3〕《通典》卷 183《州郡十三・古荊州》，第 4859 頁。《舊唐書》卷 39《地理志二・山南道》同此。第 1553 頁。

〔註 4〕《新唐書》卷 40《地理志四・山南道》，第 1028 頁。

　　歸州、峽州在五代十國時期的歸屬，據《新五代史・職方考》載：後梁王朝，係前蜀領地；後唐、後晉、後漢、後周四朝，乃南平（高氏荊南）轄土〔註5〕。《十國春秋・地理表下》從之〔註6〕。此說是否屬實？後晉、後漢、後周三朝，歸州、峽州爲高氏荊南所有，諸史所記皆同，向無異議。而此前的後梁時期，前蜀與高氏荊南究竟何者領有歸、峽，史籍所載卻不盡相同，《資治通鑑》卷264、265、274所載及胡三省之注即視歸、峽爲高氏荊南（南平）屬地。學界於此亦有不同意見，《中國歷史地圖集（第五冊）》所繪924年前蜀政區圖不包括歸、峽二州〔註7〕。亦有學者撰文力主此說，認爲後梁時期歸、峽二州不隸前蜀而屬高氏荊南〔註8〕。與上述觀點相左，陶懋炳《五代史略》〔註9〕、蒲孝榮《四川政區沿革與治地今釋》〔註10〕、楊偉立《前蜀後蜀史》〔註11〕及朱玉龍《五代十國方鎮年表》〔註12〕明確指出，歸、峽二州在後梁時轄於前蜀，後唐時方爲高氏荊南所據有。另外，後唐時期歸、峽歸屬前後頗有不同，前引歐陽修所載失於簡略，言之未明。有鑒於此，仍有必要對此歷史時期歸、峽二州的隸屬重加辯證。

二、後梁時期歸、峽二州的歸屬

　　後梁開平元年（907），朱全忠篡唐，高季昌被擢爲節度使。其後，荊南由唐末方鎮漸次演變爲獨立割據王國。後梁建立伊始，高氏荊南所轄地域僅有江陵，《新五代史》卷69《南平世家》載：「季興始至，江陵一城而已。」《資治通鑑》卷266云：「乾符以來，寇亂相繼，（荊南）諸州皆爲鄰道所據，獨餘江陵。」〔註13〕《十國春秋》卷100《荊南一・武信王世家》稱：荊南自「僖、昭以來數爲諸道蠶食，季昌（即高季興）至，惟江陵一城而已」。歸、峽顯然不在高氏荊南管轄範圍內。同年，王建稱帝，歸、峽應仍隸前蜀。

〔註5〕 《新五代史》卷60《職方考》，第728頁。

〔註6〕 《十國春秋》卷112《地理表下》，第1623頁。

〔註7〕 中國歷史地圖集編輯組：《中國歷史地圖集（第五冊）》，中華地圖學社1975年版，第86頁。

〔註8〕 楊光華：《前蜀與荊南疆界辯誤》，《西南師範大學學報》1993年第4期。

〔註9〕 《五代史略》，第175頁。

〔註10〕 蒲孝榮：《四川政區沿革與治地今釋》，四川人民出版社1986年版，第268頁。

〔註11〕 楊偉立：《前蜀後蜀史》，四川社會科學出版社1986年版，第71頁。

〔註12〕 朱玉龍：《五代十國方鎮年表》，中華書局1997年版，第536頁。

〔註13〕 《資治通鑑》卷266，後梁太祖開平元年五月，第8680頁。

　　後梁期間，歸、峽地區時有戰事發生。開平二年（908），「蜀兵入歸州，執刺史張瑭」。胡三省注：「歸州，荊南巡屬。」又云：「不地曰入，言入之而不能有其地。」〔註14〕《十國春秋》卷35《前蜀一・高祖本紀上》云：「我兵入歸州，執梁刺史張瑭。」張瑭生平，現存史籍缺乏詳細記載，殊難詳考。而關於張瑭為何方刺史，《資治通鑑》並未明示，《十國春秋》則直言其為後梁刺史，未知何據。因高季昌為朱全忠養子朱友讓義子，爰此且因軍功而至荊南節度使，時高氏荊南仍為後梁方鎮，若張瑭係後梁刺史，似可由此斷定歸州乃高氏荊南屬地。詳加考究，此推論稍嫌牽強。澄清是說仍當從《十國春秋》入手，通檢該書，不難獲悉，據此立論明顯與前引《十國春秋・地理表下》所載後梁時期歸、峽隸前蜀而不屬南平（高氏荊南）的表述相牴牾。兩說究竟如何取捨？再看《十國春秋・荊南三・列傳》，其中所錄高氏荊南人物並無於後梁時期出仕歸、峽的任何記載，這恰與該書《地理表下》相合。故而張瑭雖為後梁刺史，《十國春秋》顯然並未依此而視歸州為高氏荊南巡屬。胡三省注謂歸州為高氏荊南巡屬之語，或有未當。是時歸、峽二州仍不轄於高氏荊南。此次蜀兵入歸州事件，或可理解為後梁與前蜀搶佔歸、峽地區的又一次軍事衝突，其結果是前蜀儘管再次攻入歸州，但仍然難以實施有效管轄。即便如此，前蜀為確保歸、峽戰略要地，仍竭力杜絕其他勢力進入。

　　乾化四年（914），高季昌上峽攻蜀，為蜀所敗。關於此次攻取目標，《資治通鑑》卷269記為「夔、萬、忠、涪四州」〔註15〕；《新五代史・前蜀世家》載作「侵蜀巫山」〔註16〕，似不含歸、峽。然《新五代史》卷69《南平世家》又載：「以兵攻歸、峽。」是說有無依據？按，成書稍早的《錦里耆舊傳》和《九國志》均載其事，前書卷6云：「發兵攻峽路。」〔註17〕後書卷6曰：「荊南高季昌略地三峽。」〔註18〕故《新五代史・南平世家》之說，由來有自。歸、峽地處峽路、三峽之內，高季昌出師於此，歸、峽自在攻擊範圍之列，顯係二州仍屬前蜀。《十國春秋》卷100《荊南一・武信王世家》則明言「以兵攻歸、峽」，但誤述此事於912年、914年兩處。

〔註14〕《資治通鑑》卷266，後梁太祖開平二年二月，第8691頁。
〔註15〕《資治通鑑》卷269，後梁均王乾化四年正月，第8781頁。
〔註16〕《新五代史》卷63《前蜀世家》，第790頁。
〔註17〕〔宋〕句延慶：《錦里耆舊傳》，五代史書彙編本（第10冊），杭州出版社點校本2004年版，第6037頁。
〔註18〕《九國志》卷6《前蜀・王宗壽傳》，第3283頁。

自乾化四年（914）直至後梁敗亡，歸、峽地區再無兵端見諸史籍，歸、峽轄於前蜀的情形自無更改。《冊府元龜》卷338《宰輔部・貪黷》有此總結：「朱梁以高季興鎮荊州，與王建爭夔、峽，竟不能復。」從地理位置言，歸州較峽州近於夔州，峽州尚且不能復隸高氏荊南，又何談歸州？《資治通鑑》卷273〔註19〕、《十國春秋》卷100《荊南一・武信王世家》均載：高季昌「常欲取三峽，畏蜀峽路招討使張武威名，不敢進」。朱梁一朝，歸、峽終究不為高氏荊南所有。及至後唐伐蜀，才乘唐兵勢出師歸、峽。此亦可證，歸、峽二州自後梁直至後唐前期不隸於高氏荊南而轄於前蜀。

因此，《新五代史・職方考》與《十國春秋・地理表下》關于歸、峽二州在後梁時期隸屬於前蜀的記載，於史有徵，並無不確。陶懋炳、蒲孝榮、楊偉立及朱玉龍在著述中沿承此說，自無不妥。而前引《中國歷史地圖集（第五冊）》之《前蜀》政區圖中前蜀不轄歸、峽，有誤。

然而，令人費解的是，在有關史籍中，尚未見前蜀歸、峽二州官將活動的記載，失載原因何在？一方面，如上文所述，前蜀或未駐軍於該地區，與之相應，即有可能未任官於此，是故史籍無載。另一方面，前蜀或任官于歸、峽二州，但「五代亂世，文字不完，而史官所記亦有詳略」〔註20〕，終致湮沒無聞。傳世文獻中同樣不見後梁時期高氏荊南歸、峽二州官員的記錄。《舊五代史》卷133《高季興傳附高從誨傳》載高從誨仕梁，嘗「領濠州刺史，改歸州刺史」。濠州，後梁時期乃楊吳轄土。故此處所言「歸州刺史」亦當如「濠州刺史」，同樣為遙領，實未親任其職。對於任職於高氏荊南政權的文臣武將，清代史家吳任臣所撰《十國春秋・荊南三・列傳》搜羅較全，即令所收人物事跡淹沒，該書亦有簡短文字予以說明，惟獨不見後梁時期高氏荊南人物出仕歸、峽二州的材料，其原因則只能歸結于歸、峽不屬高氏荊南。

三、後唐時期歸、峽二州的歸屬

後唐莊宗朝，歸、峽二州仍不屬高氏荊南。同光三年（925）秋，莊宗遣師伐蜀。《資治通鑑》卷273云：莊宗「仍詔季興自取夔、忠、萬三州為巡屬」〔註21〕。此載並不準確。按，《舊五代史》卷67《韋說傳》載：「季興請攻峽內，莊宗許之：『如能得三州，俾為屬郡。』」胡三省注引《明宗實錄》等云：

〔註19〕《資治通鑑》卷273，後唐莊宗同光三年十月，第8942頁。
〔註20〕《新五代史》卷58《司天考二》，第711頁。
〔註21〕《資治通鑑》卷273，後唐莊宗同光三年九月，第8937頁。

「討西蜀，季興請攻峽內，先朝許之，如能得三州，俾爲屬郡。」〔註 22〕兩處記載文字相近，或出一源，均許以事成則予三州爲其屬郡，攻取目標卻皆爲「峽內」，而峽內所轄地域並非僅限於夔、忠、萬三州，其說前後似有不一。又按，《冊府元龜》卷 337《宰輔部・徇私》備載其事，言之甚確：「（高）季興請攻峽內，莊宗許之，如能得夔、忠、萬、歸、峽等州，俾爲八〔屬〕郡。」《新五代史》卷 28《豆盧革傳》言：「季興請以兵入三峽，莊宗許之，使季興自取夔、忠、萬、歸、峽等州爲屬郡。」同書卷 69《南平世家》云：「季興請以本道兵自取夔、忠、萬、歸、峽等州」。《十國春秋》卷 100《荊南一・武信王世家》載：唐「仍詔（高季興）取夔、忠、萬、歸、峽五州爲巡屬」。因而，這次攻擊範圍應包括同處「峽內」、「三峽」的夔、忠、萬、歸、峽五州。由此可見，歸、峽地區在前蜀滅亡前的後唐前期仍屬前蜀。另，《舊五代史》卷 136《王建傳附王衍傳》有這樣一則記載：蜀東川節度使宋承葆預見後唐將伐蜀，曾奏請防禦之策，內中有「南師出江陵，利則進取，否則退保峽口」之句。峽口當指西陵峽口。蜀南師不指向歸、峽，而直接「出江陵」，惟有歸、峽轄於前蜀，此說方可成立。這是歸、峽仍爲蜀土的又一例證。

同光三年（925）十一月，後唐滅前蜀。《資治通鑑》卷 273 載：伐蜀期間，高氏荊南水軍上峽取原管屬郡，蜀將張武擊卻之，旋「以夔、忠、萬三州遣使詣魏王降」〔註 23〕。胡三省注引《明宗實錄》等曰：「三川既定，季興無尺寸之功。」〔註 24〕《舊五代史》卷 67《韋說傳》同此。然《明宗實錄》又載：「天成元年六月（926）甲寅，高季興奏：『去多先朝詔命攻取峽內屬郡，尋有施州官吏知臣上峽，率先歸投，忠、萬、夔三州且夕期於收復，被郭崇韜專將文字約臣回歸，方欲陳論，便值更變。」胡三省認爲「此說頗近實，故從之」。是以「季興奏請三州爲屬郡，《舊史》誤云奏收復也」〔註 25〕。《資治通鑑》關於此事的記載蓋本於此；據此亦可知，高季興伐蜀無功係事出有因；《舊五代史》所言「收復」當爲「奏請」。另外，史籍又載：「荊南軍未進，僞蜀夔、萬連年率以州降繼岌。」〔註 26〕「初，唐兵伐蜀，季興請以本道兵自取夔、忠、萬、歸、峽等州，乃以季興爲峽路東南面招討使，而季興未嘗

〔註 22〕《資治通鑑》卷 275，後唐明宗天成元年六月胡三省注，第 8987～8988 頁。
〔註 23〕《資治通鑑》卷 273，後唐莊宗同光三年十月，第 8942 頁。
〔註 24〕《資治通鑑》卷 275，後唐明宗天成元年六月胡三省注，第 8988 頁。
〔註 25〕《資治通鑑》卷 275，後唐明宗天成元年六月，第 8988 頁。
〔註 26〕《冊府元龜》卷 338《宰輔部・貪黷》，第 3998 頁。

出兵。魏王已破蜀。」〔註 27〕此說與上引《資治通鑑》卷 273 所載稍異，但最終結果卻並無不同，故無考辨之必要。

　　仍須探究的是，上引《明宗實錄》所言其後的奏請屬郡是否僅爲忠、萬、夔三州？按，《舊五代史》卷 33《唐莊宗紀七》、《冊府元龜》卷 435《將帥部・獻捷二》均載：同光三年（925）十一月，荊南高季興奏，「收復歸、夔、忠等州」。後者誤繫其時於「二月」。再結合上述胡三省注引文字，「收復」之語亦有未妥。但此載之「奏請」已明確提及「歸、夔、忠等州」，有異前引《明宗實錄》。《新五代史》卷 28《豆盧革傳》詳敘其事云：「唐兵伐蜀，季興請以兵入三峽，莊宗許之，使季興自取夔、忠、萬、歸、峽等州爲屬郡，及破蜀，季興無功，而唐用它將取五州。」既然高季興伐蜀無功，是以包括歸、峽在內的五州悉爲後唐所取。當然，據現有史料確已無法知曉後唐取歸、峽的具體時間，但置其事於同光三年（925）十一月，偏差或不至太大，本文即將此確定爲歸、峽入後唐的時間。

　　同光四年（926）二月〔註 28〕，高季興再次奏請劃割峽內原管屬郡隸歸當道。《舊五代史》卷 34《唐莊宗紀八》記爲「夔、忠、萬等三州」。胡三省注引《莊宗實錄》載：「高季興請峽內夔、忠、萬等州割歸當道。」〔註 29〕二書所記略同。《冊府元龜》卷 338《宰輔部・貪黷》亦載：「季興數遣使請峽內三州」。未列州名。《十國春秋》卷 100《荊南一・武信王世家》作「夔、忠等州」。州數不明，且誤繫其時於「二月」。下引《十國紀年》作「夔、忠、萬三州」。究竟所請幾州？諸書所載不侔，似難取捨，但據下述明宗天成元年（926）有關史實，仍可判定歸、峽依舊未爲高氏荊南領地。高季興此請獲許，詔命未下，莊宗被殺，明宗入立。

　　歸、峽成爲高氏荊南巡屬，事在明宗天成元年（926）六月。其時，高季興第三次奏請後唐朝廷割歸原管屬郡。《舊五代史》卷 36《唐明宗紀二》云：「荊南節度使高季興上言：『夔、忠、萬三州，舊是當道屬郡，先被西川侵據，今乞卻割隸本管。』」《資治通鑑》卷 275 云：「高季興表求夔、忠、萬三州爲屬郡，詔許之。」〔註 30〕歸、峽不在請授之中。按，《舊五代史》卷 133《高季興傳》云：「明宗即位，復請夔、峽爲屬郡。」上引《舊五代史》兩處記載

〔註 27〕《新五代史》卷 69《南平世家》，第 857 頁。

〔註 28〕《冊府元龜》卷 338《宰輔部・貪黷》亦記其事爲「二月」，第 3998 頁。

〔註 29〕《資治通鑑》卷 275，後唐明宗天成元年六月胡三省注，第 8988 頁。

〔註 30〕《資治通鑑》卷 275，後唐明宗天成元年六月，第 8987 頁。

明顯不一。奏請係高季興所為，涉及此事之記述，其傳內容當較可徵信。另，參據《新五代史·豆盧革傳》所載「明宗初即位，（高）季興數請五州」〔註31〕之說，則此次奏請仍應包括歸、峽二州。另，《輿地紀勝》卷74《荊湖北路·歸州·州沿革》亦云：歸州於天成元年（926）隸南平。《十國春秋》卷100《荊南一·武信王世家》言之甚詳：「王表求夔、忠、萬、歸、峽五州於唐為屬郡。」此奏終獲後唐朝廷許可。五州由此隸屬荊南，歸、峽在其內。據此亦可證明，同光（923～926）末年，歸、峽不轄於高氏荊南。

天成元年（926）八月，高季興請後唐不除夔、忠、萬三州刺史，擬任以子弟，未得許可；乃乘夔州刺史罷官之機，襲據夔州，拒絕接受後唐委任刺史；又襲涪州，未果；且於峽口掠取後唐伐蜀所得財物，由是引來兵戎之爭。天成二年（927）二月，後唐出師高氏荊南；六月，西方鄴奪取夔、忠、萬三州，夔、忠、萬三州復為後唐所有，「季興遂以荊、歸、峽三州臣于吳。」〔註32〕《十國春秋》卷100同此〔註33〕。歸、峽仍隸高氏荊南。

峽州自上述天成元年（926）六月入高氏荊南後，史籍中再未發現後唐時期峽州改隸的記載。與此不同的是，天成（926～930）年間後期，歸州兩度入後唐。第一次是天成三年（928）二月。《資治通鑑》卷276云：「西方鄴攻拔歸州」〔註34〕。而《舊五代史》卷39《唐明宗紀五》云：「西方鄴上言，收復歸州。」又云：「于歸州殺敗荊南賊軍。」惟繫其時於「三月」。同書卷61《西方鄴傳》稱：「又取歸州，數敗季興之兵。」《新五代史》傳同此〔註35〕。是書卷6《唐明宗紀六》亦載：「西方鄴克歸州。」而《十國春秋》卷100《荊南一·武信王世家》注謂：「他書無取歸州之事。」此說殊非，《舊五代史考異》卷2已辯其謬：「薛《史》世久失傳，《十國春秋》所引悉本《通鑑考異》，殊不知《歐陽史·西方鄴傳》本於《薛史》，有可徵信也。」〔註36〕至於內中所言「《通鑑》不載取歸州事」，亦誤。西方鄴取歸州誠可徵信，但歸州旋為高氏荊南攻取，《資治通鑑》卷276載：「未幾，荊南復取之。」胡三省注：「歸

〔註31〕《新五代史》卷28《豆盧革傳》，第303頁。

〔註32〕《新五代史》卷69《南平世家》，第857頁。

〔註33〕《十國春秋》卷100《荊南一·武信王世家》，第1437頁。

〔註34〕《資治通鑑》卷276，後唐明宗天成三年二月，第9013頁。

〔註35〕《新五代史》卷25《西方鄴傳》，第275頁。

〔註36〕〔清〕邵晉涵：《舊五代史考異》，五代史書彙編本（第1冊），杭州出版社點校本2004年版，第233頁。

州，高季興巡屬也。」〔註37〕第二次是天成三年（928）十一月。《資治通鑑》卷276云：「忠州刺史王雅取歸州。」胡三省注：「忠州時屬夔州寧江軍，西方鄴所部也。歸州時屬荊南軍，高季興所部也。」〔註38〕後唐再獲歸州。

　　歸州何時重入高氏荊南？史無明文。天成三年（928）十二月，高季興薨，子從誨繼立。次年六月，「高從誨自稱前荊南行軍司馬、歸州刺史，上表求內附。」〔註39〕此處「歸州刺史」當指後唐明宗初年至臣於吳之前高從誨所任官職，此亦為史籍中所能見到的高氏荊南人物出任歸州刺史的最早記錄。同年七月，後唐罷荊南招討使，高氏荊南仍奉後唐正朔。《冊府元龜》卷178《帝王部・姑息三》載：「長興九〔元〕年（930）正月，荊南奏：峽州刺史高季雍、歸州刺史孫文乞且依舊任，從之。」此則材料明確反映出高氏荊南在歸、峽二州均設有刺史，可證是時歸、峽二州已屬高氏荊南。由此兩段記載，大致可推知，高氏荊南再度稱臣於後唐後，歸州隨之改隸，惜史乘有間，具體時間已無從知曉，但其事必在天成四年（929）七月至長興元年（930）正月之間。自此之後，歸、峽二州在後唐時期再未脫離高氏荊南管轄，如下相關史實可以印證此點：其一，高氏荊南自求內附後，事後唐甚謹，彼此間絕無干戈之釁；其二，後唐官員並無至歸、峽二州出仕的記錄。因此，歸、峽二州應無他屬之可能。

　　通過以上考察不難看出，歸、峽二州後唐時期的歸屬情況頗不一致。為便觀覽，茲表於下：

表4-1　後唐時期歸、峽二州的隸屬

時　　間	歸　州	峽　州
同光元年（923）四月至同光三年（925）十一月	前蜀	前蜀
同光三年（925）十一月至天成元年（926）六月	後唐	後唐
天成元年（926）六月至天成三年（928）十一月	高氏荊南[註]	高氏荊南
天成三年（928）十一月至天成四年（929）七月	後唐	高氏荊南
天成四年（929）七月至長興元年（930）正月	歸屬不明	高氏荊南
長興元年（930）正月至清泰三年（936）十一月	高氏荊南	高氏荊南

注：天成三年二月，短期隸於後唐。

〔註37〕《資治通鑑》卷276，後唐明宗天成三年二月及胡三省注，第9013頁。
〔註38〕《資治通鑑》卷276，後唐明宗天成三年十一月及胡三省注，第9024頁。
〔註39〕《資治通鑑》卷276，後唐明宗天成四年六月，第9030頁。

　　歐陽修、吳任臣將後唐時期歸、峽二州籠統劃歸南平的記載，雖大致不誤，但究竟失之過簡。另，《輿地紀勝》卷 74《荊湖北路‧歸州‧州沿革》引《五代職方考》云：「歸、峽二州自石晉以後並隸南平。」此說亦有失察。

　　後唐明宗朝，歸、峽既得爲高氏荊南屬郡，此一割據政權自此遂以荊、歸、峽三州爲其基本版圖。後晉、後漢、後周三朝，高氏荊南大體以此三州爲疆域，歸、峽轄於高氏荊南之情形未見變更。關於此點，諸史所載並無不同。史乘之中涉及此一歷史時期歸、峽二州的直接記述材料不爲多見，此當爲該地區兵戈不興、州屬無改之客觀史實的眞切反映。後世論者對于歸、峽二州自後晉至後周時期的隸屬，亦無異議。是以，歸、峽二州於此時隸屬高氏荊南，固屬不爭之事實。

　　惟其如此，史籍中不乏南平歸、峽二州將官任刺史職的史料。茲略舉數例，後晉時，王保義曾任歸州刺史〔註40〕；高保融於開運（944～947）末「領峽州刺史」〔註41〕。《十國春秋》卷 101《荊南三‧貞懿王世家》所載與此同。《新五代史》卷 69《南平世家》記爲：「從誨時，爲節度副使、兼峽州刺史。」後漢乾祐元年（948）十二月，高保融在峽州刺史任上〔註42〕。《十國春秋》卷 103《荊南四‧康張傳》還有這樣一條記載，「康張，事文獻王爲硤（峽）州長陽令」。文獻王乃高從誨諡號，其在位跨後唐、後晉、後漢三朝，依此載現已無法斷定康張任長陽令之具體朝代，姑且附識於此。後周顯德元年（954）前後，歸州刺史爲高保勖〔註43〕。相關記載也見於他書，惟闕任職時間，但大致應爲後漢、後周朝事。《入蜀記》卷 6 載：「又有周顯德中荊南判官孫光憲爲知歸州高從讓所立碑。」〔註44〕《十國春秋》卷 102《荊南三‧列傳》載：高保脣「起家知峽州事」；高繼充「官至歸州刺史」。

　　後晉、後漢、後周三朝歸、峽二州隸屬於荊南，已無疑問，故不再贅述。

　　要之，五代十國時期，歸、峽二州並非一直隸屬高氏荊南。具體而言，後梁時期，歸、峽二州隸於前蜀。後唐時期，莊宗朝絕大部分時間仍轄於前蜀，同光（923～926）、天成（926～930）之間，歸、峽二州始有改易，尤其

〔註40〕《舊五代史》卷 76《晉高祖紀二》，第 1003 頁。
〔註41〕《宋史》卷 483《荊南高氏世家》，第 13952 頁。
〔註42〕《舊五代史》卷 103《漢隱帝紀上》，第 1352 頁。
〔註43〕《舊五代史》卷 114《周世宗紀一》，第 1522 頁。
〔註44〕〔宋〕陸游著，蔣方校注：《入蜀記校注》卷 6，湖北人民出版社 2004 年版，
　　　　第 224 頁。

是歸州隸屬更是多有反覆；直至天成、長興（930～933）之際，歸州重入高氏荊南，高氏荊南的基本疆域方始最終確立爲荊、歸、峽三州。後晉、後漢、後周三朝，這種狀況相沿未改，並一直延續到北宋乾德元年（963）高氏荊南亡於北宋。

四、歸、峽二州的戰略地理意義

地處三峽之間的歸、峽二州，位於荊州以西，歸州更與前後蜀夔州、施州接壤。由于歸、峽二州與荊州之間有著極爲密切的戰略地理關係，此二州能否爲高氏荊南所有，直接關乎荊州的安危。

關于歸、峽二州的地理位置的特殊性，古人多有論述。先說歸州，《秭歸志》云：歸州，「左荊、襄，右巴、蜀，面施、黔，背金、房。大江經其前，香溪邈其後」〔註45〕。對於荊襄和巴蜀而言，江河環繞的歸州正介其間，是兩地爭勝負的關鍵性區域。所以，有人曾指出，「夔、歸脣齒之邦，四川之門戶」〔註46〕。再看峽州，此州以夷陵郡（縣）爲其中心，所謂「荊門虎牙，楚之西塞，夷陵即其地也。自古以爲重鎮」〔註47〕。其地是捍禦荊楚的西面門戶。又《荊渚記》稱：「夷陵郡居大江之上，西通全蜀，故夷陵有安蜀古城。」〔註48〕峽州境內有宜都縣，該地「南有荊門山，北有虎牙山相對，楚之西塞也」〔註49〕，亦是形勝之區。

五代時期，歸、峽二州對於高氏荊南的重要意義，特別是此二州與荊州的軍事地理關係，大致類似於三國時期孫吳所擁有的建平郡（治今湖北秭歸縣南）與西陵縣（治今湖北宜昌市東南長江北岸），與荊州的地緣關係相仿。孫吳黃武元年（222），吳蜀夷陵之戰爆發前，陸遜曾上疏於吳太祖孫權曰：「夷陵要害，國之關限，雖爲易得，亦復易失。失之，非徒損一郡之地，荊州可憂，今日爭之，當令必諧。」〔註50〕可見，確保西陵，是荊州安全之所繫。對此，胡三省有所分析：「自三峽下夷陵，連山疊障，江行其中，迴旋湍激。

〔註45〕 〔宋〕祝穆：《方輿勝覽》卷58《歸州》引《秭歸志》，中華書局點校本2003年版，第1025頁。

〔註46〕 《方輿勝覽》卷58《歸州》引〔宋〕楊輔《乞歸峽甲兵司奏狀》，第1025頁。

〔註47〕 〔宋〕范成大：《吳船錄》卷下，景印文淵閣四庫全書本（第460冊），上海古籍出版社1987年版，第867頁。

〔註48〕 《方輿勝覽》卷29《峽州》引《荊渚記》，第518頁。

〔註49〕 《方輿勝覽》卷29《峽州》引〔三國吳〕袁崧《宜都山川記》，第518頁。

〔註50〕 《資治通鑒》卷69，魏文帝黃初三年五月，第2202頁。

至西陵峽口，始漫爲平流。夷陵正當峽口，故以爲吳之關限。」〔註51〕也就是說，長江出西陵峽之後，水流變緩，無險可守，而夷陵正當峽口，是長江三峽自上而下的最後一道防線。並且，「巴峽之險，至此地始平夷」〔註52〕，夷陵以下，地勢平坦，很難抵禦長江上游兵鋒。孫吳滅亡前夕，大司馬陸抗上疏說：「西陵、建平，國之蕃表，既處上流，受敵二境。若敵汎舟順流，星奔電邁，非可恃援他部以救倒懸也。」〔註53〕再次明確揭示出西陵、建平控扼長江上游之師的特殊意義。孫吳建平太守吾彥也說：「晉必有攻吳之計，宜增建平兵。建平不下，終不敢渡。」孫皓不從其議。不久，晉將王濬自益州乘樓船順江而下，吾彥歸降後，晉軍一路勢如破竹，並於晉武帝太康元年（280）五月直抵建業（今江蘇南京市），結束孫吳統治。

　　據此可知，歸、峽二州確係荊州抵擋來自長江上游攻擊的要塞，據有其地，即可使荊州免遭巴蜀之師的直接襲擊。正是基於此點，故自後梁時期開始，高季昌就屢屢用兵歸、峽二州，但「竟不能復」〔註54〕。後唐伐蜀期間，趁勢進兵，不料又爲前蜀將張武所敗，此後歸、峽二州隸入後唐。自莊宗同光三年（925）至明宗即位之初，季興又三次奏請割隸歸、峽二州，遂於天成元年（926）六月，得其所願。至此，高氏荊南終於在荊州西面構建起阻擊巴蜀勢力的藩籬。

第二節　夔州、忠州、萬州、復州、郢州的相關問題

　　高氏荊南在入宋時，其所轄地域爲荊、歸、峽三州。但在高氏荊南的發展歷程中，其疆域範圍並非一成不變。可考知的是，夔、忠、萬三州曾於後唐天成（926～930）初年短暫隸入荊南，歷時未久，即入後唐，再後則被納入後蜀版圖。復州則在後梁至後唐期間的大部分時間歸屬荊南，大約在明宗天成年間始改隸中朝。而在荊南擴展其勢力範圍的嘗試之中，曾兩次用兵郢州，均未能得逞。另外，高氏荊南所轄荊州較之前代已多領一縣，此即監利縣。以上數端，史籍均言之過簡，今人亦罕有論及，茲就史料所得略爲勾稽如次。

〔註51〕《資治通鑑》卷69，魏文帝黃初三年五月胡三省注，第2202頁。
〔註52〕〔宋〕歐陽修：《居士集》卷42《送田畫秀才寧親萬州序》，見《歐陽修全集》，中國書店斷句本1986年版，第292頁。
〔註53〕《資治通鑑》卷80，晉武帝泰始十年七月，第2537頁。
〔註54〕《冊府元龜》卷338《宰輔部·貪黷》，第3998頁。

一、夔、忠、萬三州的得而復失

後唐明宗天成（926～930）初年，夔、忠、萬三州曾短暫隸屬於高氏荊南，雖歷時不長，但仍是探討高氏荊南疆域時，應予關注的問題之一。對此，顧祖禹嘗言：「（同光）四年（926）兼有夔、忠、萬三州，尋復失之。」〔註55〕惜具體時間仍不甚清晰，試辨析如下。

夔、忠、萬三州自天復三年（903）爲西川王建分割之後，截至後唐同光（923～926）初年，一直爲王建政權所轄。在高季昌入主荊南之後，曾大動干戈，企圖奪取包括夔、忠、萬三州在內的峽內地區，但無一收其功效。

後梁乾化四年（914）正月，高季昌麾師進擊峽路，這次攻擊範圍相較廣泛，據史籍所載，涵蓋夔、萬、忠、涪、歸、峽等州。如《資治通鑑》卷269即載：攻「夔、萬、忠、涪四州」〔註56〕；《新五代史》卷69《南平世家》又稱：「以兵攻歸、峽。」《錦里耆舊傳》卷6云：「發兵攻峽路。」〔註57〕《九國志》卷6也說：「荊南高季昌略地三峽。」〔註58〕故而，高氏荊南的此次用兵幾乎遍及峽內地區，聲勢不可謂不大。

關於此次高季昌爭奪峽內諸州的戰爭，《九國志》、《新五代史》、《資治通鑑》與《十國春秋》有較爲詳細的記載：

> 荊南高季昌略地三峽，建以宗壽爲忠州節度使，兼行營招討使，以鐵鎖斷夷陵江，季昌戰艦不能進。宗壽禦之，大敗荊人，季昌奔歸。〔註59〕

> 荊南高季昌侵蜀巫山，（前蜀）遣嘉王宗壽敗之於瞿唐。〔註60〕

> 高季昌以蜀夔、萬、忠、涪四州舊隸荊南，興兵取之，先以水軍攻夔州。時鎮江軍節度使兼侍中嘉王宗壽鎮忠州，夔州刺史王成先請甲，宗壽但以白布袍給之。成先帥之逆戰，季昌縱火船焚蜀浮橋，招討副使張武舉鐵絚拒之，船不得進。會風反，荊南兵焚溺死者甚眾。季昌乘戰艦，蒙以牛革，飛石中之，折其尾，季昌易小舟

〔註55〕《讀史方輿紀要》卷6《歷代州域形勢六·唐下附五代九國》，第262頁。
〔註56〕《資治通鑑》卷269，後梁均王乾化四年正月，第8782頁。
〔註57〕《錦里耆舊傳》卷6，第6037頁。
〔註58〕《九國志》卷6《前蜀·王宗壽傳》，第3283頁。
〔註59〕《九國志》卷6《前蜀·王宗壽傳》，第3283頁。
〔註60〕《新五代史》卷63《前蜀世家》，第790頁。

而遁。荊南兵大敗，俘斬五千級。〔註61〕

　　王以夔、萬、忠、涪四州舊隸荊南，興兵攻蜀，夔州刺史王成
先逆戰。王縱火船焚蜀浮橋，蜀招討副使張武舉鐵絚拒之，船不得
進，我兵焚溺死者甚眾。會飛石中王戰艦之尾，王遁還，我兵大敗，
俘斬五千級。〔註62〕

此次戰役主要在夔州展開。是役，高氏荊南鎩羽而歸，圖謀夔、忠、萬三州
的計劃破產，其地仍為前蜀所轄。儘管高季昌有意收復荊南原管轄郡，但夔
州之敗，令其刻骨銘心，終後梁一朝，再未舉兵於三峽地區。如史所言：高
季昌「常欲取三州，畏蜀峽路招討使張武威名，不敢進。」〔註63〕所以說，「朱
梁以高季興鎮荊州，與王建爭夔、峽，竟不能復」〔註64〕。

　　同光三年（925）九月，後唐伐蜀，同年十一月，前蜀滅亡。在後唐舉兵
進擊前蜀期間，高季興再度萌生奪取夔、忠、萬三州的念頭。《冊府元龜》載：
「初，帝舉軍平蜀，詔高季興率本軍泝峽，自收元管屬郡。荊南軍未進，偽
蜀夔、萬連年率以州降繼岌。」〔註65〕《新五代史》卷69《南平世家》亦稱：
「初，唐兵伐蜀，季興請以本道兵自取夔、忠、萬、歸、峽等州，乃以季興
為峽路東南面招討使，而季興未嘗出兵。魏王已破蜀。」〔註66〕《資治通鑑》
卷273則記載：伐蜀期間，高氏荊南水軍上峽，又為張武擊敗，此後才以夔、
忠、萬三州降於魏王繼岌。〔註67〕兩說稍異，但高季興並未取得夔、忠、萬
三州固為事實，此三州成為後唐屬地。

　　實際上，胡三省曾引據《明宗實錄》的相關記載進行辨析，認為在後唐
獲取夔、忠、萬三州後，季興曾奏請三州為屬郡。〔註68〕史載：同光三年（925）
十一月，荊南高季興奏：「收復歸、夔、忠等州。」〔註69〕這是高季興就此三

〔註61〕《資治通鑑》卷269，後梁均王乾化四年正月，第8782頁。
〔註62〕《十國春秋》卷100《荊南一・武信王世家》，第1430頁。
〔註63〕《資治通鑑》卷273，後唐莊宗同光三年十月，第8942頁。《十國春秋》卷
　　　　100《荊南一・武信王世家》同此。第1433頁。
〔註64〕《冊府元龜》卷338《宰輔部・貪黷》，第3998頁。
〔註65〕《冊府元龜》卷338《宰輔部・貪黷》，第3998頁。
〔註66〕《新五代史》卷69《南平世家》，第857頁。
〔註67〕《資治通鑑》卷273，後唐莊宗同光三年十一月，第8942頁。
〔註68〕《資治通鑑》卷275，後唐明宗天成元年六月胡三省注，第8988頁。
〔註69〕《舊五代史》卷33《唐莊宗紀七》，第460頁。《冊府元龜》卷435《將帥部・
　　　　獻捷二》誤繫其時於「二月」。第5168頁。

州，向後唐朝廷提出的首次割隸請求。從其後的史實來看，這次奏請未獲許可。

　　同光四年（926）三月，高季興再次奏請莊宗，乞割夔、忠、萬等州隸歸荊南。《冊府元龜》載：

> 荊南節度使高季興奏請峽內夔、忠、萬等州割歸當道，依舊管係，又請雲安監。……三川既平，季興數遣使請峽內三州，依舊爲屬。又請雲安監務，朝廷未之許。季興數賂劉皇后與（韋）說及宰臣豆盧革。時樞密使張居翰年暮性昏，不酌可否，私相款昵，曲爲奏之，內外附叶，因喻其請。〔註70〕

這次奏請並非一蹴而就，季興曾屢屢遣使赴朝，起初並無成效。後通過賄賂劉皇后與宰臣豆盧革，巴結樞密使張居翰，後唐莊宗才應允其請。未及下詔，次月，莊宗被害，明宗即位。

　　天成元年（926）六月，高季興第三次奏請割隸夔、忠、萬等州。〔註71〕《新五代史》卷 28《豆盧革傳》載：「明宗初即位，（高）季興數請五州。」這次奏請也並非一帆風順，「唐大臣以爲季興請自取之，而兵出無功，不與。季興屢請，雖不得已而與之」，但後唐朝廷仍把持此數州刺史的除授之權。〔註72〕至此，夔、忠、萬三州終於在名義上隸歸高氏荊南。

　　時隔未久，天成元年（926）八月，「荊南高季興上言，峽內三州，請朝廷不除刺史」〔註73〕，試圖「自以子弟爲之，唐主不允」〔註74〕。《舊五代史》卷 133《高季興傳》記載其事：「後朝廷除刺史，季興上言，稱已令子弟權知郡事，請不除刺史。」《新五代史》卷 69《南平世家》則稱：「而唐猶自除刺史，季興拒而不納。」〔註75〕可見，後唐朝廷實則有意控制該地區，而不願眞正將其置於高氏荊南管下，原因即在於，「夔、忠、萬三州，地連巴蜀，路扼荊蠻」〔註76〕，即該地區是捍禦兩川、控扼荊楚的兵家要地。儘管高季興

〔註70〕《冊府元龜》卷 338《宰輔部・貪黷》，第 3998～3999 頁。

〔註71〕《舊五代史》卷 36《唐明宗紀二》，第 501 頁。《資治通鑑》卷 275，後唐明宗天成元年六月，第 8987 頁。按，關于歸、峽二州的討論見前揭，此處僅以夔、忠、萬三州爲考察重點。

〔註72〕《新五代史》卷 69《南平世家》，第 857 頁。

〔註73〕《舊五代史》卷 37《唐明宗紀三》，第 508 頁。

〔註74〕《十國春秋》卷 100《荊南一・武信王世家》，第 1434 頁。

〔註75〕《新五代史》卷 69《南平世家》，第 857 頁。

〔註76〕《舊五代史》卷 67《韋說傳》，第 886 頁。

拒絕接受朝廷所委任的各州刺史，但與後唐的矛盾尚未公開化。夔、忠、萬三州表面上仍爲高氏荊南所控制。

在此之後，高季興對抗後唐朝廷的態度愈益彰顯，《資治通鑒》載：

> 及夔州刺史潘炕罷官，季興輒遣兵突入州城，殺戍兵而據之。朝廷除奉聖指揮使西方鄴爲刺史，不受；又遣兵襲涪州，不克。魏王繼岌遣押牙韓珙等部送蜀珍貨金帛四十萬，浮江而下，季興殺珙等於峽口，盡掠取之。朝廷詰之，對曰：「珙等舟行下峽，涉數千里，欲知覆溺之故，自宜按問水神。」〔註77〕

此類舉動使「不臣之狀既形」〔註78〕，終於惹怒後唐明宗，遂於天成二年（927）二月下令出師征討，制曰：

> 荊南節度使、開府儀同三司、守太尉、尚書令、南平王高季興可削奪官爵，仍令襄州節度使劉訓充南面招討使、知荊南行府事，許州節度使夏魯奇爲副招討使，統蕃漢馬步四萬人進討，以其叛故也。又命湖南節度使馬殷以湖南全軍會合，以東川節度使董璋充南面招討使。新授岐（「夔」之誤）州刺史西方鄴爲副招討使，共領川軍下峽，三面齊進。〔註79〕

三路大軍從北、南、西三面進擊高氏荊南，但實際投入戰鬥的只有劉訓、西方鄴所部。當年六月，西方鄴敗荊南水軍於峽中，復取夔、忠、萬三州。〔註80〕此三州不復爲高氏荊南所有，高季興以荊、歸、峽三州臣於吳。〔註81〕

要之，夔、忠、萬三州在後唐明宗即位之初，曾一度隸歸高氏荊南，其具體時間爲後唐明宗天成元年（926）六月至後唐明宗天成二年（927）六月，歷時足足一年。自此以後，高氏荊南亦放棄對此三州的領土要求，其西部邊境以扼守歸州爲務。

二、復州的得失與監利縣的掌控

首先來看復州的得失經過。

〔註77〕《資治通鑒》卷275，後唐明宗天成二年二月，第9002頁。
〔註78〕《舊五代史》卷133《高季興傳》，第1752頁。
〔註79〕《冊府元龜》卷123《帝王部·征討三》，第1474～1475頁。
〔註80〕《資治通鑒》卷275，後唐明宗天成二年六月，第9006頁。《舊五代史》卷38《唐明宗紀四》載其事云：天成二年（927）七月，「夔州刺史西方鄴奏，殺敗荊南賊軍，收峽內三州」。第525頁。
〔註81〕《新五代史》卷69《南平世家》，第857頁。

　　復州，在唐代爲山南東道所轄，領沔陽、竟陵、監利三縣。〔註82〕五代時期，復州隸屬情況發生變動，曾一度割隸荊南。不過，囿於史料的匱乏，其間的改隸情況難於一一予以澄清，故僅能述其大概如下。

　　據《五代會要》卷20載：復州於「梁乾化二年（912）十月，割隸荊南。後唐天成二年（927）五月，卻隸襄州。晉天福五年（940）七月，直屬京，升爲防禦」〔註83〕。《舊五代史》卷150《郡縣志》所載與此完全相同，兩者或出一源。於此可知，自後梁乾化二年（912）十月至後唐天成二年（927）五月的十五年間，復州在荊南管內。至於後梁將復州改隸荊南的原因，上述記載並未明言，現存史籍中迄今亦尚未發現能夠對此予以說明的任何相關材料，故目前仍難就此做出解說。儘管如此，復州曾經納入荊南版圖應爲事實。

　　然而，在十五年時間內，復州是否還有改隸情況出現呢？翻檢史料，文獻中有三種截然不同的記載。

　　其一，復州在貞明五年（919）五月之前歸屬馬楚。《資治通鑑》卷270載：

　　　　（貞明五年五月），楚人攻荊南，高季昌求救於吳，吳命鎮南節度使劉信等帥洪、吉、撫、信步兵自瀏陽趨潭州，武昌節度使李簡等帥水軍攻復州。信等至潭州東境，楚兵釋荊南引歸。簡等入復州，執其知州鮑唐。〔註84〕

<hr>

〔註82〕〔唐〕李吉甫：《元和郡縣圖志》卷23《山南道・復州》，中華書局點校本1983年版，第536～537頁。

〔註83〕《五代會要》卷20《州縣分道改置》，第332頁。《舊五代史》卷150《郡縣志》，第2019頁。

〔註84〕《資治通鑑》卷270，後梁均王貞明五年五月，第8845～8846頁。《十國春秋》卷2《吳二・烈祖世家》同此。第52頁。另，《九國志》卷1《吳・李簡傳》稱：楊吳武義（919～921）初年，鎮西大將軍李簡，「襲復州破之，俘知州鮑唐以獻」。第3219頁。《十國春秋》卷100亦云：「（李）簡入復州，執其知州鮑唐。」第1431頁。

洪州，治今江西南昌市西，爲江南西道治，轄境東起今江西永修、南昌、進賢諸縣，西有銅陵、修水等縣，南至上高、萬載縣，北至武寧縣。南唐升爲南昌府。

吉州，治今江西吉安市，轄境相當今江西新幹、泰和間的贛江流域及安福、永新等縣地。

撫州，治今江西臨川市，轄境相當今江西臨川以南撫河流域。南唐以後又有縮小。

信州，治今江西上饒市西北天津橋，轄境相當今江西貴溪以東，懷玉山以南地區。

按，吳軍救援荊南所攻擊的復州應與潭州同屬馬楚，否則似無法理解應援荊南的吳軍何以有「入復州」之舉。據此而言，「其知州鮑唐」為馬楚復州知州鮑唐。這表明，至少在貞明五年（919）五月和稍前，復州不隸於荊南，而是屬於馬楚。然而，史籍中缺乏關於馬楚何時、何故佔領復州的任何記載，故很難判斷馬楚據有復州的準確時間和管轄此地的時間跨度。並且，此役後，復州歸屬何方，史籍中亦無交待。因而，是說疑點多多，可信度令人懷疑。

其二，復州仍屬後梁。《十國春秋》卷102即云：

> 鮑唐，故梁復州知州。為吳將李簡所執，已而歸武信王，武信
> 王俾同倪可福隸麾下，遂與可福齊名。〔註85〕

直稱鮑唐為「梁復州知州」，則是吳軍借救援荊南之機，一舉攻陷後梁復州，復州為後梁轄地。不過，此說與同書卷67《楚一·武穆王世家》〔註86〕所述相牴觸。而且，吳任臣認為，鮑唐本為梁將，復州淪陷後，為吳所執，此後方歸附武信王高季興。這種看法也與下引《新五代史》卷69《南平世家》所述不合。因此，此說也難以採信。

其三，鮑唐為高氏荊南復州知州，復州係荊南領地。《新五代史》卷69曰：

> 季興招緝綏撫，人士歸之，乃以倪可福、鮑唐為將帥，梁震、
> 司空薰、王保義等為賓客。〔註87〕

此記載雖未明確繫時，但由文意可知，其大致時間應在高季昌入據荊南之初，鮑唐即於此時便成為高季昌麾下，是高氏荊南政權早期的重要將領之一。據此而論，吳於貞明五年（921）攻打復州時，復州仍為荊南屬地。是說有無佐證？以下三點或可有裨於此問題的解答。

首先，乾化二年（912）以後，後梁並未任命復州刺史。利用電子文獻檢索工具，遍查《舊五代史》、《冊府元龜》和《新五代史》諸書，尚未發現一例關於後梁王朝在乾化二年（912）之後任命復州刺史的記錄，後唐同光元年（923）之後此類記載才逐漸出現並增多（說詳後），這應當視為復州自此之後不隸於後梁的明證。前引《五代會要》卷20《州縣分道改置》和《舊五代

〔註85〕《十國春秋》卷102《荊南三·鮑唐傳》，第1461頁。
〔註86〕《十國春秋》卷67《楚一·武穆王世家》稱：「（李）簡入復州，執知州鮑唐。」第941頁。可知，復州知州鮑唐為馬楚所任。
〔註87〕《新五代史》卷69《南平世家》，第856頁。

史》卷 150《郡縣志》已明確指出，後梁乾化二年（912）十月，復州已改隸荊南。此前，復州則應屬後梁。後梁在此期間確有復州刺史的任命，《新五代史》卷 45《劉玘傳》載：後梁山南東道亂軍誅殺節度使王班，劉玘被推爲留後，後會同梁將陳暉平定亂軍，劉玘「以功爲復州刺史」。據《資治通鑑》卷267 所載，此事發生於後梁開平三年（909）七月。〔註88〕

其次，上引《新五代史》卷 69《南平世家》已表明，高季昌入主荊南之初，鮑唐已在其麾下，與倪可福同爲得力幹將。另，《十國春秋》卷 103《荊南四‧魏璘傳》稱：魏璘「事貞懿王爲指揮使，勇略絕倫。……荊南自倪可福、鮑唐之後，故推璘爲名將」。雖然此載並未顯示出明確的時間概念，但仍以倪可福、鮑唐並舉，是知鮑唐應與倪可福同時，均係高氏荊南前期的重要武將。

最後，吳軍借應援荊南之機，趁勢攻打本屬於荊南的復州，亦有相當可能。史載：

（乾化二年十二月），高季昌出兵，聲言助梁伐晉，進攻襄州。山南東道節度使孔勍擊敗之。自是朝貢路絕。〔註89〕

可見，後梁太祖之後，荊南與後梁關係已交惡，公然對後梁採取對抗的態度。但由於其時梁、晉爭霸正熾，後梁王朝無暇追究，「梁末帝優容之，封季興渤海王，賜以袞冕劍佩」〔註90〕。這種「絕貢賦累年」〔註91〕的情況，一直延續至後梁貞明三年（917）五月，始有改觀。是月，「高季昌與孔勍脩好，復通貢獻」〔註92〕。其時，距復州之役僅整整兩年。鑒於吳與後梁間水火不容的關係，針對高季昌出爾反爾、背吳附梁的舉動，吳軍借應援爲名，順便攻打荊南所轄復州，以示儆戒，這種可能性應該存在。嗣後吳並未占有其地，且將鮑唐放還荊南，則是出於緩和雙方關係的考慮。

所以，終後梁一朝，復州於乾化二年（912）後一直轄於荊南，其間並無改隸。

後梁、後唐易代之際，復州方始脫離荊南，歸屬後唐，其原因或在於後唐的強取，或在於高季興的主動奉獻，其間原委，現已難知其詳，但復

〔註88〕《資治通鑑》卷 267，後梁太祖開平三年七月，第 8714 頁。
〔註89〕《資治通鑑》卷 268，後梁太祖乾化二年十二月，第 8764～8765 頁。
〔註90〕《新五代史》卷 69《南平世家》，第 856 頁。
〔註91〕《十國春秋》卷 100《荊南一‧武信王世家》，第 1429 頁。
〔註92〕《資治通鑑》卷 269，後梁均王貞明三年五月，第 8815 頁。

州在後唐初期隸屬於後唐，卻是無可置疑的事實。同光元年（923）十月，後唐莊宗滅梁，大肆貶逐後梁舊臣，其中後梁翰林學士姚顗即被貶爲復州司馬。〔註93〕竇廷琬，也有同光（923～926）初年「爲復州遊奕使」的經歷。〔註94〕袁光輔，「同光中，爲復州刺史」〔註95〕。凡此種種，均表明復州已改隸後唐。除此之外，尚有其他記載可資佐證。據《五代史補》卷3《梁震禪贊》載：高季興朝覲後唐莊宗之後，心懷怨憤，「以兵襲取復州之監利、玉沙二縣」〔註96〕。《十國春秋》卷103《荊南四·梁延嗣傳》亦稱：「唐同光中，將兵守復州監利，武信王之朝唐也，莊宗欲陰圖之，既疾趨歸，遂以兵攻監利、星沙二縣，延嗣兵敗，爲王所獲。」〔註97〕惟復州隸於後唐，故高季興借攻復州之監利縣，以發洩其不滿。可見，復州在後唐莊宗同光初年的確屬於後唐。

但此次更改持續的時間並不長，次年，復州又重隸荊南。史載：同光二年（924）五月，後唐莊宗下詔：「割復州爲荊南屬郡。」〔註98〕即爲明證。莊宗緣何頒下此令，亦無材料可資說明。不過，此次改隸之後，史籍中再未發現後唐莊宗朝任命復州刺史的事例。由此可知，後唐同光二年（924）五月之後，復州重又隸於荊南。

後唐明宗在位期間，復州隸屬又有變更，惜史料記載多有衝突，其間淵源流變殊難釐清。茲將相關記述爬梳如下。

「（明宗天成）三年（928）四月，復州刺史周令武飛狀上言：湖南大軍曾與淮南賊將王茂求等戰于道人磯」〔註99〕。此處復州刺史周武顯係後唐所除，由是表明，復州爲後唐所有。

〔註93〕《舊五代史》卷30《唐莊宗紀四》，第413頁。同書卷92《姚顗傳》同此，第1214頁。

〔註94〕《舊五代史》卷74《竇廷琬傳》，第972頁。

〔註95〕《冊府元龜》卷825《總錄部·名字二》，第9798頁。

〔註96〕按，此載以玉沙爲五代復州之屬，於史不合，當係宋人之誤。據《輿地紀勝》卷76《荊湖北路·復州·玉沙縣》載：玉沙縣，「本監利、沔陽二縣地，後梁開平四年（910）分漢江南爲白沙徵料院，隸江陵縣。皇朝乾德三年（965）升爲玉沙縣，隸江陵府」。第2508頁。另，《三楚新錄》卷3敘其事時，繫其時爲天成（926～929）初。第6329頁。亦誤，今不取。

〔註97〕《十國春秋》卷103《荊南四·梁延嗣傳》，第1469頁。

〔註98〕《舊五代史》卷32《唐莊宗紀六》，第436頁。

〔註99〕《冊府元龜》卷435《將帥部·獻捷二》，第5168頁。

梁延嗣爲高季興所獲後，「至從誨既立，擢爲大校，遂承制授歸州刺史。未幾，又遷復州團練使，仍掌親軍」〔註100〕。據此可知，梁延嗣當於從誨繼位之初，就任復州團練使，復州當由荊南所轄。按，從誨嗣位，乃在高季興卒於天成三年（928）十二月二十五日後，其在位時間迄至後漢乾祐元年（948）十一月。那麼，梁延嗣任職當在後唐明宗天成（926～930）、長興（930～933）之際，即大約在長興元年（930）前後。

兩相比較，前一條材料所記在任復州刺史的時間，略早於後一條，但其時間前後相距亦不過兩年。是否自後唐明宗即位之初，復州即屬後唐？抑或是天成四年（929）六月，鑒於高從誨「上表求內附」〔註101〕，後唐又將復州割隸荊南呢？或許兩者又兼而有之呢？

事實上，自明宗天成二年（927）二月之後，荊南與後唐已成對峙之狀，後唐並曾出兵攻伐荊南。其間原委本末，《舊五代史》記載：

> 明宗即位，復請夔、峽爲屬郡，初俞其請，後朝廷除刺史，季興上言，稱已令子弟權知郡事，請不除刺史。不臣之狀既形，詔削奪其官爵。天成初，命西方鄴興師收復三州，又遣襄州節度使劉訓總兵圍荊南，以問其罪，屬霖潦，班師。〔註102〕

高季興請後唐不除夔、忠、萬三州刺史，事在天成元年（926）八月；天成二年（927）二月，後唐即出師攻打高氏荊南；六月，西方鄴奪取夔、忠、萬三州。嗣後，「季興遂以荊、歸、峽三州臣于吳」〔註103〕。據此，是否就可斷定，此次用兵波及於復州，而且後唐軍隊乘機攻佔其地？結合前引《五代會要》的記載，天成二年（927）五月，復州割隸襄州。應該就是上述情形發生的結果。故而，前引《冊府元龜》之記載亦可徵信；而至天成四年（929）七月，後唐明宗赦高從誨無罪之後，復州又重入荊南，則《三楚新錄》之記載亦不誣。此說缺乏史源論證，或多少有些牽強，仍需置諸高明評判。

上引《冊府元龜》記載明確顯示，天成三年（928）四月後唐任命復州刺史的記錄之後，迄止後唐末帝清泰三年（936）八月，史籍再次脫載復州刺史

〔註100〕《三楚新錄》卷3，第6329頁。《十國春秋》卷103《荊南四・梁延嗣傳》亦稱：「至文獻王立，擢爲大校，承制授歸州刺史。已又領復州團練使，仍掌親軍。」第1469頁。

〔註101〕《資治通鑑》卷276，後唐明宗天成四年六月，第9030頁。

〔註102〕《舊五代史》卷133《高季興傳》，第1752頁。

〔註103〕《新五代史》卷69《南平世家》，第857頁。

的任職情況。在此時間下限，《冊府元龜》載：「復州刺史郭延魯貢錢五百貫、馬十匹，助征。」〔註104〕《舊五代史》卷94《郭延魯傳》亦稱：「清泰（934～936）中，遷復州刺史，正俸之外，未嘗斂貨，庶事就理，一郡賴焉。」《新五代史》卷46本傳，亦同此。據是，復州已於清泰年間改隸後唐無疑。至於始自何時，因史乘有缺，已無法詳考。也正是自此時開始，史籍中再未見到荊南領有復州的任何記載，復州至此歸屬中朝，終五代而不改。

後晉天福元年（936），「復州竟陵，晉改曰景陵」〔註105〕。其間原因，誠如史載：「石晉改竟陵曰景陵郡。」避晉諱故也。〔註106〕則復州當隸後晉。天福五年（940）七月，後晉高祖升復州爲防禦州〔註107〕。自此以降，出任復州的軍政長官概以防禦使爲名。如：後晉高祖時，吳巒曾任復州防禦使〔註108〕；白延遇曾遷復州防禦使〔註109〕。

綜上所述，復州改隸情況極爲複雜，隸屬荊南的時間大致在後梁乾化二年（912）至後唐末帝清泰期間，其間又在同光初年和天成二年（928）兩度改隸後唐，至遲至後唐清泰三年（936）八月，復州重隸中朝，後晉、後漢、後周三朝因之不變。

其次再看監利縣的據有過程。

監利縣（今湖北監利縣），在唐代是復州下轄三縣之一。《通典》卷183《州郡十三·古荊州》載：復州領三縣，即沔陽、竟陵、監利。〔註110〕至五代時期，監利縣改屬荊州，成爲高氏荊南轄地。據《新五代史》卷60《職方考》稱：「監利，故屬復州，梁割隸江陵。」《文獻通考》卷319《輿地考五·古荊州·江陵府》亦載：監利縣，唐時屬復州，後梁改隸江陵府。〔註111〕《十國春秋》卷112《十國地理表下》亦曰：監利，「舊屬復州，梁時來屬，縣南

〔註104〕《冊府元龜》卷485《邦計部·濟軍》，第5799頁。

〔註105〕《新五代史》卷60《職方考》，第744頁。

〔註106〕《輿地紀勝》卷76《荊湖北路·復州·州沿革》，第2507頁。

〔註107〕《太平寰宇記》卷144《山南東道三·復州》亦載：「晉天福五年（940）爲防禦州。」第294頁。

〔註108〕《舊五代史》卷95《吳巒傳》，第1267頁。《新五代史》卷29《吳巒傳》亦有是載，第325頁。

〔註109〕《舊五代史》卷124《白延遇傳》，第1635頁。

〔註110〕另，《元和郡縣圖志》卷21《山南道二》、《舊唐書》卷39《地理志二·山南道》、《新唐書》卷40《地理志四·山南道》，所載皆同於此。分見第535～537頁、第1549頁、第1033頁。

〔註111〕《文獻通考》卷319《輿地考五·古荊州·江陵府》，考2506。

五里有古堤埂，文昭王築以防水患」。是爲其證。三者說法均指出監利入荊南的時間爲後梁，惜皆未指明確切時間。吳任臣又引據《新五代史》「監利故屬復州，梁割隷江陵」之說。認爲，「武信王得監利之後，始屬荊州矣」〔註112〕。那麼，武信王又何時據有監利縣呢？

實際上，關於監利縣併入荊州的時間，史籍記載並不完全一致。

《太平寰宇記》卷146《山南東道五・荊州・監利縣》載：

> 梁開平三年，以荊州割據，遂屬荊州。

《輿地廣記》卷27《荊湖北路上》稱：

> 唐屬復州，梁開平三年來屬。

據是，則監利縣併入荊州的時間爲後梁開平三年（909）。

另，《五代史補》卷4《梁震神贊》曰：

> （朝唐之後），自是季興怨憤，以兵襲取復州之監利、玉沙二縣，命震草奏，請以江爲界。〔註113〕

又《三楚新錄》卷3亦云：

> 有梁延嗣者，復州景陵人。唐天成中，將兵守復州監利。季興之入覲也，莊宗欲殺之，既而逃歸，益懷怨憤，遂以兵攻取復之監利、星沙二縣。延嗣兵敗，爲季興所獲。至從誨既立，擢爲大校，遂承制授歸州刺史。未幾，又遷復州團練使，仍掌親軍。〔註114〕

由此可知，同光（923～926）初年，監利縣仍隷屬復州，高季興能俘獲駐守監利縣的梁延嗣，其地亦當爲季興所佔據。即此而論，監利縣當於是時改屬荊州。

粗略來看，上述兩種說法，似有歧異。既然後梁開平三年（907）監利縣已經來屬，又何以在同光初年，高氏荊南又要「以兵襲取」呢？但是，如果上述記載均不誤，則在後梁、後唐之間，監利縣必有改隷情況發生。聯繫上文關於復州隷屬高氏荊南情況的討論，復州自後梁乾化二年（912）十月，即已割隷江陵，此時復州已不領監利縣，而僅存竟陵（今湖北天門市）和沔陽（治今湖北仙桃市西南沔城鎮）二縣，監利縣已爲高氏荊南的荊州所領；而在後梁、後唐易代之際，監利縣極有可能同復州一併隷入後唐，並且恢復其

〔註112〕《十國春秋》卷103《荊南四・梁延嗣傳》，第1469頁。
〔註113〕按，此處以「玉沙」爲縣，有誤，前已辯明，茲不贅。
〔註114〕《三楚新錄》卷3，第6329頁。按，此載所云「天成（926～930）初」、玉沙縣，均誤，皆見前揭，不贅。

原有隸屬關係。只是到後唐同光初年，高季興憑藉武力方將其再度隸於荊州。這種解釋或有牽強之嫌，但糅合了上述兩種不同觀點，亦並非無稽之談，姑聊備一說於此，有俟將來再考。

　　另外，監利縣在五代時期的改屬，也使自唐代以來的荊州轄縣狀況發生變更。史載：自貞觀八年（634）後，江陵（荊州）領七縣：即江陵、枝江、松滋、當陽、公安、長林、石首。〔註115〕貞元二十一年（805），析長林置荊門縣，始有八縣。〔註116〕監利縣割隸高氏荊南的荊州之後，荊州所領縣增至九縣。《十國春秋》卷112載：江陵府（荊州）領縣八，即江陵、枝江、松滋、監利、石首、當陽、公安、長林。荊門軍，治當陽，尋省。〔註117〕荊門軍，即以唐代荊門縣和當陽縣為領地，治當陽。所以，在五代較長時間內，荊州實際領有九縣。由於其後荊門軍或興或廢，宋初又在本區新增數縣，荊州轄縣一度達到12個，《太平寰宇記》卷146《山南東道五‧荊州》即稱：荊州，「元領縣十二，今九。江陵、枝江、公安、松滋、石首、建寧、潛江、玉沙（以上三縣新置）、監利（復州割隸）。三縣割出，荊門列為軍，當陽入荊門，武安併入荊門。」其中的玉沙縣，「本監利、沔陽二縣地，後梁開平四年（910）分漢江南為白沙徵料院，隸江陵縣。皇朝乾德三年（965）升為玉沙縣，隸江陵府。」〔註118〕可見，儘管荊州轄縣雖屢有增減，但監利縣一直屬入荊州管轄，這種變化即肇始於五代高氏荊南統治時期。

三、郢州的求割未果

　　唐代郢州領京山、長壽、富水三縣。〔註119〕五代因之。後晉、後漢時期，高氏荊南曾兩度乞中朝割郢州隸於荊南，且採取過軍事行動，但均未能奏效。

　　第一次求郢州未果，乃在後晉少帝即位之初。襄州安從進反叛後晉，後晉高祖天福六年（941）十一月，「晉師致討，從誨遣將李端以舟師為應，從進誅，從誨求郢州為屬郡，高祖不許」〔註120〕。實際上，拒絕高從誨割隸郢州的請求者，並非後晉高祖，而是後晉少帝。按，後晉高祖石敬瑭已於天福

〔註115〕《通典》卷183《州郡十三‧古荊州》，第4859頁。《舊唐書》卷39《地理志二‧山南道》同此，第1552～1553頁；

〔註116〕《新唐書》卷40《地理志四‧山南道》，第1028頁。

〔註117〕《十國春秋》卷112《地理表下》，第1622～1623頁。

〔註118〕《輿地紀勝》卷76《荊湖北路‧復州‧縣沿革‧玉沙縣》，第2508頁。

〔註119〕《舊唐書》卷39《地理志二‧山南道》，第1548～1549頁。

〔註120〕《新五代史》卷69《南平世家》，第858頁。

七年（942）六月薨，是月，後晉少帝石重貴嗣位；〔註121〕而至天福七年（942）八月，後晉高行周才攻陷襄州，安從進舉族自焚。〔註122〕故「王求郢州為屬郡，晉不許」〔註123〕，其實是後晉少帝登基不久的事。此次請求遭拒，高氏荊南不了了之。

第二次乞割郢州為屬郡，發生於後晉、後漢更迭之際。對此，史籍有如下記載：

> 及契丹入汴，漢高祖起義於太原，間道遣使奉貢，密有祈請，言俟車駕定河、汴，願賜郢州為屬郡，漢祖依違之。及入汴，從誨致貢，求踐前言，漢高祖不從。〔註124〕

《新五代史》卷69《南平世家》亦稱：

> 契丹滅晉，漢高祖起太原，從誨遣人間道奉表勸進，且言漢得天下，願乞郢州為屬，漢高祖陽諾之。高祖入汴，從誨遣使朝貢，因求郢州，高祖不與。

後漢高祖劉知遠在登基之前，佯為允諾高氏荊南割隸郢州為屬郡的請求，其實不過是籠絡人心、求得各方勢力支持的手腕罷了；而一旦獲登大寶，是否踐履前言，則可另當別論。高從誨乞割郢州的請求，再次遭拒。

然而，後漢高祖此舉卻激怒了高從誨。天福十二年（947）六月，後漢加恩使至荊南，高從誨「拒而不受」。胡三省注：「自唐以來，新君踐阼，則以遣使加恩於諸鎮。」〔註125〕高從誨拒絕加恩，顯然是對後漢高祖不踐前言有所不滿。事態至此並未止步，接下來高從誨還採取了過激的軍事行動。當年七月，杜重威據鄴都反叛後漢。高從誨聞訊，即於當年八月，發水軍襲後漢襄州，不料卻為後漢山南東道節度使安審琦所敗；又寇郢州，為後漢郢州刺史尹實擊敗。〔註126〕乾祐元年四月（948），荊南再次陳兵於郢州，後無疾而終。〔註127〕

這次郢州之爭的未果，使得高氏荊南與後漢關係徹底惡化，其臣屬關係亦因此而中斷。即如史載：「從誨自求郢州不得，遂自絕於漢。逾年，復通朝

〔註121〕《舊五代史》卷80《晉高祖紀六》，第1062頁。
〔註122〕《舊五代史》卷81《晉少帝紀一》，第1071頁。
〔註123〕《十國春秋》卷101《荊南二‧文獻王世家》，第1443頁。
〔註124〕《舊五代史》卷133《高季興傳附高從誨傳》，第1753頁。
〔註125〕《資治通鑑》卷287，後漢高祖天福十二年六月及胡三省注，第9368頁。
〔註126〕《資治通鑑》卷287，後漢高祖天福十二年八月，第9375頁。
〔註127〕《舊五代史》卷101《漢隱帝紀上》，第1346～1347頁。

貢。」〔註 128〕史料又稱：「王乃絕漢，附於唐、蜀。」〔註 129〕高氏荊南將其疆域擴及至郢州的目的，最終未能實現。

第三節　疆域沿革大勢及行政地理

　　高氏荊南從最初僅有一州之地，至入宋，以荊、歸、峽三州納降，表面上看，其疆域沿革大勢不出於此。實際上，正如前述，在其近 60 的歷程中，尚有其他州的出入和其他縣的隸入，諸書所載未明，仍有必要細加梳理，以明其實。高氏荊南的地方行政區劃，以州、縣二級制為主，分別以刺史、縣令綜理民政。高氏荊南又曾一度設置「軍」這種統縣政區，其行政地位與州平級，成為一種新型的地方行政建置。

一、疆域的伸縮與確立

　　高氏荊南疆域的沿革，《新五代史》卷 60《職方考》與《十國春秋》卷 112《地理表下》皆僅述荊、歸、峽三州，未能準確反映出其具體經過。實際上高氏荊南前期疆域伸縮較大，除歸、峽二州在明宗即位初年隸入外，復州、夔州、忠州、萬州等都在不同時期，一度納入高氏荊南轄境。並且，原屬復州的監利縣，自後梁割隸後，一直至高氏荊南歸降於宋，均屬荊州。此類相關事實，前節已分別有所敘述。但因其間頭緒較多，不便察看，今依上節所述，表之如下。

表 4-2　高氏荊南疆域沿革一覽表

歸屬州（縣） 時　　間	州（縣）名							
	荊	歸	峽	復	監利縣	夔	忠	萬
後梁開平元年（907）四月	有	前蜀	前蜀	後梁	後梁	前蜀	前蜀	前蜀
開平二年（908）	有	前蜀	前蜀	後梁	後梁	前蜀	前蜀	前蜀
開平三年（909）		前蜀	前蜀	後梁	有	前蜀	前蜀	前蜀
開平四年（910）	有	前蜀	前蜀	後梁	有	前蜀	前蜀	前蜀
乾化元年（911）	有	前蜀	前蜀	後梁	有	前蜀	前蜀	前蜀
乾化二年（912）十月	有	前蜀	前蜀	有	有	前蜀	前蜀	前蜀

〔註 128〕《新五代史》卷 69《南平世家》，第 859 頁。
〔註 129〕《十國春秋》卷 101《荊南二‧文獻王世家》，第 1444 頁。

表 4-2 續一

歸屬州（縣）／時間	荆	歸	峽	復	監利縣	夔	忠	萬
乾化三年（913）	有	前蜀	前蜀	有	有	前蜀	前蜀	前蜀
乾化四年（914）	有	前蜀	前蜀	有	有	前蜀	前蜀	前蜀
貞明元年（915）	有	前蜀	前蜀	有	有	前蜀	前蜀	前蜀
貞明二年（916）	有	前蜀	前蜀	有	有	前蜀	前蜀	前蜀
貞明三年（917）	有	前蜀	前蜀	有	有	前蜀	前蜀	前蜀
貞明四年（918）	有	前蜀	前蜀	有	有	前蜀	前蜀	前蜀
貞明五年（919）	有	前蜀	前蜀	有	有	前蜀	前蜀	前蜀
貞明六年（920）	有	前蜀	前蜀	有	有	前蜀	前蜀	前蜀
龍德元年（921）	有	前蜀	前蜀	有	有	前蜀	前蜀	前蜀
龍德二年（922）	有	前蜀	前蜀	有	有	前蜀	前蜀	前蜀
後唐同光元年（923）四月	有	前蜀	前蜀	後唐	後唐	前蜀	前蜀	前蜀
後唐同光二年（924）五月	有	前蜀	前蜀	有	有①	前蜀	前蜀	前蜀
同光三年（925）十一月	有	後唐	後唐	有	有	後唐	後唐	後唐
天成元年（926）六月	有	有	有	有	有	有	有	有
天成二年（927）六月	有	有	有	後唐②	有	後唐	後唐	後唐
吳乾貞二年（928）十一月	有	後唐③	後唐	後唐	後唐	後唐	後唐	後唐
乾貞三年（929）七月	有	不明	有	或有④	有	後唐	後唐	後唐
後唐長興元年（930）正月	有	有	有	或有	有	後唐	後唐	後唐
長興二年（931）	有	有	有	或有	有	後唐	後唐	後唐
長興三年（932）	有	有	有	或有	有	後唐	後唐	後唐
長興四年（933）	有	有	有	或有	有	後唐	後唐	後唐
清泰元年（934）四月	有	有	有	後唐	有	後蜀	後蜀	後蜀
清泰二年（935）	有	有	有	後唐	有	後蜀	後蜀	後蜀

注：① 監利縣，或於同光初年改隸中朝，不久即重入高氏荆南。

② 復州，或於天成二年（927）二月稍後，改隸後唐。

③ 歸州，或於天成三年（928）二月，短期隸於後唐。

④ 復州，或於天成三年（928）七月，重入高氏荆南。

表4-2 續二

時　　間＼歸屬州（縣）	州（縣）名							
	荊	歸	峽	復	監利縣	夔	忠	萬
後晉天福元年（936）	有	有	有	後晉	有	後蜀	後蜀	後蜀
天福二年（937）	有	有	有	後晉	有	後蜀	後蜀	後蜀
天福三年（938）	有	有	有	後晉	有	後蜀	後蜀	後蜀
天福四年（939）	有	有	有	後晉	有	後蜀	後蜀	後蜀
天福五年（940）	有	有	有	後晉	有	後蜀	後蜀	後蜀
天福六年（941）	有	有	有	後晉	有	後蜀	後蜀	後蜀
天福七年（942）	有	有	有	後晉	有	後蜀	後蜀	後蜀
天福八年（943）	有	有	有	後晉	有	後蜀	後蜀	後蜀
開運元年（944）	有	有	有	後晉	有	後蜀	後蜀	後蜀
開運二年（945）	有	有	有	後晉	有	後蜀	後蜀	後蜀
後晉開運三年（946）	有	有	有	後晉	有	後蜀	後蜀	後蜀
後漢天福十二年（947）	有	有	有	後漢	有	後蜀	後蜀	後蜀
乾祐元年（948）	有	有	有	後漢	有	後蜀	後蜀	後蜀
乾祐二年（949）	有	有	有	後漢	有	後蜀	後蜀	後蜀
乾祐三年（950）	有	有	有	後漢	有	後蜀	後蜀	後蜀
後周廣順元年（951）	有	有	有	後周	有	後蜀	後蜀	後蜀
廣順二年（952）	有	有	有	後周	有	後蜀	後蜀	後蜀
廣順三年（953）	有	有	有	後周	有	後蜀	後蜀	後蜀
顯德元年（954）	有	有	有	後周	有	後蜀	後蜀	後蜀
顯德二年（955）	有	有	有	後周	有	後蜀	後蜀	後蜀
顯德三年（956）	有	有	有	後周	有	後蜀	後蜀	後蜀
顯德四年（957）四月	有	有	有	後周	有	後蜀	後蜀	後蜀
顯德五年（958）	有	有	有	後周	有	後蜀	後蜀	後蜀
顯德六年（959）	有	有	有	後周	有	後蜀	後蜀	後蜀
北宋建隆元年（960）	有	有	有	北宋	有	後蜀	後蜀	後蜀
建隆二年（961）	有	有	有	北宋	有	後蜀	後蜀	後蜀
建隆三年（962）	有	有	有	北宋	有	後蜀	後蜀	後蜀
乾德元年（963）二月	有	有	有	北宋	有	後蜀	後蜀	後蜀

由上表可知，高氏荊南疆域在五代前期，變動頗大，其最盛時，一度轄七州，這種情形前後不過一年而已。至天成、長興之際，其疆域逐漸縮小。大約在後唐清泰元年（934）前後，高氏荊南疆域最終固定爲荊、歸、峽三州。

二、州、縣二級地方行政制度

唐代中葉伊始，地方行政制度形成以道、州、縣爲基本形式的三級結構，分別以觀察使、刺史、縣令爲行政長官。五代十國大體沿承此制。但因高氏荊南所轄僅有殘缺不全的荊南鎮，長時間只領荊、歸、峽三州，故而作爲一個獨立的割據政權，在其轄境內，道一級行政區劃，實際已不復存在。就此而論，其行政區劃惟有州、縣二級，以州統縣，這與唐末五代藩鎮治理各自轄區，一脈相承。

荊州爲高氏荊南的國都，其實也就是唐代荊南鎮的治所，其軍政長官仍舊由高氏五主兼任。若其主外出征戰或病重之際，則以其子弟權知軍府事，即代爲綜理節度使軍府。如同光三年（925）九月，高季興趁後唐伐蜀之機，舉兵進攻荊南鎮原管轄州，以其子行軍司馬從誨權知軍府事。〔註130〕又如天成三年（928）十二月，「荊南節度使高季興寢疾，命其子行軍司馬、忠義節度使、同平章事從誨權知軍府事」〔註131〕。此亦爲五代十國時期的普遍現象，季興之後，高氏各主皆依此而行。

歸、峽等州，則分別委以刺史，或知州，或團練使。縣以縣令爲長官，其職責爲「導風化，察冤滯，聽獄訟」〔註132〕，催徵兩稅〔註133〕，統管一縣所有軍政事務。高氏荊南以藩鎮體制爲其政權的基本組織形式，故轄境內的刺史與縣令，名義上應當皆由中央政府任命，前者由中書門下商議擬定，上奏皇帝定奪，以冊授、制授、敕授而除拜；後者由尚書省吏部擬定，以旨授而注官。

但是，制度與實際的操作通常並不一致，至少從刺史的任命情況來看，即是如此。自唐末五代初期開始，伴隨藩鎮權力的急劇擴張，節度使便屢屢委任其將吏、親信爲刺史或權知州事〔註134〕，高氏荊南亦踵行其法。實際

〔註130〕《十國春秋》卷100《荊南一·武信王世家》，第1433頁。
〔註131〕《資治通鑑》卷276，後唐明宗天成三年十二月，第9025頁。
〔註132〕《新唐書》卷49下《百官志四下》，第1319頁。
〔註133〕《五代會要》卷19《縣令上》，第314頁。
〔註134〕《五代十國史研究》，第49～50頁。

上，早在後唐明宗天成（926～930）初年，高季興獲得夔、忠、萬、歸、峽
等五州之後，就已採取以子弟權知郡事的舉動，並請求後唐不除刺史〔註135〕，
「猶自除刺史」〔註136〕。雖然此次嘗試未獲許可，而且引來後唐軍隊的大
舉進攻。然而，正是在此後不久，高氏荊南以荊、歸、峽三州依附於吳，則
歸、峽二州的權知州事，仍係此前所委任。所以，高從誨改奉後唐正朔後，
於天成五年（930）正月上奏，「峽州刺史高季雍、歸州刺史孫文乞且依舊任」
〔註137〕。據此可知，兩州軍政長官實際上都已被高氏荊南任命，只不過形
式上仍需經過上報中央王朝批准的環節。這種方式與前述刺史一律由中央政
權直接除授的制度，顯然並不吻合。並且，從下述表4-3、表4-4兩州刺史、
知州，皆為高氏荊南政權的核心人物或高氏子弟的狀況進行分析，高氏荊南
先行委任刺史、知州，再奏請朝廷的現象絕非偶然。就此來說，高氏荊南對
其轄境內的州級長官的任命，仍然具有相當的自主權，但因其藩鎮體制使
然，又不得不經過奏請中央政權認可的手續。至於縣令的情況，是否也是如
此，囿於史料，已不易知。考慮到刺史的情況已是如此，縣令大概亦應與此
相仿。

　　關於高氏荊南州刺史、知州事的情況，本章第一節已略有所述，茲彙聚
相關事實，勒成表4-3與表4-4。

表4-3　高氏荊南歸州刺史（知歸州）一覽表

任職者	原　文	史料出處
高從誨	高從誨自稱前荊南行軍司馬、歸州刺史，上表求內附。	《資治通鑑》卷276，後唐明宗天成四年六月，第9030頁。〔註138〕
孫　文	（長興元年正月，高從誨上奏）……歸州刺史孫文乞且依舊任。	《冊府元龜》卷178《帝王部・姑息三》，第2143頁。
梁延嗣	至文獻王立，承制授歸州刺史。	《十國春秋》卷103《荊南四・梁延嗣傳》，第1469頁。

〔註135〕《舊五代史》卷133《高季興傳》，第1752頁。
〔註136〕《新五代史》卷69《南平世家》，第857頁。
〔註137〕《冊府元龜》卷178《帝王部・姑息三》，第2143頁。
〔註138〕《舊五代史》卷133《高季興傳附高從誨傳》載：「初仕梁……領濠州刺史，
　　　　改歸州刺史，累官至檢校太傅。」第1752頁。按，因後梁期間，歸州不屬荊
　　　　南，故此載「歸州刺史」有如「濠州刺史」，同為遙領，實未親任其職。

續表 4-3

任職者	原　文	史料出處
王保義	（後晉高祖天福二年六月），攝荊南節度行軍司馬、檢校太保、歸州刺史王保義加檢校太傅，知武泰軍節度觀察留後，充荊南行軍司馬兼沿淮巡檢使。	《舊五代史》卷 76《晉高祖紀二》，第 1003 頁。
高保勗	（後周顯德元年十一月），以荊南節度副使、歸州刺史高保勗爲寧江軍節度使、檢校太尉，充荊南節度行軍司馬。	《舊五代史》卷 114《周世宗紀一》，第 1522 頁。
高從讓	又有周顯德中荊南判官孫光憲爲知歸州高從讓所立碑。	《入蜀記校注》卷 6，第 224 頁。
高繼充	繼充官至歸州刺史。	《十國春秋》卷 102《荊南三·高繼充傳》，第 1459 頁。

　　由上表可知，歸州刺史、知州事的任職者，除孫文、王保義、梁延嗣外，均爲高氏子弟。另有一則記載亦稱：秭歸郡草聖僧懷濬圓寂後，「刺史高公爲荼毗之」〔註139〕。此處所言「高公」當亦爲高氏子弟，惜難確知其名。

　　峽州刺史（知峽州）的任職者，則僅見高氏子弟，見表 4-4。

表 4-4　高氏荊南峽州刺史（知峽州）一覽表

任職者	原　文	史料出處
高季雍	（長興元年正月，高從誨上奏），峽州刺史高季雍……乞且依舊任。	《冊府元龜》卷 178《帝王部·姑息三》，第 2143 頁。
高保融	從誨時，爲節度副使，兼峽州刺史。	《新五代史》卷 69《南平世家》，第 859 頁。〔註140〕
高保膺	保膺亦文獻王子，起家知峽州事。	《十國春秋》卷 102《荊南三·高保膺傳》，第 1459 頁。〔註141〕

〔註139〕《北夢瑣言逸文》卷 1《僧懷濬書吉凶》，見《北夢瑣言》，第 383 頁。
〔註140〕《舊五代史》卷 103《漢隱帝紀上》載：後漢高祖乾祐元年（948）十二月，「荊南節度副使、檢校太傅、行峽州刺史高保融起復，授荊南節度使、檢校太尉、同平章事、渤海郡侯」。第 1352 頁。《宋史》卷 483《荊南高氏世家》與《十國春秋》卷 101《荊南三·貞懿王世家》均載：「開運（944～946）末，領峽州刺史。」分見第 13952 頁、第 1446 頁。
〔註141〕《宋史》卷 483《荊南高氏世家》，第 13954 頁。

高氏荊南峽州刺史的任用，見於記載者，皆爲高氏子弟。

之所以會出現上述情形，原因恐怕在于歸、峽二州極其重要的軍事地理位置，以高氏子弟或麾下腹心將佐權當方面之重，目的無非是力保西境無虞。

除歸、峽二州外，高氏荊南所屬復州亦有軍政長官，是爲復州團練使，任職者僅見梁延嗣。史載：梁延嗣「已又領復州團練使，仍掌親軍」〔註142〕。

中原政權還屢屢以高氏子弟遙領刺史一職，如高從誨，「初仕梁……領濠州刺史，改歸州刺史」。因後梁時，歸州不隸高氏荊南，故歸州刺史即爲遙領，並非實職，僅有寓其官品之意。另有巴州刺史高保衡〔註143〕，合州刺史高從翊〔註144〕，巴州、合州並非高氏荊南屬地，故「巴州刺史」、「合州刺史」同樣是遙領。

關於高氏荊南轄境內縣令任職的記載，史籍中極其少見。迄今爲止，僅發現一例。史載：「康張，事文獻王爲硤州長陽令。有良吏才，一邑稱治。」〔註145〕

總括前言，高氏荊南的行政區劃僅有州、縣二級，由刺史（知州）與縣令爲其軍政首長，這種形式與唐末五代藩鎮並無二致。不過，在南方九國中，州、縣二級地方行政體制，只存在於高氏荊南，其間的根源即在於該政權惟有原唐代荊南鎮一地，而且其原管諸州大多在唐末已被分割而出，在如此狹小的疆域內，顯然已無法採用道、州、縣的三級地方行政，其地方行政建制也只能因陋就簡。

尚需補充的是，在地方行政區劃上，高氏荊南的統縣政區並非僅有州，還曾一度設置與州平級的「軍」級政區，此點單獨說明如下。

三、荊門軍的設置及演變

高氏荊南的地方行政管理體制以州、縣二級制爲主，在此之外，還湧現出一種新型的、與州平級的統縣政區——「軍」，此即荊門軍的設置。在宋代地方行政管理制度中，軍是與府、州、監平行的一級地方行政單位，大多設置於軍事戰略地位突出的地區，下轄若干縣。從宋初亦在原地設置荊門軍的

〔註142〕《十國春秋》卷103《荊南四·梁延嗣傳》，第1469頁。
〔註143〕《宋史》卷483《荊南高氏世家》，第13954頁；《十國春秋》卷102《荊南三·高保衡傳》，第1458頁。
〔註144〕《宋史》卷483《荊南高氏世家》，第13954頁。
〔註145〕《十國春秋》卷103《荊南四·康張傳》，第1467頁。

舉措來看，兩者間顯然存在一脈相承的關係，清代著名歷史地理學者顧祖禹
即曾言：「五代時高氏置荊門軍，宋因之。」〔註146〕

　　五代之前，軍是軍壘，僅具軍事意義，並非行政區，與縣亦無統屬關係。
置軍之處，縣制同時撤銷。〔註147〕如唐代嵐州嵐谷縣，「舊苛嵐軍也，在宜芳
縣北界。長安三年（703），分宜芳於岢嵐舊軍置嵐谷縣。神龍二年（706），
廢縣置軍。開元十二年（724），復置縣」〔註148〕。可知，唐代軍、縣不並置。
五代時期，這種意義上的軍，仍然存在。如後梁開平元年（907）十二月，「於
輝州碭山縣置崇德軍」〔註149〕。在此之後，新型的統縣政區開始出現，高氏
荊南荊門軍即爲其例。

　　荊門軍是在原荊門縣的基礎上發展而致。荊門縣始置於唐德宗貞元二十
一年（805），係從原江陵府（荊州）七縣之一的長林縣中，析置而出的新縣，
仍隸屬於江陵府（荊州）。〔註150〕至後梁立國，荊門縣依舊是荊州所轄八縣之
一。該地介於荊、襄之間，「俯雲夢，連巫峽，據襄陽之阻，通沮、漳之利，
由楚、漢迄唐季，爲用武之國」〔註151〕。是漢水中游的軍事要地。其戰略地
理的意義，誠如陸九淵所言：「郡居江、漢之間，爲四集之地，南捍江陵，北
援襄陽，東護隨、郢之脇，西當光化、夷陵之衝。荊門固則四鄰有所恃，否
則有背脇腹心之虞。」〔註152〕

　　關於高氏荊南設置荊門軍的問題，史籍多有反映。如《太平寰宇記》卷
146即載：

　　　　（荊門軍），唐末荊州高氏割據，建爲軍，領荊州當陽縣。〔註153〕

南宋人潘自牧在《記纂淵海》卷14《郡縣部・荊門軍》注引《地理沿革表》
中亦稱：「五代高季興置軍，治當陽。」其後，這種說法逐漸增多，並廣泛見

〔註146〕《讀史方輿紀要》卷7《歷代州域形勢七・宋上・荊門軍》，第306頁。
〔註147〕參見李昌憲：《中國行政區劃通史・宋西夏卷》，復旦大學出版社2007年版，
　　　　第101頁。
〔註148〕《舊唐書》卷39《地理志二・河東道》，第1485頁。
〔註149〕《五代會要》卷24《軍》，第387頁。
〔註150〕《新唐書》卷40《地理志四・山南道》，第1028頁。
〔註151〕《方輿勝覽》卷29《荊門軍》引朱震《圖經序》，第526頁。
〔註152〕《宋史》卷434《陸九淵傳》，第12881頁。
　　　　深州，唐玄宗先天二年（713），始治今河北深州市西舊州村；天寶元年（742），
　　　　改爲饒陽郡；唐肅宗乾元元年（758），復爲深州。北宋太宗雍熙四年（987），
　　　　遷治今河北深州市南。轄境相當今河北深州、安平、饒陽、辛集等縣市地。
〔註153〕《太平寰宇記》卷146《山南東道五・荊門軍》，第310頁。

之於明清方志，茲不一一列舉。清代學者大多踵行其說，如《讀史方輿紀要》卷 77《湖廣三・荊門州》即云：「五代時，高氏置荊門軍（治當陽縣），尋廢。」《十國春秋》卷 112《地理表下》亦曰：「五代更荊門縣爲軍，治當陽。」該書又引《湖廣志》云：「高季昌以荊門軍爲軍」。照此而言，荊門軍創置於高季興統治高氏荊南時期，殆屬可信。

不過，上引記載均未表明高季興創置、廢罷荊門軍的具體時間。根據《十國春秋》的記載，荊門軍創置於天成二年（928），其原文爲：

> 是歲（乾貞元年，即天成二年）……置荊門軍於當陽縣。〔註154〕

吳任臣斷言荊門軍創立於此時，不知何據。然而，這也是迄今所能看到的反映高氏荊南設置荊門軍具體時間的惟一一條材料。在並無同類記載的情況下，此則材料所揭示的具體時間概念，是否可信，自然會令人懷疑。但是，如果聯繫高氏荊南當時所處的客觀環境，設置荊門軍似可理解爲乃應付緊急軍情的無奈之舉。

是年二月，針對高季興伐蜀之後的種種「不臣之狀」，後唐明宗下詔出師征討。三路大軍中，其中一支即是襄州節度使劉訓所率領的部伍。〔註155〕由於荊門居於江陵和襄陽之間，「南至荊南界一百五十五里，北至襄州界一百七十里」〔註156〕，是後唐襄州軍隊進攻江陵的必經要道，一旦後唐之師越過此道關隘，江陵勢必直接暴露於兵鋒之下，故而雙方的軍事衝突首先即在此展開。這在史籍中也有顯示，《舊五代史》卷 90《陸思鐸傳》載：

> 天成中，爲深州刺史，改雄捷右廂馬軍都指揮使。會南伐荊門，思鐸亦預其行。時高季興以舟兵拒王師，思鐸每發矢中敵，則洞胸達掖，由是賊鋒稍挫，不敢輕進，諸軍咸壯之。〔註157〕

《舊五代史》卷 94《高漢筠傳》亦載：

> 明宗即位，除成德軍節度副使，俄以荊門用軍，促詔漢筠移倅襄州，權知軍州事。〔註158〕

〔註154〕《十國春秋》卷 100《荊南一・武信王世家》，第 1436 頁。

〔註155〕《舊五代史》卷 133《高季興傳》，第 1752 頁。

〔註156〕《太平寰宇記》卷 146《山南東道五・荊門軍》，第 311 頁。

〔註157〕《舊五代史》卷 90《陸思鐸傳》，第 1189 頁。

〔註158〕成德軍，治今河北正定縣，較長期領有恒、冀、深、趙四州，轄境相當今河北沙河、滹沱河下游以南，獻縣、阜城、景縣以西，臨城、柏鄉、南宮、棗強以北地。

上述材料所指，均應爲當時雙方在荊門交戰的反映。

由此似可推測，爲避免江陵遭後唐軍隊直接奔襲，高氏荊南先於此處置軍，以緩衝敵勢，應是一種必然的應對之策。限於史籍無載，未知此說當否，仍有待將來進一步考究。

高氏荊南設置的荊門軍，轄二縣，即荊門縣、當陽縣；而且，荊門軍的建置，不久即被廢罷，此點在前面所引材料中已有所現，無復贅述。只是難以明瞭荊門軍究竟何時所廢？由於天成四年（907）七月之後，高從誨表求內附的舉動已獲明宗許可，並授予官爵，〔註159〕荊南重奉後唐正朔。鑒於來自中朝的軍事威脅已經解除，爲示好後唐，大約在此前後，高氏荊南即應廢置荊門軍，荊門軍所轄二縣仍當復隸荊州，這種情形可能一直持續到高氏荊南政權滅亡。〔註160〕

入宋以後，由於人口、經濟上昇，尤其是軍事上的重要意義格外突出，荊門鎮遂復建爲軍。宋太祖開寶五年（972）二月，「以荊南荊門鎮爲荊門軍」〔註161〕，重又設置荊門軍，其後則時廢時興，其大致經過，即如史載：

> 荊門軍，開寶五年即江陵府長林縣建軍，以長林、當陽二縣來
> 隸。熙寧五年，軍廢，二縣復隸江陵府。熙寧六年，廢爲長林縣，
> 隸江陵府。元祐三年復爲軍。〔註162〕

《宋史》卷88《地理志四·荊門軍》另載有荊門軍在兩宋時期的沿革情況，原文如下：

> 荊門軍，開寶五年，長林、當陽二縣自江陵來隸。熙寧六年，
> 廢軍，縣復隸江陵府。元祐三年，復爲軍。端平三年，移治當陽縣。

〔註159〕《舊五代史》卷40《唐明宗紀六》，第552頁。

〔註160〕按，此處有誤。入宋之時，荊門稱爲「荊門鎮」，並無荊門縣之建置。張躍飛：《高氏荊南入宋縣數考》，《宋史論叢》第13輯，河北大學出版社2012年版，第78頁。另，筆者稍後亦有改正，見與伍松所撰《五代宋初荊門軍考述》，《荊楚文化與長江文明》，湖北人民出版社2012年版。

〔註161〕《續資治通鑒長編》卷13，太祖開寶五年二月，第279頁。

〔註162〕《宋會要輯稿》方域六之三七，第7424頁。按，此載所記「元祐三年（1088）復爲軍」，與《宋史》卷88《地理志四·荊湖北路·荊門軍》同。第2198頁。另，〔宋〕歐陽忞：《輿地廣記》卷28《荊湖北路下》則稱「元祐元年（1086）復置」。中華書局點校本2003年版，第816頁。《太平寰宇記》卷146《山南東道五·荊門軍》，同此。第310頁。兹從《宋會要輯稿》與《宋史》。又，《宋史》卷88《地理志四·荊門軍》稱「熙寧六年（1073），廢軍」，不同於《宋會要輯稿》之「熙寧五年，軍廢」。兩說時間不一，俟考。

縣二，長林（次畿）、當陽（次畿）。紹興十四年，廢入長林；十六年，復。

而在宋神宗熙寧六年（1073）荊門軍省廢不久，鑒於其地位之重要，有人曾建議復置，權發遣荊湖南路轉運判官唐義問曾說：「北路近年廢荊門軍為長林縣，隸江陵府。此軍控制巴蜀，備防百越，今以為縣，城郭不完，屯兵減少，不足以控制要會。比者奉使訪察之臣，惟以興事塞責，減放役人，椿留役錢為利。聞自廢軍以來，鹽酒課息每歲虧數過於所存役錢。乞復建軍。」雖然宋廷詔湖北路監司相度以聞，但終不行。〔註163〕此後，直到宋哲宗元祐三年（1088），宋廷方復置荊門軍。這些都是入宋以後的事，與本題關係不大，無煩具論。

〔註163〕《續資治通鑒長編》卷280，神宗熙寧十年正月，第6850頁。

第五章　高氏荊南的政治與軍事體制

第一節　藩鎮體制與王國體制的並行

　　高氏荊南在其 50 餘年的發展歷程中，因受制於其時特定的政治、軍事環境，從未稱帝，而一直以藩鎮自居，故在其獨立的小王國之內，藩鎮體制佔據主導地位。然而，較之唐末藩鎮而言，高氏荊南割據性更強，自主權更大，即便是藩屬中朝、稱臣於吳、南唐，亦不過是藉此以庇護自身，免遭滅頂之災而已。而在藩鎮體制之外，高氏荊南的政治亦不乏王國體制的色彩，儘管這種特徵並不明顯，且被藩鎮體制所主導，也始終未達到成熟體制的地步，但其已然有所顯現，並作為藩鎮體制的補充而長期存在。就此而言，高氏荊南在政治上具有典型的雙軌制特點，實際上與馬楚、吳越政權並無本質差別。

一、藩鎮體制的政權組織形式

　　高氏荊南在其歷史發展過程中，自始至終以藩鎮自處，故其政權組織形式脫胎於唐末以來的藩鎮體制，兩者形式上高度一致。

　　依唐代藩鎮慣例，在節度使身兼的各種使職當中，觀察使是最基本、最普遍的使銜，掌督察州縣，係地方一級行政長官。若是軍事重鎮，則以節度使兼領，無節度者例加都防禦使或都團練使，以負責軍政。故唐後期四十餘個藩鎮，無不帶觀察使，而帶節度使者則不多。[註1] 正因為節度使職掌軍事，對於唐末五代十國時期志在獨擅一方的割據勢力而言，其意義遠非其他使銜可比。而且，節度使府與觀察使府各有其幕職。另外，藩鎮一般還要兼支度、營田、招討、經略、按撫等使職，各使之下亦有副使、判官、巡官等一批幕僚。因此，所謂藩鎮幕府，實際上是上述各種使職全部幕員的混合，以此構

〔註 1〕張國剛：《唐代藩鎮研究》，湖南教育出版社 1987 年版，第 181 頁。

成一支可觀的官僚隊伍。〔註2〕其中，兩使幕僚又是藩鎮幕府的主體。

　　高氏荊南政權一直保留藩鎮特點，故高氏五主最基本的使職皆爲「節度使」（詳後），亦依舊例仍兼觀察使。史載：高季昌始任荊南留後，「及梁祖禪代，正拜江陵尹，兼管內節度觀察處置等使」〔註3〕。又如，長興元年（930）十二月，明宗製詞亦說：

　　　　荊南節度使高從誨亡父，扶天輔國翊佐功臣、荊南節度、歸峽等州觀察處置等使、開府儀同三司、簡〔檢〕較〔校〕太尉、尚書令、江陵尹、上柱國、南平王、食邑八千戶、食實封五百戶高季興，可贈太尉。〔註4〕

上述製詞在追述高季興生前官爵時，即提到「歸峽等州觀察處置等使」，此爲季興在世時曾兼觀察使一職的明證。並且，季興時亦曾辟署李載仁爲觀察推官〔註5〕，此亦可證季興確兼觀察使。其後高保融亦曾被授此職，如後漢初年，高保融繼位之初，曾被授「荊歸峽觀察使」〔註6〕；顯德元年（954）正月，仍兼荊歸峽觀察使。〔註7〕儘管高從誨等三主兼觀察使的記載，迄今未見，但由節度使必兼觀察使的唐後期舊制來看，高氏五主應當均領此銜。

　　據此而言，高氏荊南的藩鎮幕府中，亦應包括兩使幕職。兩使幕職中，除一些彼此並不相同的幕職，極易區分外，由於觀察使與節度使往往兩使合一，又因爲節度使府與觀察使府僚佐多有同名者，而史載中常常並未明確標識其所屬關係，故很難辨清其所屬使府系統。因此，在下文中仍以節度使府的幕職爲主要敘述對象，對於觀察使府幕職不再進行單獨探討，其中，史載明確顯示爲觀察使府僚佐者，則予以特別指出。

　　藩鎮體制至唐末業已形成由幕職官系統、牙軍系統和外鎮軍系統構成的體系。就權力運作的角度而言，幕職官系統是藩鎮開展各項政務的核心機制。幕職官包括文職和武職兩個部分。節度使府的主要文職有副使、行軍司馬、判官、掌書記、參謀、推官、衙推等。觀察使府的主要文職有副使、支使、判官、掌書記、推官、巡官、衙推、隨軍、要籍、進奏官等。〔註8〕不過，觀

〔註2〕《唐代藩鎮研究》，第182頁。
〔註3〕《三楚新錄》卷3，第6327頁。
〔註4〕《冊府元龜》卷178《帝王部·姑息三》，第2143頁。
〔註5〕《三楚新錄》卷3，第6328頁。
〔註6〕《宋史》卷483《荊南高氏世家》，第13952頁。
〔註7〕《冊府元龜》卷129《帝王部·封建》，第1557頁。
〔註8〕《唐代藩鎮研究》，第182頁。

察使兼節度使時，觀察使下無副使，故《新唐書》卷 49 下《百官志四下》云：
節度使「兼觀察使，又有判官」，而不言副使。並且，藩鎮幕府中還有不少武
職，如都知兵馬使、兵馬使、都虞候、虞候、都押衙、押衙、都教練使、教
練使、都指揮使、指揮使等，這些人員主要出自行伍，是藩鎮節帥駕馭其麾
下軍隊所倚重的軍事指揮骨幹。

　　仍有必要予以說明的是，上述文職和武職並非皆見於高氏荊南的藩鎮幕
府中，以下僅就史料所載，分文職與武職兩個系列分別予以說明。

　　首先來看幕職中的文職。

節度副使

　　即節度使副貳，是節度使的首要僚佐，《通典》卷 32《職官十四·州郡上》
述節度使僚佐，首列副使，云「有副使一人，副貳使」。佐節度使總攬全軍的
政令。高氏荊南節度副使的任職詳情，見表 5-1。

表 5-1　高氏荊南節度副使一覽表

任職者	史載原文	史料出處
高保融	從誨時，爲節度副使，兼峽州刺史。	《新五代史》卷 69《南平世家》，第 859 頁。〔註 9〕
高保勗	（後）周廣順元年，加檢校太傅，充荊南節度副使。	《十國春秋》卷 101《荊南二·侍中保勗世家》，第 1450 頁。〔註 10〕
高繼沖	（後）周顯德六年，以蔭授檢校司空，領荊南節度副使。	《十國春秋》卷 101《荊南二·侍中繼沖世家》，第 1451 頁。〔註 11〕

〔註 9〕《舊五代史》卷 103《漢隱帝紀上》載：後漢高祖乾祐元年（948）十二月，「荊
　　　　南節度副使、檢校太傅、行峽州刺史高保融起復，授荊南節度使、檢校太尉、
　　　　同平章事、渤海郡侯」。第 1352 頁。另，《資治通鑒》卷 288「後漢高祖乾祐
　　　　元年十月」載：「荊南節度使、南平文獻王高從誨寢疾，以其子節度副使保融
　　　　判內外兵馬事。」第 9401 頁。又，《十國春秋》卷 101《荊南二·貞懿王世家》
　　　　亦載：「晉天福（936～944）中，制授檢校司空、判內外諸軍，俄遷荊南節度
　　　　副使。開運（944～947）末，領峽州刺史。累加至檢校太傅。」第 1446 頁。
〔註 10〕《舊五代史》卷 114《周世宗紀一》載：顯德元年（954）十一月，「以荊南節
　　　　度副使、歸州刺史高保勗爲寧江軍節度使、檢校太尉，充荊南節度行軍司馬」。
　　　　第 1522 頁。
〔註 11〕《續資治通鑒長編》卷 4「太祖乾德元年正月」載：「以荊南節度副使、權知
　　　　軍府事高繼沖爲荊南節度使。」第 82 頁。又《十國春秋》卷 101《荊南二·
　　　　貞懿王世家》載：顯德六年（959），「是歲，王奏授長子繼沖爲荊南節度副使」。
　　　　第 1449 頁。

另，高從誨並未擔任節度副使一職〔註12〕，季興在位時此職或許長期空缺。另有說法認爲，孫光憲曾擔任荊南節度副使。孫光憲《白蓮集序》題爲「荊南節度副使、朝議郎、檢校秘書少監、賜紫金魚袋孫光憲撰」，末署「天福三年戊戌三月一日序」。〔註13〕而從上述表5-1所列舉情況來看，此職全由高氏子弟充任，連高從誨亦未出任此職，孫光憲似無可能官至荊南節度副使，其說當誤，故不取。

行軍司馬

又稱「節度行軍司馬」。《通典》卷32《職官十四・州郡上》記節度使僚佐云：「行軍司馬一人，申習法令。」掌軍籍符伍，號令印信，是最重要的軍事行政官員，此職最爲節帥看重，其實權有時在節度副使之上。後唐明宗天成四年（929）六月的敕令即稱：「諸道節度行軍司馬，名位雖高，或帥臣不在，其軍州軍事節度副使權知。」〔註14〕可知，此前即有以行軍司馬權知軍州事的先例，其權已超越節度副使。此次敕令之後，行軍司馬重回節度副使之後，漸成制度。作爲將軍文職僚佐的行軍司馬係從起初武職演變而來〔註15〕，其所理雖爲軍務，而其職卻是文職，大多以有學識者充任。其地位與副使相侔，又略低於副使。〔註16〕不過，在高氏荊南幕府

〔註12〕《冊府元龜》卷178《帝王部・姑息三》載：天成四年（929）七月，「荊南節度行軍司馬高從誨遣都押衙劉謙巳進贖罪銀」。第2142頁。另，《新五代史》69《南平世家》載：「從誨字遵聖，季興時，入梁爲供奉官，累遷鞍轡庫使，賜告歸寧，季興遂留爲馬步軍都指揮使、行軍司馬。」第858頁。又，《資治通鑒》卷276「後唐明宗天成三年三月」載：「荊南節度使高季興寢疾，命其子行軍司馬、忠義節度使、同平章事從誨權知軍府事：丙辰，季興卒。吳主以從誨爲荊南節度使兼侍中。」第9026頁。又，同書卷276「後唐明宗天成四年六月」載：「高從誨自稱前荊南行軍司馬、歸州刺史，上表求內附。秋，七月，甲申，以從誨爲荊南節度使兼侍中。己丑，罷荊南招討使。」第9030頁。又，《十國春秋》卷100《荊南一・武信王世家》亦稱：後唐莊宗同光三年（925）九月，後唐伐蜀時，季興被莊宗任以西川東南行營招討使，「至是，乘唐兵勢，使其子行軍司馬從誨權知軍府事」。第1433頁。據此可知，高從誨乃由行軍司馬一職直接升爲節度使，並未擔任節度副使一職，或許季興時，此職並未授人。
〔註13〕《全唐文》卷900，孫光憲：《白蓮集・序》，第9390～9391頁。《十國春秋》卷102《荊南三・孫光憲傳》亦稱：孫光憲「累官荊南節度副使、朝議郎、檢校秘書少監、試御史中丞，賜紫金魚袋」。第1463頁。
〔註14〕《五代會要》卷25《幕府》，第396頁。
〔註15〕《全唐文》卷430，李翰：《淮南節度行軍馬廳壁記》，第1939頁。
〔註16〕石雲濤：《唐代幕府制度研究》，中國社會科學出版社2001年版，第94頁。

中，亦有以武人充任此職者。高氏荊南行軍司馬的任職情況，見表5-2。

表5-2　高氏荊南行軍司馬一覽表

任職者	史載原文	史料出處
王保義	及莊宗平河、洛，（劉）去非（即王保義）乃棄郡歸高季興，爲行軍司馬，仍改易姓名。	《舊五代史》卷133《高季興傳附高從誨傳》，第1754頁。〔註17〕
高從誨	（天成四年七月），荊南節度行軍司馬高從誨遣都押衙劉謙巳進贖罪銀。	《冊府元龜》卷178《帝王部・姑息三》，第2142頁。〔註18〕
高保勗	（顯德元年十一月），以荊南節度副使、歸州刺史高保勗爲寧江軍節度使、檢校太尉，充荊南節度行軍司馬。	《舊五代史》卷114《周世宗紀一》，第1522頁。〔註19〕

　　史籍所見，任高氏荊南行軍司馬且確能考知者，惟上述四人。其中，王保義爲武將（詳後）。高從誨、高保勗均爲高氏子弟。照此來看，或因其職權任甚重，高氏荊南在王保義之後，或未再署外人，僅以高氏子弟充任。另外，據載，高季昌在後梁期間，常常「以貴公子任行軍司馬」，但中朝士族子弟不達時變，被後唐除官後，即「忽忽辦裝，即俟歸朝，視行軍蔑如也」〔註20〕。惟其姓名已不可考，暫付之闕如。

〔註17〕《舊五代史》卷76《晉高祖紀二》載：天福二年（937）六月，「攝荊南節度行軍司馬、檢校太保、歸州刺史王保義加檢校太傅，知武泰軍節度觀察留後，充荊南行軍司馬兼沿淮巡檢使」。第1003頁。《資治通鑑》卷282「後晉高祖天福六年四月」載：安從進謀反，「求援於荊南，高從誨遺從進書，諭以禍福；從進怒，反誣奏從誨。荊南行軍司馬王保義勸從誨具奏其狀，且請發兵助朝廷討之；從誨從之」。第9222頁。《舊五代史》卷102《漢隱帝紀中》載：乾祐二年（949）四月，「以荊南節度行軍司馬、武泰軍節度留後王保義爲檢校太尉，領武泰軍節度使，行軍如故」。第1357頁。按，據前引可知，王保義任行軍司馬時間甚長，始任時間當在後唐莊宗同光元年（923），直至後漢隱帝乾祐二年（949）四月仍領此職，長達27年。另，《北夢瑣言逸文》卷3《孫光憲異夢》有「光憲請行軍司馬王甲判之」一語，「王甲」恐即爲「王保義」。見《北夢瑣言》，第413頁。

〔註18〕另見《新五代史》卷69《南平世家》，第858頁。《資治通鑑》卷276，後唐明宗天成四年六月，第9030頁。又，《十國春秋》卷101《荊南二・文獻王世家》，第1439頁。

〔註19〕《續資治通鑑長編》卷1「太祖建隆元年八月」載：保融寢疾，「以其子繼元幼弱，未堪承嗣，命其弟行軍司馬保勗總判內外軍馬事」。第22頁。

〔註20〕《北夢瑣言逸文》卷2《薛韋輕高氏》，見《北夢瑣言》，第410～411頁。

判官

《通典》卷32《職官十四·州郡上》記節度使僚佐云:「判官二人,分判倉、兵、騎、冑四曹事。」是副使和行軍司馬之下掌具體府務者,係佐戎務之職,所謂「分判軍事」。其後,藩帥往往盡委錢穀支計於判官〔註21〕。胡三省嘗云:「唐諸使之屬,判官位次副使,盡總府事。」〔註22〕這是就節度使府的情況而言,因觀察使府無副使和行軍司馬,故以判官盡總府事。〔註23〕高氏荊南幕府中,任判官一職者僅見孫光憲一人。史載:宋太祖乾德元年(963)二月,「高繼沖自以年幼,未知民事,刑政、賦役委節度判官孫光憲」〔註24〕。另據《宗史》卷483《荊南高氏世家》,尚有觀察判官高若拙。

支使

惟見於觀察使府,節度府無支使。支使的職能雖不甚清晰,但並非專掌表箋書翰之任,而是偏重於政務。〔註25〕高氏荊南所設支使惟見兩例。一為孫光憲,如齊己曾作《夏滿日偶作寄孫支使》、《孫支使來借詩集因有謝》等詩〔註26〕,可為其證。繼沖納土之後,曾遣「支使王崇範」〔註27〕上貢金銀財寶。可知,王崇範為高氏荊南觀察支使。

掌書記

《通典》卷32《職官十四·州郡上》記節度使府僚佐云:「掌書記一人。」其職掌為:「掌朝覲、聘慰、薦祭祀、祈祝之文,與號令、升絀之事。」〔註28〕常由有學識者充任,負責起草表奏書檄,凡文辭之事,均出於掌書記。史載:「軍中之書記,節度之喉舌。指事立言而上達,思中天心;發號出令以下行,期悅人意。諒非容易,而可專據。」〔註29〕史載又稱:「掌書記,位判官下,

〔註21〕《舊唐書》卷145《董晉傳》,第3937頁。
〔註22〕《資治通鑒》卷216,唐玄宗天寶六載十二月胡三省注,第6888頁。
〔註23〕《唐代幕府制度研究》,第94頁。
〔註24〕《續資治通鑒長編》卷4,太祖乾德元年二月,第84頁。又,《入蜀記校注》卷4亦云:「又有周顯德中荊南判官孫光憲為知歸州高從讓所立碑。」第224頁。
〔註25〕《唐代幕府制度研究》,第211~213頁。
〔註26〕〔五代〕齊己:《白蓮集》卷4、卷6,四部叢刊初編本,上海商務印書館1926年版,分見頁8~1、頁8~2。
〔註27〕《宋史》卷483《荊南高氏世家》,第13954頁。《十國春秋》卷102《荊南四·王崇範傳》載:「王崇範,事繼沖為支使」。第1468頁。
〔註28〕《資治通鑒》卷260,唐昭宗乾寧二年十二月胡三省注,第8480~8481頁。
〔註29〕《全唐文》卷543,令狐楚:《薦齊孝若書》,第2438頁。

古記室參軍之任。」〔註30〕有學者指出，節度府與觀察府分別置掌書記和支使，不僅不並置，而且也不互置。〔註31〕高氏荊南時期，任掌書記者有李載仁、孫光憲、高保寅三人，見表5-3。

表5-3　高氏荊南掌書記一覽表

任職者	史載原文	史料出處
李載仁	明年，保勖（「保勖」係「從誨之誤」）嗣襲，辟李爲掌書記。	《北夢瑣言逸文》卷2《薛韋輕高氏》，第411頁。〔註32〕
孫光憲	（天成元年四月），（梁震）薦前陵州判官孫光憲於季興，使掌書記。	《資治通鑑》卷275，第8979頁。〔註33〕
高保寅	宋興，保勖既襲封，遣保寅入覲，太祖召對便殿，授掌書記遣還。	《宋史》卷483《荊南高氏世家》，第13955頁。〔註34〕

上述三人中，高保寅於宋太祖建隆二年（961）九月入覲時，被授以掌書記之職，則光憲已不復再任，或於此時即爲判官。

推官

《新唐書》卷49下《百官志四下》「外官」條記節度使僚佐有「推官一人」。其職掌爲理軍訟，即推勾獄訟。而觀察使推官則理民訟，使主職掌性質上的差異，是推官職責不同的根源。高氏荊南所署推官，見表5-4。

〔註30〕《資治通鑑》卷216，唐玄宗天寶十載二月胡三省注，第6905頁。

〔註31〕《唐代幕府制度研究》，第212頁。

〔註32〕《太平廣記》卷266《韋薛輕高氏》同此。第2088頁。

〔註33〕《十國春秋》卷100《荊南一・武信王世家》與此同。第1434頁。按，《三楚新錄》卷3，第6328頁；〔宋〕晁公武著，孫猛校證：《郡齋讀書志校證》卷18《別集類中》，上海古籍出版社1990年版，第943頁；《宋史》卷483《孫光憲傳》，第13956頁。皆謂光憲始見於從誨時，均誤。另，《續資治通鑑長編》卷2「太祖建隆二年九月」載有「記室孫光憲」。第53頁。可知孫光憲此時仍爲掌書記。

〔註34〕按，《宋史》卷1《太祖紀一》載：建隆二年（961）九月，「荊南節度使高保勖遣其弟保寅來朝」。第10頁。據此可知，保寅任掌書記即應在此時或稍後。另，《續資治通鑑長編》卷4「太祖乾德元年二月」載：「繼沖遣延嗣與其叔父掌書記保寅，奉牛酒來犒師，且覘師之所爲。」第85頁。《宋史》卷483《荊南高氏世家》載有「節院使保寅」。第13954頁。

表5-4　高氏荊南推官一覽表

任職者	史載原文	史料出處
李載仁	有李載仁者，唐室之後也。唐末避亂於江陵，季興署爲觀察推官。	《三楚新錄》卷3，第6328頁。
王貞範	荊南推官王少監貞範。	《北夢瑣言逸文補遺》之《王氏女》，見《北夢瑣言》，第453頁。
王惠範	以門蔭爲文學，累遷觀察推官。	《三楚新錄》卷3，第6329頁。

據上表可知，高氏荊南推官爲 3 人，其中李載仁、王惠範爲觀察推官，王貞範僅言推官，不知是否亦爲觀察推官。

孔目官

孔目，原指檔案目錄，後成爲掌書記之吏員名稱。胡三省云：「孔目官，衙前吏職也，唐世始有此名；言凡使司之事，一孔一目，皆須經由其手也。」〔註35〕又曰：「諸鎮州皆有孔目官，以綜理眾事，吏職也。言一孔一目，皆所綜理也。」〔註36〕又稱：「唐藩鎮吏職，使院有孔目官，軍府事無細大皆經其手，言一孔一目，無不綜理也。」〔註37〕是節度使僚佐之中的親近之職，其職掌大都與財計出納有關。高氏荊南孔目官僅見二人，見表5-5。

表5-5　高氏荊南孔目官一覽表

任職者	史載原文	史料出處
王仁厚	（高季昌）召孔目官王仁厚謂曰……	《北夢瑣言逸文》卷 2《高季昌推崇梁王》，見《北夢瑣言》，第402頁。
嚴光楚〔註38〕	進士鄭起謁荊州節度高從誨，館於空宅。其夕，夢一人告訴曰：「孔目官嚴光楚無禮。」意甚不平。	《北夢瑣言逸文》卷 3《鄭起空宅夢異》，見《北夢瑣言》，第415頁。

從上述所列幕職的文職情況來看，高氏荊南幕府文職僚佐有節度副使、行軍司馬、判官、支使、掌書記、推官、孔目官七種，藩鎮幕職中其他文職均不見設置。

〔註35〕《資治通鑑》卷216，唐玄宗天寶十載二月胡三省注，第6905頁。
〔註36〕《資治通鑑》卷225，唐代宗大曆十三年十二月胡三省注，第7254頁。
〔註37〕《資治通鑑》卷228，唐德宗建中四年十月胡三省注，第7357頁。
〔註38〕按，《北夢瑣言逸文》卷3《孫光憲異夢》又稱：「掌節吏嚴光楚」、「節院將嚴光楚」。見《北夢瑣言》，第413頁。

再來看幕職中的武職。

都押衙與押衙

押衙，武官名，亦作押牙。牙指牙旗，即軍中對立的兩旗，因其如虎牙之狀，故以牙旗爲稱。押衙掌領儀仗侍衛。節度使屬官中有都押衙，除掌領侍衛儀仗之外，並稽察軍法之執行。五代沿置，後唐時石敬瑭留守北京，以心腹劉知遠、周環爲都押衙，分典兵、財兩務。〔註39〕都押衙、押衙在高氏荊南幕職中的情形，見表5-6。

表5-6　高氏荊南都押衙、押衙一覽表

任職者	史載原文	史料出處
劉知謙	從誨亦遣押衙劉知謙奉表自歸，進贖罪銀三千兩。	《新五代史》卷 69《南平世家》，第 858 頁。〔註40〕
孫仲文	（乾德元年二月，宋太祖）以右都押衙孫仲文爲武勝軍節度副使。	《宋史》卷 483《荊南高氏世家》，第 13954 頁。

都指揮使

五代時期的藩鎮都指揮使，種類繁多，涵義不一。首先，藩鎮中，權任僅次於節度使而掌管本道兵權、統率諸軍者，稱爲馬步軍都指揮使和牙（通「衙」）內（馬步軍）都指揮使，前者亦稱內外軍都指揮使；後者之設置則源於唐代牙兵的出現，統領牙兵者即稱爲牙內都指揮使，或牙內指揮使，此職多以節度使子弟爲之。胡三省嘗云：「此都指揮使盡統諸將，非一都之指揮使。」〔註41〕即指馬步軍都指揮使與牙內都指揮使而言，兩者實際爲同職異稱〔註42〕。其次，藩鎮中因兵種的差異，常有馬軍、步軍都指

〔註39〕《資治通鑑》卷278，後唐明宗長興三年十一月，第9080頁。
〔註40〕《十國春秋》卷101《荊南二・文獻王世家》載：「從誨亦遣神牙劉知謙奉表內附，自稱前荊南行軍司馬、歸州刺史，進贖罪銀三千兩。」第1439頁。按，「神牙」當係「押牙」之誤。另，《冊府元龜》卷178《帝王部・姑息三》載：後唐明宗天成四年（929）七月，「荊南行軍節度司馬高從誨遣都押衙劉謙巳進贖罪銀三千兩」。第2142～2143頁。結合兩處記載，可知高氏荊南幕職中「都押衙」與「押衙」似無分別，而「劉謙巳」與「劉知謙」當爲同一人。
〔註41〕《資治通鑑》卷269，後梁均王乾化四年四月胡三省注，第8783頁。
〔註42〕按，《舊五代史》卷9《梁末帝紀中》載：貞明四年（918）五月，「以荊南衙內馬步軍都指揮使、檢校司徒高從誨領濠州刺史」。第134頁。《舊五代史》卷133《高季興傳附高從誨傳》載：「從誨，初仕梁，歷殿前控鶴都頭、鞍轡庫副使、左軍巡使、如京使、右千牛大將軍、荊南牙內都指揮使、領濠州刺

揮使的區分，亦有水軍（手）都指揮的名目。最後，藩鎮所屬部隊中不同軍號的各軍，亦有作爲統兵將校的都指揮使，甚至軍之上的左、右廂，也設置都指揮使。〔註43〕明乎於此，以下不再一一加以辨析，高氏荊南都指揮使任職情況見表5-7。

表5-7　高氏荊南都指揮使一覽表

任職者	史載原文	史料出處
高從誨	（季昌以從誨）爲馬步軍都指揮使。	《新五代史》卷 69《南平世家》，第 858 頁。
倪可福	高季昌遣都指揮使倪可福以卒萬人脩江陵外郭……	《資治通鑑》卷 271，後梁均王龍德元年十一月，第 8871 頁。〔註44〕
李　端	高從誨遣都指揮使李端將水軍數千至南津……	《資治通鑑》卷 282，後晉高祖天福六年十二月，第 9230 頁。
梁延嗣	荊南節度使高保勗寢疾，召牙內都指揮使長安梁延嗣謂曰……	《續資治通鑑長編》卷 3，太祖建隆三年十一月，第 75 頁。〔註45〕
李景威	李景威，荊州長陽人也。文獻王時，未知名，及仕貞懿王，擢水手都指揮使。	《十國春秋》卷 103《荊南四·李景威傳》，第 1468 頁。

另外，李景威曾任衙內兵馬副使〔註46〕，此當爲牙內指揮使之副貳。

指揮使

指揮是五代時期軍以下的一級編制，其統兵長官即指揮使。高氏荊南指揮使見表5-8。

史，改歸州刺史。」第 1752 頁。《新五代史》卷 69《南平世家》載：「從誨字遵聖。季興時，入梁爲供奉官，累遷鞍轡庫使，賜告歸寧，季興遂留爲馬步軍都指揮使、行軍司馬。」第 858 頁。據此可知，衙內馬步軍都指揮使、牙內都指揮使與馬步軍都指揮使，實爲同職異稱。

〔註43〕參見杜文玉：《晚唐五代都指揮使考》，《學術界》1995 年第 1 期。

〔註44〕《十國春秋》卷 102《荊南三·倪可福傳》載：「俄遷都指揮使。」第 1460 頁。另，《資治通鑑》卷 266「後梁太祖開平元年十月」，稱「其將倪可福」，未言其爲「牙將」。第 8685 頁。《十國春秋》卷 100《荊南一·武信王世家》稱：高季興「遣牙將倪可福會楚將秦彥攻朗州」。第 1428 頁。《十國春秋》卷 102《荊南三·倪可福傳》載：「武信王愛其勇，使隸戲下爲親校。」第 1460 頁。

〔註45〕《續資治通鑑長編》卷4「太祖乾德元年二月」亦載：高繼沖以「軍旅、調度委衙內指揮使梁延嗣」。第 84 頁。

〔註46〕《九國志》卷 12《北楚·李景威傳》，第 3371 頁。另，《續資治通鑑長編》卷 4「太祖乾德元年二月」記作「兵馬副使」。第 84 頁。

表 5-8　高氏荊南指揮使一覽表

任職者	史載原文	史料出處
高從嗣	（楚軍奉唐命攻荊南），季興從子雲猛指揮使從嗣單騎造楚壁，請與希範挑戰決勝……	《資治通鑑》卷 276，後唐明宗天成三年六月，第 9020 頁。
魏　璘	世宗征淮，保融遣指揮使魏璘率兵三千，出夏口以爲應。	《新五代史》卷 69《南平世家》，第 859 頁。〔註 47〕
李景威	累遷雲猛指揮使、衙內兵馬副使。	《九國志》卷 12《北楚·李景威傳》，第 3371 頁。〔註 48〕

　　高氏荊南幕職中的武職部分已如上述，其主要有都押衙、都指揮使、指揮使等幕員。藩鎮幕職中的其他武職，似皆不見於高氏荊南。

　　高氏荊南的幕府成員，除上述正職外，尚有攝官。如劉暐，「後唐初投高季興於荊南，累爲荊州攝官」〔註 49〕。劉暐所攝何職，難以明瞭。而在高氏荊南的攝官中，也有攝職明確的記載。如穆昭嗣，「幼好藥術……後以醫藥有效，南平王高從誨與巾裹，攝府衙推」〔註 50〕。衙推者，即指藩鎮幕府中的醫官，所謂「北方人市醫皆稱衙推」〔註 51〕。又有材料徑稱：「有穆昭嗣者事高氏荊南爲醫官」〔註 52〕。並且，另有不入幕的僚佐，如梁震，其與「與司空薰、王保義同爲賓客，而震獨不受辟署，稱前進士」〔註 53〕。

　　前述幕職成員，即爲高氏荊南政權文武班底的骨幹力量，亦是高氏荊南推行軍政、民政措施的關鍵人物。

　　以上幕職成員皆因高氏荊南自行辟署而入幕。藩鎮幕府的辟署制度肇始於唐代，其實行有表奏朝廷的必經手續，在辟署僚佐方面朝廷還曾有諸多限令，後梁時期甚至一度廢除使府辟署制，使府幕職盡由除授，後唐莊宗在位時重新恢復辟署制度，但在幕職的辟署上仍然有所限制。後唐莊宗同光二年

〔註 47〕　《資治通鑑》卷 294「後周世宗顯德五年正月」載：「高保融遣指揮使魏璘，將戰船東下會伐唐，至於鄂州」。第 9578 頁。《十國春秋》卷 103《荊南四·魏璘傳》載：魏璘「事貞懿王爲指揮使，勇略絕倫」。第 1467 頁。
〔註 48〕　《十國春秋》卷 101《荊南二·侍中繼沖世家》載：宋太祖「詔江陵發水軍三千人赴潭州，繼沖即遣親校李景威將以往」。第 1451 頁。
〔註 49〕　《冊府元龜》卷 729《幕府部·辟署四》，第 8681 頁。
〔註 50〕　《北夢瑣言逸文》卷 1《僧懷濬書吉凶》，見《北夢瑣言》，第 383 頁。
〔註 51〕　〔宋〕陸游：《老學庵筆記》卷 2，中華書局點校本 1979 年版，第 25 頁。
〔註 52〕　《輿地紀勝》卷 64《荊湖北路·江陵府上·風俗形勝》，第 2200 頁。
〔註 53〕　《十國春秋》卷 102《荊南三·梁震傳》，第 1461 頁。

（924）八月，中書門下奏云：

> 諸道除節度副使及兩使判官除授外職，其餘職員並軍事判官，
> 伏以翹車著詠，炎帛垂文，式重弓旌，以光樽俎。由是副知己之薦，
> 成接士之榮，必當備悉行藏，習知才行，先奉幕中之畫，以稱席上
> 之珍。爰自偽梁，頗乖斯義，皆從除授，以佐藩宣。因緣多事之秋，
> 慮爽得人之選，將期推擇，式示更張。今後諸道除節度副使、兩使
> 判官除授外，其餘職員並諸州軍事判官等，並任本道，本州各當辟
> 舉。其軍事判官，仍不在奏官之限。〔註54〕

其後中原各朝大體沿用此制。也就是說，幕職中的節度副使、兩使判官和使
府軍事判官，自後唐莊宗同光二年（924）八月之後，即由除授，藩鎮無權辟
署。但實際上藩鎮辟請的自主權仍相當大，特別是對於像高氏荊南這樣的割
據政權而言，其境內官員的任命，基本上都是採用辟署制的方式，包括節度
副使、兩使判官和使府軍事判官，無一例外地均出於高氏荊南管內，中原王
朝無力干預。

與唐代藩鎮行用辟署制度以延用人才入幕的程序相同，高氏荊南幕職僚
佐的任用，應當也是遵循先署職和後辟官的途徑，即士人入幕後即被高氏五
主署爲上述各種幕職，然後再上報所臣屬政權的中央有關部門，請求授予某
官。故而，高氏荊南的幕僚，同樣有「官」有「職」。「職」的具體職掌與「官」
的改遷並無關聯，幕府成員的「職」由高氏五主自行確定，而「官」的遷轉
則須奏請所奉事的中央政權。以孫光憲爲例，其在高氏荊南幕府期間，曾任
掌書記和判官，此皆爲幕職，即由高氏荊南所署。又「累官至檢校秘書監兼
御史大夫，賜金紫」〔註55〕，其中秘書少監爲檢校官，御史大夫是憲官，前
者寓意地位尊崇與陞遷經歷，後者自唐代中後期已然成爲幕職，亦與具體職
掌無涉。又因御史大夫爲從三品，依唐制尚不能服金紫，故須「賜金紫」。凡
此種種，皆來自於中央政權的授予。

需要提及的是，高氏荊南亦設節院，其長官稱爲節院使，亦稱「掌節吏」、
「節院將」。這是唐五代藩鎮旌節制度的保留，亦是節度使獲賜權力的重要標
誌。依照唐代舊制，節度使所持旌節至鎮後，藏於節院，由節院使看護；節
度使離任，則閉鎖節院，不時祭奠，以盡禮節。節院使一般由押衙、都頭兼

〔註54〕《五代會要》卷25《幕府》，第295頁。

〔註55〕《宋史》卷483《荊南高氏世家》，第13956頁。

任。〔註 56〕高氏荊南節院使，見於記載者，有嚴光楚，如《北夢瑣言逸文》卷 3《孫光憲異夢》即稱「掌節吏嚴光楚」、「節院將嚴光楚」。又有高保寅，《宋史》卷 483《荊南高氏世家》載有「節院使保寅」。

另外，高氏荊南設有客司機構，並以客將爲其官長。唐末和五代的客司與客將，性質類似於中央的客省和客省使，均爲接待來自四方使者的禮儀機構和官員。〔註 57〕客司與客將的主要職能，是贊導藩鎮禮儀，接待朝廷及他鎮來使。高氏荊南客將已可考知者有 2 人，一爲劉扶，史載：後周世宗征淮，高保融除出兵相助外，「又遣客將劉扶奉牋南唐，勸其內附」〔註 58〕。一爲王昭濟，史稱：宋軍以假道襲據江陵後，高繼冲「詣延釗，納牌印，遣客將王昭濟等奉表以三州，十七縣，十四萬二千三百戶來歸」〔註 59〕。

依據上述，高氏荊南政權的組織形式，沿襲的是唐代後期藩鎮的模式，兩者幾無不同。之所以如此，這其中固然有地域狹小的因素所使然，更爲重要的是，該政權基於立國、延續的需要，出於自保的目的，而不能不採用這種以藩鎮體制爲主體的政治架構。一言以蔽之，高氏荊南依憑藩鎮身份可稱臣於中朝，或屈事於吳、南唐，利用實力強大的政治實體間的相互牽制關係，依附於某一方，藉此以尋求政治、軍事庇護，從而使自身擺脫腹背受敵的困境，避免覆亡的命運。這是高氏荊南藩鎮體制的最大特色，而且，在南方割據政權中，也僅有高氏荊南自始至終均以藩鎮的政治體制爲主體。

不過，高氏荊南的政治運作方式，又不完全等同於唐末藩鎮，其在內政外交上的自主權並非昔時藩鎮可比，高氏荊南實際上已經是一個獨立的割據政權，但因該政權不得不確立藩鎮的政治體制，因此，其王國體制並不是非常明顯，但多少還是有所顯現。

二、王國體制的顯現

如前所述，高氏荊南的政權組織形式以唐代後期的藩鎮體制爲基本骨架，其文臣武將幾乎都是幕職成員。然而，作爲一個獨立的政權，在藩鎮體制的架構之外，高氏荊南多少還體現出一些王國體制的味道，雖說這種體制

〔註 56〕參見馮培紅：《唐五代歸義軍節院與節院使略考》，《敦煌學輯刊》2000 年第 1 期。

〔註 57〕吳麗娛：《試論晚唐五代的客將、客司與客省》，《中國史研究》2002 年第 4 期。

〔註 58〕《新五代史》卷 69《南平世家》，第 859 頁。

〔註 59〕《續資治通鑒長編》卷 4，太祖乾德元年二月，第 85 頁。

的色彩較爲淡薄，且始終居於從屬的和次要的地位，不得不屈從於藩鎮體制，但這一切又始終無法掩蓋其已然顯現的王國體制的痕跡。

客觀而言，高氏荊南的王國體制與馬楚、吳越的情形，既有不同點，亦有相同之處。

馬殷於後梁太祖開平四年（910）六月，「求爲天策上將，詔加天策上將軍」〔註60〕，且被允許在管內置武平、靜江等節度使。馬殷遂「署置天官幕府，有文苑學士之號，知詔令之名，總制二十餘州，自署官吏，征賦不貢」〔註61〕。後唐明宗天成二年（927）六月，馬殷被封爲楚國王，乃建國，立宮殿，置百官，皆如天子。馬殷死後，其子馬希聲繼位，「稱遺命去建國之制，復藩鎮之舊」〔註62〕，且終生未被冊封爲王，其後繼諸馬亦僅有「楚王」封號，再無被封爲「楚國王」者。「楚王」與「楚國王」相比，僅差一字，但兩者之間的政治意義卻迥然有別。擁有「楚國王」封號，則馬楚的王國體制便可順理成章地建立與實施；僅有「楚王」之冊封，即無「建國之制」，惟能推行藩鎮舊法，以藩鎮體制爲政權組織形式。如以「楚王」之封號，而行「建國之制」，實則有逾藩臣之禮，亦不可能奉中朝正朔。一旦如此，馬楚依憑中朝制約吳、南唐而確保自身的政治圖謀，自然無法實現。而且，還應注意到，馬楚「去建國之制」並非中朝強迫所致，實際上是出於維護自身安全爲目的的自願選擇。

與馬楚類似，吳越錢鏐於後梁末帝龍德三年（923）被封爲吳越國王，至此，「（錢）鏐始建國，儀衛名稱多如天子之制，謂所居曰宮殿，府署曰朝廷，教令下統內曰制敕，將吏皆稱臣，惟不改元，表疏稱吳越國而不言軍」〔註63〕。其後甚至有改元之舉〔註64〕。但錢鏐臨終前，囑其子傳瓘：「子孫善事中國，勿以易姓廢事大之禮。」所以，錢傳瓘襲位後，「更名元瓘，兄弟名『傳』者皆更爲『元』。以遺命去國儀，用藩鎮法」〔註65〕，仍然回覆到藩鎮之法的老路上來。之所以吳越寧願自覺捨棄「國儀」，而屈紆降尊爲藩鎮，其間原因亦在於冀望以稱臣中朝求得「護身符」，使吳、南唐投鼠忌器，不敢貿然出師吳

〔註60〕《資治通鑑》卷267，後梁太祖開平四年六月，第8724頁。
〔註61〕《舊五代史》卷133《馬殷傳》，第1757頁。
〔註62〕《資治通鑑》卷277，後唐明宗長興元年十一月，第9052頁。
〔註63〕《資治通鑑》卷272，後唐莊宗同光元年二月，第8880頁。
〔註64〕《新五代史》卷71《十國世家年譜》，第873頁。
〔註65〕《資治通鑑》卷277，後唐明宗長興三年三月，第9066頁。

越，以求得政權的穩定與延續。就此來說，馬楚與吳越統治體制的演變軌跡，都曾經歷「藩鎮──王國──藩鎮」的過程，而兩者均從王國體制倒退到藩鎮體制，其實都是在巨大的生存壓力下，無可奈何的政治抉擇。

從馬楚與吳越的統治體制轉軌的歷程上看，對於其時的弱小政權而言，以藩鎮體制示人，而行奉事中朝之策，可謂是自保一方的共同政治取向。就此而論，高氏荊南與吳越並無不同。而其相異之處則在於，高氏荊南的四世五主，從未接受過「××國王」的封號，缺乏公然實施王國體制的合理名義，故該政權並未如馬楚和吳越一樣，正式設置王國體制。但這畢竟只是一種假象，深入到高氏荊南歷史發展的實際，仍能發現其潛藏著王國體制的諸多因素，明顯有逾藩臣之禮，其具體表現爲下述幾方面。

其一，宗廟制度。史載：宋太祖乾德元年（963）九月，繼沖赴朝前，「具文告三廟」〔註66〕，隨後方至京師。《輿地紀勝》卷65《荊湖北路‧江陵府下‧碑記》「南平高王廟碑」注云：「周顯德二年（955），孫光憲撰，今在城西三王廟前。」據此可知，前述「三廟」當是「三王廟」。而在高氏五主中，被封爲南平王者，僅有高季興、高從誨和高保融（詳後），所以，「三廟」或「三王廟」，應該就是此三人薨後所立。至於「三王」有無各自廟號，限於史籍所載，已難考知。儘管高氏荊南的宗廟制度，看似與唐宋時期普遍存在的官僚家廟制度並無二致，較之古代帝王典型的七廟或五廟制度，相去甚遠，不合規矩；甚至亦未達到四廟的宗廟基數〔註67〕，與傳襲久遠的喪服制度和客觀的人倫關係不相吻合，但其已然有所設立，固爲不爭事實，只不過較爲粗陋或隱蔽罷了，這也正是藩鎮體制佔據主導地位的客觀情勢使然。

其二，宮室與車服制度。如後晉天福八年（943），高從誨「鑿江陵城西南隅爲池，立亭於上，曰渚宮。先是，城東南舊有渚宮，王特倣其名而稱之，又置亭於渚宮側，曰迎春。」〔註68〕雖說此處「渚宮」僅是襲用舊名而重建的亭子，然而考慮到「宮」是帝王房屋、宮殿的特有專稱，高從誨不避忌諱敢於以「渚宮」爲亭名，無疑屬於僭越禮制之舉。

在車服的使用上，高氏荊南也突破了藩臣本分。高從誨時，即「飾車服，

〔註66〕《新五代史》卷69《南平世家》，第861頁。《十國春秋》卷101《荊南二‧侍中繼沖世家》，第1450頁。

〔註67〕陳戌國：《中國禮制史‧隋唐五代卷》，湖南教育出版社1998年版，第483頁。

〔註68〕《十國春秋》卷101《荊南二‧文獻王世家》，第1443頁。

尚鮮華」〔註69〕，可能已不大恪守王制。其後，更呈愈演愈烈之勢。史載：

> （竇）儼顯德中奉使荊南。荊南自唐季以來，高氏據有其地，
> 雖名藩臣，車服多僭侈逾制，以至司賓賤隸、候館小胥，皆盛服影
> 纓，與王人亢禮。儼諷以天子在上，諸侯當各守法度，悉令去之，
> 然後宣達君命。〔註70〕

連「司賓賤隸、候館小驛」都盛裝華服，可知，高氏荊南車服「僭侈逾制」的現象已是何等普遍，其不守法度、不守臣禮的情形又是何其嚴重。而這已然是後周立國後的景象，值此時，高氏荊南可能多少還有些收斂，而在此前中原王朝力量相對弱小的時期，此種現象，或許更爲昭著和露骨。

其三，伶倫的豢養與教坊制度。高從誨在位時，即「廣招伶倫」〔註71〕。隨後，伶官數量更有增多。至乾德元年（963）五月，高繼沖「籍伶官一百四十三人」獻於宋廷〔註72〕。高氏荊南政權中還置有爲數不少的樂工，以其充實教坊。史載：「從誨明音律，僻好彈胡琴。有女妓數十，皆善其事。」〔註73〕後晉開運元年（944）七月，「晉學士王仁裕來聘，王出十伎彈琴以樂之」〔註74〕。另有史籍亦載：

> 宋初循舊制，置教坊，凡四部。其後平荊南，得樂工三十二人；
> 平西川，得一百三十九人；平江南，得十六人；平太原，得十九人；
> 餘藩臣所貢者八十三人；又太宗藩邸有七十一人。由是，四方執藝
> 之精者皆在籍中。〔註75〕

僅有三州之地的高氏荊南，在入宋之時，樂工竟有 32 人，其數量甚至超過入宋時的南唐與北漢，據此可知其教坊規模之大。

上述種種表現，已經突破藩鎮體制的框架，絕非一般藩鎮所能想像，就是唐末割據性極強的藩鎮，除極少數外，亦不可能一一達到此般地步。而高氏荊南在外交、戰爭上所具有的自主權，也已大大超出於唐末割據藩鎮之上。所有這些，莫不與其王國體制有著內在的聯繫。

〔註69〕《詩話總龜·前集》卷 22《宴遊門》，第 239 頁。
〔註70〕《宋史》卷 263《竇儼傳》，第 9097 頁。
〔註71〕《詩話總龜·前集》卷 22《宴遊門》，第 239 頁。
〔註72〕《續資治通鑒長編》卷 4，太祖乾德元年五月，第 91 頁。
〔註73〕《詩話總龜·前集》卷 22《宴遊門》，第 239 頁。
〔註74〕《十國春秋》卷 101《荊南二·文獻王世家》，第 1443 頁。
〔註75〕《宋史》卷 142《樂志十七·教坊》，第 3347～3348 頁。

三、二元政治體制的優劣

　　高氏荊南兼具藩鎮體制與王國體制，前者居於主導地位，後者從屬於前者，由此形成並非十分均衡、對等的二元政治體制。這種雙軌制的政治建構，是高氏荊南基於現實需要、針對客觀實際而採取的應對之道，兩者在高氏荊南的歷史發展進程中，所發揮的作用各有其利弊短長。

　　先來看藩鎮體制的優劣。

　　藩鎮體制的最大優長之處可集中歸結為一點，即憑藉藩鎮身份稱臣於中朝，或者吳、南唐，從而利用兩者之間的牽制關係，為自身營造一個相對安全的外部環境。中朝或者吳、南唐，一旦接受高氏荊南的臣屬，從理論上來說，有義務在高氏荊南遭受攻擊時，出兵援助。關於此點，亦有具體解說見諸史載。後唐明宗天成二年（927）五月，時為楊吳權臣的徐溫，曾對高季興請求稱臣於吳的舉動，發表如下見解：

> 為國者當務實效而去虛名。高氏事唐久矣，洛陽去江陵不遠，唐人步騎襲之甚易，我以舟師泝流救之甚難。夫臣人而弗能救，使之危亡，能無愧乎！

既然「臣人而弗能救」，會產生內疚心理，反之，「臣人而能救之」才是合於正道的舉措。其時，正值後唐出師進擊高氏荊南之際，高季興希望通過依附於吳而獲得吳軍的應援，不料徐溫從「自保其國，不務遠略」的目的出發，「乃受其貢物，辭其稱臣，聽其自附於唐」〔註76〕。但徐溫所言，已明確點出正朔國在臣屬國遭遇外來侵略時，肩負出師援助的義務，而這才是臣服之國所追求的實質性內容。如後梁開平二年（908）四月，「淮南遣兵寇石首，襄州兵敗之於漓港」〔註77〕。此處襄州兵，即後梁山南東道軍隊。此例或許不太恰切，因為此時高氏荊南實際上與後梁其他藩鎮差別還不是太大，獨立性較之後梁太祖以後尚有不小差距。然而，後梁與其後的中原四朝，大體上均將臣屬國視為藩鎮。就此而論，後梁此次出兵與應援臣屬國並無太大區別。

　　不過，對於臣屬國而言，與稱臣舉動未必一定就能打動所欲依附之國頗相類似的是，稱臣也未見得一定就能在鄰國入寇時得到正朔國軍隊的襄助。

〔註76〕以上引文俱見《資治通鑑》卷275，後唐明宗天成二年五月，第9005～9006頁。《十國春秋》卷 100《荊南一・武信王世家》所載略與此同，第 1435頁。

〔註77〕《資治通鑑》卷266，後梁太祖開平二年四月，第8694頁。

如高氏荊南於天成三年（928）六月，改奉吳正朔，當時後唐討伐荊南之師仍未撤回，一直到要到天成四年（929）六月〔註78〕，明宗才應允高從誨「乞修職貢」，同年七月，遂有罷荊南招討使之舉。其間，不見楊吳出兵援救荊南的行動。

實際上，能否在邊境告急之時切實得到正朔國的援助，並非臣屬國一廂情願的事，此與正朔國特定時期的政治、軍事局勢大有干係。如後漢乾祐（948～950）年間，馬希萼與馬希廣兄弟爭權，前者奉南唐正朔，後者臣屬於後漢，而在馬希萼攻打馬希廣時，後漢未派一兵一卒，希萼成為馬楚新主。〔註79〕其時，後漢政局不寧，契丹入寇，自救尚有不及，何能他顧？此例表明，稱臣的政治寓意未必一定會與實際的軍事援助產生直接的關聯，願望與現實的不同步、不一致，甚至背離，誠為習見現象，稱臣的政治寓意及其所能產生的客觀效果間，也莫不如是。

如此來看，稱臣行為往往具有政治象徵意義，有時與實際的軍事援助無涉。即便如此，其作用仍不可低估，否則就很難解釋馬楚與吳越何以亦會成為奉中朝正朔的政權，王閩政權在王審知時期同樣如此。南唐烈祖李昪就是否吞併吳越的問題，曾闡述過這樣的看法：「錢氏父子，動以奉事中國為辭，卒然犯之，其名不祥。」甚至會「享天下之惡名」，此乃「我不願也」〔註80〕。據此不難看出，五代十國時期，中原政權具有的正統性及其號召力，其他割據勢力確實難以比肩，而這種名義上無與倫比的合法性，恰恰是吸引吳越、馬楚與王閩政權稱臣納貢於中朝的核心。也正是由於吳越長期以奉事中朝為旗號，故而南唐對貿然加兵於吳越，始終心存忌諱。與吳、南唐相鄰的閩、楚，之所以也奉行事大政策，其要害也正在於此。馬殷之弟馬賨自淮南遣歸後，曾勸馬殷與楊行密結好，馬殷斷然作色曰：「楊王不事天子，一旦朝廷致討，罪將及吾。汝置此論，勿為吾禍！」〔註81〕此語將奉事中朝的意義，說得再明白不過了。

具體到高氏荊南政權而言，雖說其曾兩絕於中朝，但為時都不是太長，

〔註78〕《舊五代史》卷40《唐明宗紀六》，第551頁。《冊府元龜》卷166《帝王部·招懷四》，第2007頁。另，《資治通鑑》卷276「後唐明宗天成四年六月」亦記其事為「六月」。第9030頁。

〔註79〕《資治通鑑》卷289，後漢隱帝乾祐三年十二月，第9444～9446頁。

〔註80〕《釣磯立談》，第5011頁。

〔註81〕《資治通鑑》卷265，唐昭宗天祐元年十二月，第8638頁。

在享國五十餘年的歷程中，該政權絕大部分時間都臣屬於中原政權，其所傾心的也是這種看似虛有其表，卻又不乏實際內涵的政治象徵意蘊，藉此以起到震懾其他相鄰政權的作用，使之不敢率意陳兵於疆場，從而緩解邊境壓力。

　　然而，藩鎮的政治體制亦有弊端。與藩鎮體制相對應的即是臣屬國的政治地位，高氏荊南自始至終都以藩鎮面貌示人，或奉事中朝，或依附於吳、南唐，這種政治上的屈從性格，可謂是高氏荊南與生俱來的政治稟性。此點帶來的負面影響，突出表現爲內政上的無法完全自治，和外交上的不平等。

　　高氏荊南自治權的缺陷，尤爲集中地體現於不具備獨立的人事權上。高氏荊南文武將佐的任用，沿用的是唐代藩鎮的辟署制，繞不開奏請正朔國中央有關部門的環節，此點前面已有敍述，此處不贅。而且，轄境內州刺史的任命，高氏荊南亦須上報中央朝廷批准。如後唐明宗天成（926～930）初年，高季興在獲得夔、忠、萬、歸、峽等五州之後，令子弟權知郡事，請求後唐不除刺史。〔註82〕再如，高從誨改奉中朝正朔後，於長興元年（930）正月上奏，「峽州刺史高季雍、歸州刺史孫文乞且依舊任」〔註83〕。此類奏請大多猶如過場，但也並非盡然，例如前者，即未獲後唐朝廷許可。這種人事權的缺失，一定程度上有礙於高氏荊南對轄境實施完全自治，其獨立性較之於稱帝的政權，至少在形式上明顯有所不及。

　　由藩鎮體制而帶來的外交上的不平等，則體現爲高氏荊南在其時總體外交格局中地位的低下，特別是在與吳、南唐、前後蜀、南漢等政權交往時，往往無法採用平等的敵國之禮，只能以藩臣的身份屈節而事之。以與南唐的交往爲例，即可表明此點。吳天祚三年（937）十月，權臣徐知誥篡位，建立南唐，改元昇元，是爲烈祖李昇。當年十一月，高從誨即表請置邸金陵，此請得允。〔註84〕所謂置邸，是指設立進奏院，是藩鎮表示自身隸屬關係的政治舉措。照理而言，高氏荊南已奉後晉正朔，不當貳屬於南唐。但迫於南唐對其東部邊境的軍事壓力，與之結盟確有緩和雙方對峙狀態的可能，特別是在烈祖登基，需擡高南唐在鄰國中的政治聲望之時，高氏荊南不失時機地表

〔註82〕《舊五代史》卷133《高季興傳》，第1752頁。

〔註83〕《冊府元龜》卷178《帝王部・姑息三》，第2143頁。

〔註84〕〔宋〕陸游：《南唐書》卷1《烈祖本紀》，五代史書彙編本（第9冊），杭州出版社點校本2004年版，第5465頁。《十國春秋》卷101《荊南二・文獻王世家》，第1441頁。

明臣屬意願的舉動，尤爲適合時宜，其結果不出所料。然而，這種結盟並非兩國間平等交往的產物，而是以高氏荊南的臣屬爲前提而締結的同盟關係。高氏荊南此前稱臣於吳，亦當是如此。正因爲高氏荊南在與大國交往時，屢屢有稱臣行爲，所以，誠如胡三省所言：「高從誨以區區三州介居唐、吳、蜀之間，利其賞賜，所向稱臣，諸國謂之『高賴子』，其有以也夫。」〔註85〕「高賴子」之得名，與外交上的這種稱臣行爲，大有淵源。基於此，高氏荊南在與鄰國交往時，難免會遭歧視，所謂「諸國賤之」〔註86〕，反映的其實就是高氏荊南在其時外交舞臺上的低下地位。

再來看王國體制的利與弊。

高氏荊南的王國體制並不明顯，是藩鎮體制的附屬物。其優點的集中表現是，有利於增強該政權的獨立性。其內政外交的處理，儘管有受制於藩鎮體制的因素，但絕大多數時候，高氏荊南的統治意志仍能暢行無阻。其人事任命，固然有無可避免的上奏手續，但其人選皆非正朔國從境外委任而至，包括節度副使、兩使判官和軍事判官等要職，無一不是高氏荊南先做主張，再以表請的方式經朝廷認可，雖然必須拘於形式，可是較之於五代王朝轄境內的藩鎮已有較大差別。更不用說，中原王朝或吳、南唐從未派駐監軍使至高氏荊南，監督和干涉其政務了。在外交上，如前文所說，高氏荊南也有同時奉兩國正朔的情況出現，不要說其時的一般藩鎮不可能做到此點，這種現象在南方割據政權中也是絕無僅有的。

並且，在對外戰爭上，高氏荊南的軍事行動基本上也不受正朔國的控制，甚至常常採取針對正朔國的軍事行爲。如早在後梁太祖乾化二年（912）十二月，高季昌就曾以助梁伐晉爲藉口，攻擊襄州。〔註87〕後漢初年，高從誨亦有進攻襄州和郢州之舉。〔註88〕五代十國時期，強藩對抗中原王朝發生叛亂的事例，固然爲數不少，但像高氏荊南這樣能屢屢與中原王朝抗衡，卻依然能夠自立一方者，亦僅此而已。

諸如此類，皆非唐末至五代所謂的強藩所能實現者，由此亦可斷言，高氏荊南已遠非強藩可比，其權力運作的空間不僅更大，而且一度呈現出膨脹之勢；其在轄境內統治意志的貫徹與執行，外部勢力無法染指；其對外用兵，

〔註85〕《資治通鑑》卷280，後晉高祖天福元年四月胡三省注，第9141頁。
〔註86〕《資治通鑑》卷287，後漢高祖天福十二年八月，第9376頁。
〔註87〕《資治通鑑》卷268，後梁太祖乾化二年十二月，第8764頁。
〔註88〕《資治通鑑》卷287，後漢高祖天福十二年八月，第9375頁。

更多時候體現出的是本國的戰略意圖與動機。凡此種種，都是其獨立性超越於藩鎮的明證，而其根源則在於王國體制的存在。

反過來說，因王國體制而產生的獨立性，又往往使高氏荊南深陷困境，為大國打擊高氏荊南提供口實，這正是王國體制的弊端。畢竟高氏荊南在政治上始終是臣屬國，藩鎮體制才是其本色，而王國體制有違藩鎮本份，不合道義原則，並無存在的理由與根據。天成二年（927），後唐曾舉兵高氏荊南，其間的重要原因之一，即是高氏荊南抵制後唐除授夔州刺史，並趁原刺史罷官之機，襲據州城。〔註89〕如此舉動，顯然有悖藩臣之禮，是為「不臣之狀」〔註90〕，而這也恰恰是高氏荊南王國體制的極端表現。由此而引來後唐討伐，可謂是咎由自取。事實上，針對臣屬國王國體制的種種不軌現象，中央政權無不有意予以扼殺。尤其是中原王朝日益強大之際，這種王國體制的成分亦隨之相應減少。前引竇儼出使高氏荊南的例子，已可表明此點。所謂「天子在上，諸侯當各守法度」，在令高氏荊南盡去「僭侈逾制」的車服之後，竇儼方才「宣達君命」。〔註91〕

綜合上述，高氏荊南的藩鎮體制與王國體制各有優長，亦各有弊病，兩者相輔相存，究其實是一種互補性關係。惟有藩鎮體制，高氏荊南無法成為一個獨立性的割據政權，王國體制的存在，正可補其不足，凸現出獨立性；王國體制於理不容，故易招致兵戎相加，此時藩鎮體制又派上用場，稱臣求和，以玉帛而化干戈。就此而論，兩種體制又極具兼容性，相得益彰，同為高氏荊南的生存之道，只不過藩鎮體制始終佔據主導地位，而王國體制居於邊緣地位，王國體制一直是藩鎮體制的附庸。

第二節　高氏荊南的軍事體制

高氏荊南的兵制脫胎於唐末五代的藩鎮兵制，其藩鎮兵體系並不完整，仍以親軍和牙軍為精銳之師。兵種包括水軍、馬軍和步軍，尤以水軍力量最為強大，是內外戰爭中的主力軍；馬軍與步軍雖有設置，但並非主要的野戰部隊。高氏荊南的軍事實力，迭經發展，軍事防禦能力逐步增強，軍隊規模至入宋時已達 30,000 餘人。

〔註89〕《資治通鑑》卷 275，後唐明宗天成二年二月，第 9002 頁。
〔註90〕《舊五代史》卷 133《高季興傳》，第 1752 頁。
〔註91〕《宋史》卷 263《竇儼傳》，第 9097 頁。

一、藩鎮兵制的淵源及藩鎮兵體系

藩鎮兵，是唐中後期設置藩鎮的產物，藩鎮的出現與節度使制度的形成、發展密切相關。節度使制度肇始於唐高宗永徽（650～655）年間，形成於唐睿宗景雲（710～711）年間，廣施於唐玄宗開元（713～741）、天寶（742～756）時期。安史之亂以後，邊疆節度使與內地採訪使（後改為觀察處置使）相結合，逐漸推廣於內地，節度使體制遂普及於全國。在此過程中，起初僅為地方軍政首腦的節度使，相繼又掌管地方行政、財政等大權。與之相應的是，唐前期監察意義上的道與單純軍事上的道，漸趨合流，由此而形成一種凌駕於地方州縣之上的地方行政實體，此即唐後期的道，也稱方鎮或藩鎮。每道皆有支州，「大者連州十餘，小者猶兼三四」〔註92〕，藩鎮割據的局面自此出現，軍事格局中的外重內輕、尾大不掉之勢，愈演愈熾，並一直延續至唐亡。五代十國，係由唐末藩鎮割據發展而來，唐代設置節度使和藩鎮的遺制，也被繼承下來。藩鎮轄區內直屬於節帥之兵，即為藩鎮兵，唐代中後期以來即是如此，五代十國沿而不改。

藩鎮兵的兵員，自唐代中葉以降，已開始採用募兵制的方式徵集。與以義務兵役制為特色的府兵制有所不同的是，募兵制是職業雇傭兵制度，以自願入募為前提，此前的強制徵兵措施，原則上已被取消。士兵一經入籍，即為官健，衣糧、作戰所需武器裝備等，均由政府提供，且長年為兵，直至年老復員。但是，募兵制的自願投募原則往往很難付諸實施，於是，驅民為兵、抓夫入伍等以強制手段徵兵的方式，從未絕跡，兵役仍然存在。故而，五代十國時期兵員的徵集，主要有募兵制和徵兵制兩種。

藩鎮兵是地方兵，與作為中央王朝核心武裝力量的禁軍有所區別。迄至唐末，藩鎮兵體系主要由親兵、牙兵、外牙兵、外鎮兵、州兵與鄉兵等組成，其職責各有不同。以下僅述其大概，具體史源不再一一引徵。〔註93〕

親兵，至遲出現於唐末，常稱親軍，駐紮於節度使治所所在州內，是藩鎮兵中的精銳，也是構成節帥私人武裝的骨幹力量，直接聽命於節帥，在藩鎮兵體系中，其地位類似於中央政權的禁軍。藩鎮兵中親軍的創設，源於牙軍的桀驁不馴。唐末以降，向為藩帥倚重的牙軍，愈益驕橫難制，廢置主帥，

〔註92〕《新唐書》卷50《兵志》，第1329頁。
〔註93〕可參酌陶懋炳著，張其凡師、曾育榮增補：《中國歷史·五代史》第八章第二節「藩鎮兵」，人民出版社2009年版。

有同兒戲。爲此，節帥爲鞏固其地位，有必要在牙軍之外，另外設立一支精幹的武裝力量，是爲親軍。起初，親軍駐守於節帥使院及內宅，位於牙城之內，遂形成與牙軍共同守護牙城、相互牽制的局面。其後，隨著親軍規模、數量的擴大，一部分親軍當移於牙城之外。親軍本爲抑制牙軍而設，其精銳程度當在牙軍之上，惟有如此，節帥方能借助親軍打擊驕縱的牙軍，否則便難以形成對牙軍的壓力。親軍的兵員，以流亡客戶、盜匪、無賴不逞之徒爲主體，其最高統帥爲節帥，又因編制層級的不同，分別有都指揮使、指揮使、都知兵馬使、都虞候、軍使、都頭等軍官職級，具體負責管理和指揮。隨著實力的不斷壯大，親軍逐漸演變爲藩鎮兵中的主要野戰部隊，並被冠以「都」、「軍」等名目各異的種種軍號。由於屢立奇功，親軍在藩鎮親衛軍權力結構中遂居核心地位，演變爲節帥至爲倚重的主力部隊。一旦節帥入主中朝，親軍亦相應地被擢升爲禁軍，故禁軍中亦有親軍之稱。

　　牙兵，往往又稱作牙中軍、牙內軍、牙內親軍、內牙軍、內衙親軍，其實皆因守衛使牙而得名。節度使治所的州城，由內而外分別爲牙城、子城與羅城，牙軍即駐於牙城之內，起初的職責爲「番宿衙城」〔註94〕，即宿衛牙城與保衛節帥。牙兵的設置，淵源於唐肅宗至德（756～758）年間魏博鎮田承嗣時期，所謂「魏之牙中軍者，自至德中，田承嗣盜據相、魏、澶、博、衛、貝〔註95〕等六州，召募軍中子弟置之部下，遂以爲號」〔註96〕。自此之後，節度使在其麾下設置牙軍，殆爲常事。五代時期，其風不息。作爲節帥衛隊的牙軍，之後也慢慢演變爲節帥攻城掠地、對外征討的主力部隊之一。其與節帥的關係較爲密切，比之於唐末已有所改善，亦是節帥所豢養的私兵。

〔註94〕《舊唐書》卷19上《僖宗紀》，第653頁。
〔註95〕相州，治今河南安陽市，轄境相當今河北磁縣、成安縣以南，河南內黃縣以西，湯陰縣以北，林州市以東地。
　　　　魏州，治今河北大名縣東北大街鄉，轄境相當今河北大名、魏縣、河南南樂、清豐、范縣、河北館陶，山東冠縣、莘縣等市縣地。
　　　　博州，治今山東聊城市東北二十五里，轄境相當今山東聊城市及高唐、茌平等縣。
　　　　衛州，治今河南衛輝市，轄境相當今河南新鄉、衛輝、輝縣、濬縣、淇縣、滑縣、新鄉等市縣地。
　　　　貝州，治今河北清河縣城關鄉西北十二里，轄境相當今河北清河縣、山東臨清市及武城、夏津等縣地。
〔註96〕《舊唐書》卷181《羅弘信傳附子羅威傳》，第4692頁。

牙外兵與外鎮兵也均是直屬於節度使的藩鎮武裝。牙外兵，是指佈防於藩鎮治所州城的子城、羅城，以及州城之外鄰近州縣的軍隊，通常也稱為府兵，其職責包括戍守子城與羅城、戍邊與參加戰鬥，有時也有遏制、打擊親軍的作用。外鎮兵，則指屯駐於藩鎮會府之外巡屬諸州縣的軍隊，其指揮權歸屬於鎮將。直屬於藩鎮的鎮將是藩鎮對巡屬州郡實施自治的有力工具，其所依憑的正是藩鎮派駐各鎮的外鎮兵。外鎮兵的本職是治安防衛，也常常承擔外出作戰的軍事任務。

州兵，指藩鎮下轄各州由刺史統領的軍隊，係由唐代團結兵發展而來。但此時的州兵徵集主要依靠召募的方式，實為官健。州兵，以土著為主要成員，兵力不是太多，故以保土安民為本職，在州境遭遇外來武裝侵略時，肩負抵禦外侮的重責。州兵奉命對外作戰時，方離開本土，配合藩鎮或中央政府的軍事行動。

鄉兵，即地方鄉里武裝，並非正規化部隊，是臨時強徵鄉里百姓或募集群盜悍匪而組成的軍隊，屬於民兵性質。中央政府和地方官府，都有權徵召鄉兵，鄉兵的職責主要是自衛鄉里，但由於不嫻戰事、缺乏訓練，故其作戰能力一般不是太強。

二、高氏荊南兵制

前已有述，高氏荊南以藩鎮的政治體制為主，其兵制與唐末以來的藩鎮兵制同出一轍，具有鮮明的藩鎮兵制特色，而無禁軍建制，這在南方割據政權中也是獨此一例。從目前所掌握的材料看，高氏荊南的藩鎮兵制似乎不太健全，在其藩鎮兵體系中，惟見親軍和牙軍，藩鎮兵體系中的其餘部隊，諸如牙外軍、外鎮兵、州兵與鄉兵，均未見設置。之所以如此，既有可能源於史籍脫載，亦有可能基於地域狹小的緣故，在親軍和牙軍之外，其餘軍隊一概未予創立。

親軍和牙軍，自唐末以來即已成為節帥麾下的精銳部伍，高氏荊南的主力部隊同樣由親軍和牙軍組成，並且皆以將才出眾者為統兵將領，其最高統帥理所當然是高氏五主。

高氏荊南親軍的產生，晚於牙軍。起初，高季昌以潁州防禦使身份出任荊南留後時，朱全忠從趙氏兄弟手中奪取荊南未久，荊南軍隊的建制應該不會很完整，藩鎮兵的體系存在缺陷，兵力也必然不會太多，所以，此前雷彥恭屢寇荊南時，高季昌前任賀瓌惟能閉城自守而已。及至季昌赴任，朱全忠

又專門派遣駕前指揮使倪可福率兵五千戍守荊南，以備吳、蜀，朗兵至此方退。〔註97〕由此大致可推知，季昌進駐荊南之前，荊南軍隊的數量與規模必定有限。另據相關史料記載：「初，季興之鎮，梁以兵五千爲牙兵，衣食皆給於梁。」〔註98〕可知，這支牙兵是季昌在荊南擁有的第一支正規部伍，因其原來的防禦使身份，即便麾下有牙兵，數量也不可能太多，縱使其全部尾隨高季昌至荊南，也難以和五千牙兵的規模媲美。不然，朱全忠也不至於另派部隊前來協助。正是在最初的這支牙軍隊伍的基礎上，親軍才逐漸產生、發展和壯大起來。惟史籍闕載，其具體經過尚不甚明瞭。

高氏荊南的親軍亦有名號。《五代史補》卷4《廖氏世胄》載：「荊南高季興次子，忘其名，管親軍雲猛都，謂之雲猛郎君。」另有史料則稱：「季興從子雲猛指揮使從嗣。」〔註99〕綜合兩處記載可知，「雲猛都」爲親軍軍號，其指揮使高從嗣亦因統帥此軍，而得名「雲猛郎君」。從嗣其人，「驍勇有力，喜馳突，深入敵軍，率以爲常」〔註100〕。由於屢立軍功，加之又爲高季昌從子，故能掌管親軍。

高氏荊南的重要武將梁延嗣，也曾一度統領親軍。後唐同光（923～926）年間，梁延嗣歸附於高氏荊南，「從誨既立，擢爲大校，遂承制授歸州刺史。未幾，又遷復州團練使，仍掌親軍」〔註101〕。可見，梁延嗣在較長時期內，一直是高氏荊南親軍的直接統帥。

如前所述，牙軍在高季昌入據荊南之時，即已設置，其前身爲朱全忠宣武鎮牙軍，由駕前指揮使倪可福掌管。其後牙軍不廢，與親軍並置，同爲高氏荊南的精銳之師。如後周顯德（954～960）年間，世宗曾詔「以泰州鹽給荊南牙兵」〔註102〕。其指揮官有牙內指揮使和牙內兵馬副使（親校），任前職者有梁延嗣〔註103〕，任後職者有倪可福〔註104〕與李景威〔註105〕。另有牙將，亦是牙軍

〔註97〕 《資治通鑑》卷265，唐昭宣帝天祐三年十月，第8663頁。

〔註98〕 《新五代史》卷69《南平世家》，第859～860頁。

〔註99〕 《資治通鑑》卷276，後唐明宗天成三年六月，第9020頁。

〔註100〕 《十國春秋》卷102《荊南三・高從嗣傳》，第1456頁。

〔註101〕 《三楚新錄》卷3，第6328頁。《十國春秋》卷103《荊南四・梁延嗣傳》，第1469頁。

〔註102〕 《十國春秋》卷102《荊南三・高保紳傳》，第1457頁。

〔註103〕 《續資治通鑑長編》卷4，太祖乾德元年二月，第84頁。

〔註104〕 《十國春秋》卷102《荊南三・倪可福傳》，第1460頁。

〔註105〕 《九國志》卷12《北楚・李景威傳》，第3371頁。

軍官，任此職者有倪可福〔註106〕、高從詵〔註107〕、高保遜〔註108〕與劉扶〔註109〕。

　　高氏荊南親軍和牙軍的兵員，亦由召募方式而來。高季昌在後梁開平（907～910）年間，即「招聚亡命」〔註110〕；在後梁、後唐易代之際，又大肆招攬後梁軍隊，因此，「梁朝舊軍多爲季興所誘，由是兵眾漸多」〔註111〕。其中提到的「招聚」與「誘」都不同於強徵，致使亡命之徒和後梁軍隊加入高氏荊南的主要原因，在於物質利益的誘惑。質言之，高氏荊南能提供較爲豐厚的衣糧醬菜，此點至爲關鍵。因爲，募兵制時代的兵員，以當兵爲職業，不僅需要以此解決個人生計，還承擔養家糊口的重任，所以往往出現一人當兵而家屬隨營的狀況。在這種情況下，優厚的生活待遇自然能吸引更多投募者。所謂「招聚」與「誘」，無非就是高氏荊南以豐富的生活物資爲誘餌，吸引自願投募者和後梁士卒加入荊南軍隊的舉措。

　　正因爲兵員的籌措以募兵制爲手段，故高氏荊南士卒也稱官健，並照樣長年爲兵，其中甚至不乏年老而在營者，至少宋初時的情形便是如此。宋太祖乾德元年（963）五月，「詔荊南軍士年老者聽自便」〔註112〕。入籍士兵，按照慣例仍由政府統一提供衣糧與器械，在高季昌入主荊南相當長的一段時間內，兵士的供養甚至由後梁解決，即「衣食皆給於梁」〔註113〕。由於自唐末以來，健兒文面、刺字之風已漸趨盛行，如兗州節度使朱瑾、宣武節度使朱全忠、幽州節度使劉仁恭〔註114〕，都曾採取上述措施。此風一開，踵者相繼，漸成制度，誠如史載：「初梁太祖令諸軍悉黥面爲細字，各識軍號，五代至本朝因之。」〔註115〕故而，黥面實際上已逐漸演變爲一種身份標識，因黥

〔註106〕《十國春秋》卷100《荊南一·武信王世家》，第1428頁。

〔註107〕《十國春秋》卷102《荊南三·高從詵傳》，第1456頁。

〔註108〕《十國春秋》卷102《荊南三·高保遜傳》，第1458頁。

〔註109〕《舊五代史》卷101《漢隱帝紀上》，第1348頁。

〔註110〕《舊五代史》卷133《高季興傳》，第1751頁。

〔註111〕《舊五代史》卷133《高季興傳》，第1752頁。

〔註112〕《續資治通鑑長編》卷4，太祖乾德元年五月，第91頁。

〔註113〕《新五代史》卷69《南平世家》，第859頁。

〔註114〕分見《冊府元龜》卷413《將帥部·召募》，第4918頁；《資治通鑑》卷266，後梁太祖開平元年十一月，第8687頁；同書卷265，唐昭宣帝天祐三年九月，第8662頁。

幽州，治今北京市城區西南，轄境相當今北京市區及所轄通縣、房山區、大興縣和天津市武清縣，河北易縣、永清、安次等縣。

〔註115〕〔宋〕沈作賓修，施宿等纂：《嘉泰會稽志》卷4《軍營》，宋元方志叢刊本（第7冊），中華書局影印本1990年版，第6775頁。

面本為刑罰之一種，將其移植到召募士兵的制度中，無形中會影響到時人對軍士的價值判斷，軍人的社會地位亦隨之下降，當兵已成為時人所不恥的卑賤職業，「健兒」則是極具貶斥意義的語彙。如梁延嗣，「起家行伍，居恒諱健兒士卒之語」〔註116〕。可證其是。

三、軍隊構成及軍事實力

　　高氏荊南的軍隊由水軍、馬軍和步軍三個兵種組成，其中，水軍是內外戰爭的主力部隊，馬軍和步軍作用不大，或僅係應名而已。高氏荊南的軍事實力遜色於相鄰政權中的任何一方，誠為事實，但另一方面，由於軍事防禦工程的大量修建，和軍隊規模的不斷擴大，高氏荊南的軍事實力明顯經歷了一個由弱小、漸至相對轉強的過程，未必不堪一擊。

　　先來看高氏荊南的兵種構成情況。

　　水軍，是高氏荊南歷次戰爭中的骨幹隊伍。由於地處河湖縱橫的江漢平原腹心，且靠近長江，荊南軍隊以水軍最為重要，對外征戰多以水軍為主力部隊。有關荊南水軍作戰的記載比比皆是，後梁末帝乾化四年（914）正月，高季昌舉兵前蜀，「先以水軍攻夔州」，因張武鎖峽，「船不得進」，結果大敗而還。〔註117〕後唐莊宗同光三年（925）十月，趁後唐伐蜀之機，高季興「自將水軍上峽取施州」，再次阻於峽中鐵鎖，舟船不能進退，多為矢石所壞，「季興輕舟遁去」，鎩羽而歸。〔註118〕後唐明宗天成（926～930）年間，針對討伐，高季興以舟兵拒敵。〔註119〕後晉高祖天福六年（941）十二月，為配合後晉討伐公然叛亂的山南東道節度使安從進，高從誨派遣都指揮使李端率水軍數千至南津。〔註120〕還有，宋初為平定湖南張文表叛亂，曾命荊南水軍三千赴潭州應援。〔註121〕類似記載甚多，無須一一列舉。據此，即已可知，水軍是高氏荊南對外征戰的常備之師。

　　水軍既以舟船為運載工具，興造戰艦自不可少。後梁乾化（911～915）年間，高季昌即造戰艦五百艘，以為攻守之備。〔註122〕後唐天成元年（926）

〔註116〕《十國春秋》卷103《荊南四・梁延嗣傳》，第1469頁。
〔註117〕《資治通鑑》卷269，後梁均王乾化四年正月，第8782頁。
〔註118〕《資治通鑑》卷273，後唐莊宗同光三年十月，第8942頁。
〔註119〕《舊五代史》卷90《陸思鐸傳》，第1189頁。
〔註120〕《資治通鑑》卷282，後晉高祖天福六年十二月，第9230頁。
〔註121〕《續資治通鑑長編》卷4，太祖乾德元年正月，第82頁。
〔註122〕《資治通鑑》卷268，後梁均王乾化三年九月，第8776頁。

四月，高季興大規模製造戰船。〔註123〕高從誨甚至在後晉使者出使時，借機「大陳戰艦於樓下」，聲言「願修武備、習水戰」，助晉攻伐南唐與後蜀。〔註124〕炫耀兵力的目的在於奉承後晉，故此次所陳戰艦數量必定不會太少。

水軍統帥，稱為「水手都指揮使」。如「李景威，荊州長陽人也。文獻王時，未知名，及仕貞懿王，擢水手都指揮使」〔註125〕。按照五代十國時期正規的軍事編制而言，都指揮使下的軍職還當有指揮使、都將、十將、副將、隊長、長行等〔註126〕。但除指揮使這一級外，其他軍職皆不見於高氏荊南時期。至於前面所提到的大校、牙將，是否設置於水軍，又分別對應於何種軍職，尚難斷定。

馬軍與步軍，在高氏荊南時期，尚未見到有單獨作戰的記載，可能與其實力不濟有關係。而從高氏荊南設有「馬步軍都指揮使」〔註127〕一職來看，馬軍、步軍已形成單獨建制，應該不成問題。步軍甚少見到直接材料，無法具體敘述，相形之下，關於高氏荊南使用馬匹、渴望獲得戰馬的記載，倒是不少，此亦可證馬軍的設立，並非妄言。只不過由於荊南地近南方，境內河港交織，不利於馬戰，加之並無良馬出產，因此，馬軍部隊規模可能極為有限，戰鬥力也一般。但是，若據此即否認馬軍的設置，或有不妥。

高氏荊南境內用馬代步的現象，確有存在。後唐明宗天成三年（928）六月，馬殷奉命進攻荊南，「季興從子雲猛指揮使從嗣單騎造楚壁，請與（馬）希範挑戰決勝」〔註128〕。這是軍事將領用馬的例子。又有史載：「一日，（梁延嗣）與孫光憲同赴毬場，光憲上馬，左右掖之者頗眾。」〔註129〕這是文臣騎馬的事例。另外，軍中急遞亦採用乘馬的方式，如荊南滅亡前夕，梁延嗣等奉命前往宋軍營寨，借犒師之名打探虛實，自認無虞後，即「馳使報繼沖」〔註130〕。由此可知，用馬現象並非僅見，而上述三例中，有兩例均為軍中用馬。

戰馬的獲取，主要通過求賜手段。長興三年（932）十月，高從誨向後唐貢銀、茶，乞賜戰馬，獲馬二十四匹。〔註131〕後晉高祖天福三年（938）六月，

〔註123〕《資治通鑑》卷275，後唐明宗天成元年四月，第8980頁。
〔註124〕《十國春秋》卷101《荊南三·文獻王世家》，第1442頁。
〔註125〕《十國春秋》卷103《荊南四·李景威傳》，第1468頁。
〔註126〕《五代會要》卷12《軍雜錄》，第207頁。
〔註127〕《新五代史》卷69《南平世家》，第858頁。
〔註128〕《資治通鑑》卷276，後唐明宗天成三年六月，第9020頁。
〔註129〕《十國春秋》卷103《荊南四·梁延嗣傳》，第1469頁。
〔註130〕《續資治通鑑長編》卷4，太祖乾德元年二月，第85頁。
〔註131〕《十國春秋》卷101《荊南二·文獻王世家》，第1440頁。

荊南獲賜官馬二十匹。〔註132〕天福五年（940），荊南又獲賜甲馬百匹。〔註133〕
後晉滅亡以後，契丹入主中原，「高從誨遣使入貢於契丹，契丹遣使以馬賜之。」
〔註134〕儘管每次獲賜馬匹不多，但荊南均以戰馬爲求賜對象，其目的當然是
藉此以組建馬軍。以後唐明宗長興（930～933）年間爲例，高從誨求賜戰馬，
即上章稱：「與強寇比鄰，長資防捍，希宣賜戰馬以助軍容。」〔註135〕可知，
添置戰馬以增強軍事實力，才是高氏荊南求賜戰馬的眞實意圖。

　　可能是由於境內馬匹較多的緣故，高從誨對於鑒定馬匹的優劣還獨具心
得。史載：

> 周先帝命內臣李廷玉賜馬與南平王，且問所好何馬。（從誨）乃
> 曰：「良馬千萬無一，若駿者即可得而選。苟要坐下坦穩，免勞控制，
> 唯扇庶幾也。既免蹄齧，不假銜枚，兩軍列陣，萬騎如一。苟未經
> 扇，亂氣狡憤，介胄在身，與馬爭力，鏊控不暇，安能左旋右抽，
> 舍彎揮兵乎？」自是江南蜀馬，往往學騸，甚便乘跨。〔註136〕

其說大概合乎常情，故南唐、後蜀紛紛依此而行。

　　依據上述情況而言，高氏荊南應當有馬軍的建制。但是，因高氏荊南與
中朝接壤，若其馬軍壯大，軍事實力亦相應會有所增強，由此勢必對中朝的軍
事部署產生一定影響。所以，從控扼荊南的戰略意圖出發，中朝對高氏荊南設
置馬軍仍心存芥蒂，如後唐明宗即嘗說：「荊南在內地，何煩設備？」〔註137〕
其意即在於遏制高氏荊南，使其恪守藩臣本分，不至輕舉妄動，惹事生非。
受制於此，高氏荊南的馬軍規模當然不會太大，戰鬥力自然一般，對外征戰
亦非其長。

　　再來看高氏荊南軍事實力的發展情況。

　　軍事實力提高的第一個表現，是防禦能力的增強。在軍事防禦設施的修建
上，高季昌在位時，極爲留意江陵城郭的構築與完善。後梁乾化二年（912）五
月，高季昌「潛有據荊南之志，乃奏築江陵外郭，增廣之」〔註138〕。所謂「荊

〔註132〕《冊府元龜》卷169《帝王部・納貢獻》，第2038頁。

〔註133〕《新五代史》卷69《南平世家》，第858頁。

〔註134〕《資治通鑑》卷286，後漢高祖天福十二年正月及胡三省注，第9337頁。

〔註135〕《冊府元龜》卷168《帝王部・却貢獻》，第2029頁。

〔註136〕《北夢瑣言》卷10《非意致禍》，第218～219頁。另《十國春秋》卷101《荊
　　　　南二・貞懿王世家》記其事爲高保融。第1447頁。茲從前說。

〔註137〕《冊府元龜》卷168《帝王部・卻貢獻》，第2029頁。

〔註138〕《資治通鑑》卷268，後梁太祖乾化二年五月閏，第8758頁。

南舊無外壘，季興始城之」〔註139〕。並「復建雄楚樓、望江樓爲捍敵」〔註140〕。後梁末帝龍德元年（921）十二月，季昌再次派遣都指揮使倪可福率領士卒萬餘人修築江陵外郭。〔註141〕後唐同光（923～926）初年，季興「增築西北羅城，備禦敵之具」〔註142〕。後唐天成二年（927），又「築內城以自固，名曰子城」〔註143〕。至此，江陵城大致已形成完備的羅城與子城結構，即在牙城之外增設了兩道防禦屏障，其目的就是抵禦外來勢力直接進犯牙城。事實證明，此舉果然有效。後唐天成（926～930）年間，明宗遣軍討伐荊南，進圍江陵城，高季興堅壁不戰，後唐軍隊久攻不下。明宗又以樞密使孔循至軍中督戰，「及孔循至，得襄之小校獻竹龍之術，及造竹龍二道，傅於城下，竟無所濟」〔註144〕，遂於天成二年（927）五月，罷荊南之師。〔註145〕是役，高氏荊南能賴以保全，江陵城的易守難攻是其中至爲重要的因素之一，乃至施之以「竹龍之術」亦無法奏效。

又「江陵以水爲險」〔註146〕，在軍事水利防禦工程的營建上，高氏荊南亦頗具特色。其中，至爲有代表性的即是「北海」的修築。《輿地紀勝》卷64《荊湖北路・江陵府上・景物上・北海》稱：高保融於周世宗顯德二年（955）「自西山分江流，方五七里，築堤而居，謂之北海」〔註147〕。另有史籍亦載：高保融「於紀南城北決江水瀦之，凡七里餘，謂之北海，以閡行者」〔註148〕。此工程可能不乏其他用途，但既可「閡行者」，當然亦能起到阻擋敵軍的作用。北宋初年，因高保寅朝覲而歸，太祖「諭旨令決去（北海），使道路無阻」〔註149〕。至南宋時期，爲阻止金軍南牧，再次築堤蓄水，先後修建「三海八櫃」，此舉即是倣仿高氏荊南的「北海」工程。如《嘉慶一

〔註139〕《舊五代史》卷133《高季興傳》，第1751頁。

〔註140〕《十國春秋》卷100《荊南一・武信王世家》，第1429頁。

〔註141〕《資治通鑒》卷271，後梁均王龍德元年十二月，第8871頁。

〔註142〕《舊五代史》卷133《高季興傳》，第1752頁。

〔註143〕《十國春秋》卷100《荊南一・武信王世家》，第1436頁。

〔註144〕《舊五代史》卷61《劉訓傳》，第821頁。《冊府元龜》卷438《將帥部・無功》與此大致相同，第5200頁。

〔註145〕《舊五代史》卷38《唐明宗紀四》，第524頁。

〔註146〕《輿地紀勝》卷64《荊湖北路・江陵府上・景物上・三海》，第2202頁。

〔註147〕《十國春秋》卷101《荊南二・侍中保勗世家》記其事爲：後周太祖顯德元年（954），「是時，王修江陵大堰，改名曰北海。」第1447頁。按，此載繫其時爲「顯德元年」，與《輿地紀勝》不同。今從《輿地紀勝》。

〔註148〕《十國春秋》卷101《荊南二・侍中保勗世家》，第1450頁。

〔註149〕《宋史》卷483《荊南高氏世家》，第13953頁。

統志》卷 345《荊州府二・名宦》載：劉甲，「孝宗時知江陵府，湖北安撫使，甲謂荊州爲吳蜀脊，高保融分江流瀦水爲北海……即因遺址濬築，亙四十里」。據此可見，北海工程的軍事意義的確突出，其原本是高氏荊南爲阻擋中原軍隊南下侵襲而設置的一道軍事防線，故而，宋太祖從順利開展統一戰爭的角度出發，下令決去，其意亦在於減小未來戰爭中可能遭遇到的阻力。

　　軍事實力提高的第二個表現，是軍隊規模的擴大。高季昌出任荊南留後時，因軍隊過少，朱全忠恐其難以抵禦武貞軍雷彥恭的入寇，特遣派遣駕前指揮使倪可福率兵五千，戍守荊南以備吳、蜀，雷彥恭軍隊隨之撤退。〔註150〕這支爲數 5,000 人的軍隊，應該就是高季昌最初的主力隊伍，當然，還需加上原荊南留後的部隊，但估計人數不會太多，兩者相加大約不會超過萬人。後梁乾化四年（914），季昌曾舉兵進攻前蜀所轄原荊南鎮隸屬州郡，僅夔州一役，荊南水兵即被俘斬五千級。〔註151〕僅水兵俘斬者即達五千之眾，可以想見，此次用兵規模之大，至於這一數字在當時荊南軍隊中的比例，史籍無載，故無法據此測知此時荊南軍隊的具體規模。不過，此次大敗，令季昌沉寂了許久，直至後梁滅亡，也未再敢越雷池半步，尋釁於前蜀。所謂「荊人縮于歸峽，不敢西寇以爭故地」〔註152〕。由此來看，夔州一役損失的 5,000 餘人，對於高氏荊南而言，絕非一個小數字。所以，這時高氏荊南軍隊的規模可能會超過萬人，但應該不會多出很多。夔州一役的損耗，歷經多年，才有所恢復。龍德元年（921）十一月，高季昌派遣倪可福率領士卒萬人修江陵外郭。此次軍事性力役，不可能是高氏荊南全部的武裝力量。但至少可說明，其軍隊數量明顯已突破萬人。大致已回復到乾化四年（914）伐蜀前的水準，或者已有所增加。

　　高氏荊南軍隊規模的大幅擴充，始於後梁、後唐更迭之時。高季興借機大肆招誘後梁舊部，由是「兵眾漸多」〔註153〕。雖然具體數字仍然不詳，但較之此前的萬餘人，定然已是大大增加。天福六年（941）十二月，後晉平定襄州叛亂期間，高從誨派遣都指揮使李端將水軍數千至南津。〔註154〕能以數千軍隊援助晉軍，其軍隊規模少說也應有此數的兩、三倍。

　　一直到宋初，高氏荊南軍隊的具體規模才有一個較爲明確的數字，所謂

〔註150〕《資治通鑑》卷 265，唐昭宣帝天祐三年十月，第 8663 頁。
〔註151〕《資治通鑑》卷 269，後梁均王乾化四年正月，第 8782 頁。
〔註152〕《居士集》卷 42《送田畫秀才寧親萬州序》，見《歐陽修全集》，第 291 頁。
〔註153〕《舊五代史》卷 133《高季興傳》，第 1752 頁。
〔註154〕《資治通鑑》卷 282，後晉高祖天福六年十二月，第 9230 頁。

「控弦不過三萬」〔註155〕，拋開此語所隱含的敵意成分，則荊南軍隊人數在30,000上下，應該不成問題。從最初僅有萬餘人的部隊，至宋初規模達到30,000人，其間儘管經過近60年的時間，但高氏荊南軍隊人數始終處於不斷擴大之中，卻是事實。而軍隊人數的增多，無疑是其軍事實力增強的體現。

總體而言，高氏荊南的軍事實力呈現穩步增長的趨勢。但由於其發展軍事的重點和中心在於確保自身的安全，此點從其所修建的一系列防禦工程上即可窺知，由此亦決定了高氏荊南軍隊攻敵不足、守境有餘的特點。所以，高氏荊南對外作戰能力一般，外出征戰屢吃敗仗，而在固邦守土上，則能應付裕餘。

第三節　高氏荊南的武將群體

高氏荊南的武將，既是軍隊的日常管理者，又是高氏荊南開展內外戰爭的具體指揮者。在該政權由藩鎮發展爲獨立的割據性政權的過程中，經常有相鄰勢力入侵其境，高氏荊南爲拓展疆域，亦往往對外開戰，諸如此類的大小戰事，皆有武將參與其中。正是憑藉武將的指揮作戰，高氏荊南多次禦敵於國門之外，保有其境。

一、武將群體與高氏荊南的內外戰爭

在高氏荊南的內外戰爭中，屢屢見到武將指揮作戰或參與軍事謀劃的事例。

如倪可福，爲高季昌入主荊南之初的得力幹將，曾多次率兵出戰或拒敵。後梁開平元年（907）十月，會同楚將秦彥暉攻擊朗州雷彥恭，迫使雷彥恭投降淮南。〔註156〕開平二年（908）八月，後梁叛將李洪入寇荊南，倪可福奉命禦敵，一舉擊敗李洪叛軍。〔註157〕乾化二年（912）十一月，吳淮南節度副使陳璋等於突襲楚岳州後，趁機進攻荊南，倪可福統兵作戰。次年正月，吳軍撤退。〔註158〕見於史載的這三則由倪可福統兵作戰的事例，都以荊南的勝利而告終，由此不難窺知倪可福非同一般的指揮才能。

再如王保義，原名劉去非，本係唐末幽州節度使劉仁恭之子守奇部將，在經多次改投後，於後梁、後唐易代之際，投奔高氏荊南。王保義在荊南內

〔註155〕《續資治通鑑長編》卷4，太祖乾德元年正月，第81頁。
〔註156〕《資治通鑑》卷266，後梁太祖開平元年十月，第8685頁。
〔註157〕《資治通鑑》卷267，後梁太祖開平三年八月，第8716頁。
〔註158〕《資治通鑑》卷268，後梁太祖乾化二年十一月，第8764頁；同書卷268，後梁均王乾化三年正月，第8765頁。

外戰爭中所發揮的作用，惟見一例。後晉高祖六年（940）四月，襄州節度使安從進謀反，欲聯絡荊南共同起兵，高從誨不爲所動，遂遺書勸其消除叛逆之心。安從進心懷怨恨，反而上奏後晉朝廷，誣陷高從誨。時任荊南行軍司馬的王保義，勸高從誨將事情的眞相上奏於後晉，且表達出兵援助後晉平叛的意願。高從誨採納其議。〔註159〕並在後晉討伐安從進的戰爭中，出兵相助。不久，安從進敗亡，荊南亦未因此事而受到牽連。出現這種結果，當然有王保義謀劃之功。

如李端，在後晉出兵平定安從進的叛亂時，奉高從誨之命，以都指揮使的身份，率領水軍三千進抵南津，聲援後晉的平叛。〔註160〕

如魏璘，在後周世宗顯德五年（958）攻伐南唐的戰事爆發後，奉高保融之命，「將戰船百艘東下會伐唐，至於鄂州」〔註161〕。因此類軍事行動，往往徒具助其聲威的意義，魏璘在戰爭中的具體表現，現已無法詳知。

如李景威，太祖乾德元年（963），「湖南張文表叛，周保權求救於朝廷，詔江陵發水軍三千人赴潭州，（高）繼沖即遣親校李景威將之而往」〔註162〕。但事實上，高氏荊南軍隊未及參與戰鬥，張文表之叛已被平定。

史籍所見，惟上述諸人或統兵作戰，或參與謀劃，或指揮軍旅，其他武將率軍征戰的事例，則無復可見。這種情況的出現，一定程度上當與高氏荊南後期戰爭較少有關。

二、武將群體與高氏荊南國運

武將群體是高氏荊南指揮軍隊的基本人員，其對軍隊的統御與指揮，是高氏荊南成功抵抗外侮、自保一方的重要因素之一。具體來看，武將群體在高氏荊南的發展過程中，所發揮的作用與高氏荊南國運密切相關，這種作用主要表現爲：

其一，驅逐入侵勢力，保全其境。如後梁開平二年（908）八月，山南東道節度使李洪舉兵反叛，麾師南下進攻荊南。高季昌命倪可福率軍迎敵，擊退李洪的進犯。又如乾化二年（912）十一月，吳淮南節度副使陳璋統領水軍襲擊楚岳州，執其刺史；回師途中，順勢攻擊荊南，高季昌「遣其將倪可福

〔註159〕《資治通鑑》卷282，後晉高祖天福六年四月，第9222頁。
〔註160〕《資治通鑑》卷282，後晉高祖天福六年十二月，第9230頁。
〔註161〕《資治通鑑》卷294，後周世宗顯德五年正月，第9578頁。
〔註162〕《宋史》卷483《荊南高氏世家》，第13953～13954頁。

拒之」〔註163〕。不久，吳軍撤離。上述兩次外來勢力的入侵，均在倪可福的指揮下而被擊退。這對於其時立足未久、根基不穩的高氏荊南而言，無疑有利於政權的鞏固。

其二，消除生存隱患，免遭兵燹。上引王保義的例子，即為明證。安從進的謀反，很快招致後晉軍隊的討伐。後晉高祖天福七年（942）八月，安從進兵敗，舉族自焚。就此來看，當初王保義對高從誨的建議，至少使高氏荊南避免了後晉軍隊的打擊，得以遠離戰禍。

其三，歸降納土，永保富貴。趙宋政權建立後，統一的形勢日益明朗，高氏荊南被納入大一統的版圖亦成大勢所趨。高繼沖嗣位以後，軍政大權盡歸梁延嗣，而身為高氏荊南後期重要武將的梁延嗣，對於高繼沖的歸降納土，起到了積極的促進作用。宋太祖欲借平定張文表叛亂、出師湖南的機會，利用借道荊南之計，順便吞併荊南。在宋使第二次向高繼沖提出假道請求時，梁延嗣與孫光憲皆勸高繼沖應允。〔註164〕正是在兩人的勸說下，高繼沖方始同意宋軍假道的要求。關於此點，即如史載：「繼沖之納土也，延嗣亦嘗勸之。」〔註165〕可以設想，如果梁延嗣與孫光憲意見不一致，則宋軍假道之計未必能如此順利地得以實施。一旦高氏荊南採取與宋軍對抗的態度，其結果不惟是喪師滅國、黎民塗炭，而且，荊南高氏很有可能遭遇滅族之禍。就此來看，梁延嗣的勸說與建議，亦是荊南高氏在入宋以後仍能繼續傳承的原因之一。

要之，高氏荊南的武將群體，在該政權由自立、自保至和平入宋的過程中，都曾以種種方式影響到荊南高氏的走勢，是高氏荊南政權中一股不可忽視的力量。

三、武將群體的個案考察

據史籍所載，高氏荊南武將，今可考知者，有如下數人。

倪可福

生卒年無考。《十國春秋》卷104《荊南三》有傳。

可福，本係朱全忠部下駕前指揮使，唐天祐三年（906）十月，高季昌取代賀瓌任荊南留後，以抵禦武貞節度使雷彥恭進攻江陵，為防備吳、蜀乘機

〔註163〕《資治通鑑》卷268，後梁太祖乾化二年十一月，第8764頁。
〔註164〕《續資治通鑑長編》卷4，太祖乾德元年二月，第84頁。
〔註165〕《宋史》卷483《荊南高氏世家》，第13956頁。

出兵，朱全忠又遣倪可福「將兵五千戍荊南以備吳、蜀」〔註166〕。倪可福自此追隨高季昌。可福指揮有方，朗兵隨即退去。「武信王愛其勇，使隸戲下爲親校」，並嫁其女與可福之子，「心相得也」。〔註167〕

可福進入荊南後，作爲該政權前期的重要將領，曾多次參與內外戰爭，「摧鋒陷陳，所向克敵」〔註168〕，屢立戰功。在高氏荊南前期鞏固立足之地的過程中，倪可福屢次率軍成功抵禦朗州雷氏軍隊和吳軍的入侵。

可福竟以功名卒於荊南。其死後，荊南高氏「賜田於江陵東三十里，子孫聚居其處，號曰諸倪岡」〔註169〕。

另外，《江陵志餘》載：

> 諸倪岡有轉魚臺，乃將軍倪可福故宅。

> 倪軍市在城東六十里，倪可福屯軍之所。地有八井，歲久湮沒。

> 又有倪將軍廟在城西五里，以其有修隄功，故祀之。〔註170〕

凡此種種，都表明倪可福功勳卓著，不僅深得荊南高氏器重，而且爲民所景仰。

鮑唐

生卒年無考。《十國春秋》卷102《荊南三》有傳。史載：

> 鮑唐，故梁復州知州。爲吳將李簡所執，已而歸武信王，武信王俾同倪可福隸戲下，遂與可福齊名。〔註171〕

王保義

生卒年無考，幽州人〔註172〕。《十國春秋》卷102《荊南三》有傳。

史籍中保留了王保義奔荊南前的事跡，《舊五代史》卷133《高季興傳》、《冊府元龜》卷879《總錄部·計策第二》均有記載，兩處文字稍異。據前書載：

> 保義本姓劉，名去非，幽州人。少爲縣吏，粗暴無行，習騎射，敢鬥擊。劉仁恭之子守奇善射，唯去非許以爲能。守奇以兄守光奪父位，亡入契丹。又自契丹奔太原，去非皆從之。莊宗之伐燕也，守奇

〔註166〕《資治通鑑》卷265，唐昭宣帝天祐三年十月，第8663頁。
〔註167〕《十國春秋》卷102《荊南三·倪可福傳》，第1460頁。
〔註168〕《十國春秋》卷102《荊南三·倪可福傳》，第1460頁。
〔註169〕《十國春秋》卷102《荊南三·倪可福傳》，第1460頁。
〔註170〕《十國春秋》卷102《荊南三·倪可福傳》注引《江陵志餘》，第1460～1461頁。
〔註171〕《十國春秋》卷102《荊南三·鮑唐傳》，第1461頁。
〔註172〕按，《十國春秋》卷102《荊南三·王保義傳》以其爲「江陵人」。第1459頁。
今不取，從上引《舊史》與《冊府元龜》所載。

從周德威引軍前進，師次涿州，刺史姜行敢登陴固守，去非呼行敢曰：「河東小劉郎領軍來爲父除兇，爾何敢拒！」守奇免冑勞之，行敢遙拜，即開門迎降。德威害其功，密告莊宗，言守奇心不可保。莊宗召守奇還計事，行次土門，去非說守奇曰：「公不施寸兵下涿郡，周公以得非己力，必有如簧之間，太原不宜往也。公家於梁，素有君臣之分，宜往依之，介福萬全矣。」守奇乃奔梁，梁以守奇爲滄州留後，以去非爲河陽行軍司馬。時謝彥章移去非爲郢州刺史。及莊宗平河、洛，去非乃棄郡歸高季興，爲行軍司馬，仍改易姓名。〔註173〕

另孫光憲曾稱王保義爲「王蜀黔南節度使」〔註174〕。對此，有學者認爲，莊宗滅後梁，劉去非懼禍，遂投奔前蜀，被任命爲黔南節度，其「王保義」之姓名，或爲前蜀後主王衍所賜。不久，後唐滅前蜀，王保義轉而依附朱梁舊臣荊南高季昌。《舊五代史》、《冊府元龜》即有可能脫載此事。〔註175〕

上述經歷表明，王保義確係一員猛將，有獨當一面之將才。俗謂「千軍易得，一將難求」，這樣一位不可多得的統軍將領，能主動投歸荊南，對於高氏荊南軍事實力的提升，意義格外重大。王保義在荊南期間，深得高氏父子信任，是荊南實施對外戰爭方略的重要決策者之一，「季興父子倚爲腹心，凡守藩規畫，出兵方略，言必從之」〔註176〕。爲籠絡王保義，高從誨還採取結爲姻親的手段，以確保其能一心爲高氏荊南政權服務。據載，王保義之子惠範娶高從誨之女〔註177〕；王保義女嫁高從誨之子保節〔註178〕。王保義本人也屢屢被委以重任，後晉高祖天福二年（937），「攝荊南節度行軍司馬、檢校太保、歸州刺史王保義加檢校太傅，知武泰軍節度觀察留後，充荊南行軍司馬兼沿淮巡檢使」〔註179〕。後漢隱帝乾祐二年（949），「以荊南節度行軍司馬、武泰軍節度留後王保義爲檢校太尉，領武泰軍節度使，行軍如故」〔註180〕。

〔註173〕涿州，治今河北涿州市，轄境相當今涿州市、雄縣及固安縣地。

滄州，治今滄縣東南四十里舊州鎮，轄境相當今天津市海河以南，靜海縣及河北青縣、泊頭市以東，東光及山東寧津、樂陵、無棣以北地區。

〔註174〕《北夢瑣言逸文補遺》之《王氏女》，見《北夢瑣言》，第453頁。

〔註175〕參見房銳：《孫光憲與〈北夢瑣言〉研究》，中華書局2006年版，第42頁。

〔註176〕《舊五代史》卷133《高季興傳附高從誨傳》，第1754頁。

〔註177〕《三楚新錄》卷3，第6329頁。

〔註178〕《北夢瑣言逸文補遺》之《王氏女》，見《北夢瑣言》，第453頁。

〔註179〕《舊五代史》卷76《晉高祖紀二》，第1003頁。

〔註180〕《舊五代史》卷102《漢隱帝紀中》，第1357頁。

武泰軍，治今重慶涪陵市，所轄即唐末黔中道地域。

　　史籍中關於王保義的記載並不多見，但在有限的材料中，王保義臨事果敢、智勇雙全、識機應變的風格，依然有所顯現。史載：後晉高祖天福六年（941）四月，山南東道節度使安從進舉兵叛亂，「求援於荊南，高從誨遣從進書，諭以禍福；從進怒，反誣奏從誨。荊南行軍司馬王保義勸從誨具奏其狀，且請發兵助朝廷討之；從誨從之」〔註181〕。荊、襄脣齒相依，襄州局勢混亂，勢必波及於荊南，故從誨以大局爲重勸安從進息事寧人。不料，安從進倒打一耙，反而誣陷從誨。值此情勢，稍有不慎，即會將戰火引至荊南，甚至僵化與中原王朝的關係，使荊南的生存處境更加艱難。深諳此點的王保義，建議從誨向後晉朝廷陳述事實，並明確表達出兵幫助平叛的意向。從誨依計而行，果然成功化解了危機。這一事件的妥善解決，王保義居功至偉。

　　作爲幕府要員之一的孫光憲，對王保義的軍事才華也是格外讚賞，呼其爲「同僚王行軍」，並稱：「時有行軍王副使，幽燕舊將，聲聞宇內。」〔註182〕

魏璘

　　生卒年無考。《十國春秋》卷103《荊南四》有傳。

　　魏璘，「勇略絕倫」，是荊南繼倪可福、鮑唐之後的又一名將。〔註183〕高保融在位時，曾任指揮使。後周世宗征南唐，魏璘曾領兵助戰。

李端

　　生卒年無考。現存史籍中惟知其曾率軍助後晉討伐襄州，《資治通鑑》記載：「高從誨遣都指揮使李端將水軍數千至南津。」〔註184〕

劉扶

　　生卒年無考。僅《十國春秋》卷103《荊南四·魏璘傳》載：「同時又有客將陸扶者驍果亦亞於璘。」〔註185〕

〔註181〕《資治通鑑》卷282，後晉高祖天福六年四月，第9222頁。另，《十國春秋》卷102《荊南三·王保義傳》亦載此事。第1459頁。
〔註182〕《北夢瑣言逸文》卷2《趙生王舍人顏雲迂誕》，見《北夢瑣言》，第407頁。
〔註183〕《十國春秋》卷103《荊南四·魏璘傳》，第1467頁。
〔註184〕《資治通鑑》卷282，後晉高祖天福六年十二月，第9230頁。
〔註185〕按，《舊五代史》卷101《漢隱帝紀上》載：乾祐元年（948）六月，「荊南節度使高從誨上表歸命，從誨嘗拒朝命，至是方遣牙將劉扶詣闕請罪」。第1348頁。據此可知，《十國春秋》所載「陸扶」當爲「劉扶」之誤。

梁延嗣

生卒年無考，復州竟陵（今湖北天門市）人〔註186〕，是高氏荊南後期的重要將領。《宋史》卷483、《十國春秋》卷103《荊南四》有傳。

延嗣原為後唐將領，後被高季興所獲。高從誨繼任後，提拔他為大校，授歸州刺史。後又領復州團練使，掌管親軍。高保勗病危時，梁延嗣主張立高保融之子高繼沖，故「繼沖之得立，延嗣功居多焉」〔註187〕。繼沖即位後，「刑政、賦役委節度判官孫光憲，軍旅、調度委衙內指揮使梁延嗣」〔註188〕，全力負責軍政事宜。

宋太祖乾德元年（963），梁延嗣與孫光憲等極力勸說繼沖歸順宋朝。隨後，他「率荊之水軍從慕容延釗越戰」，被太祖授予復州防禦使，充湖南前軍步軍都指揮使兼排陣使。後改濠州防禦使。因「有善政，詔書褒美」〔註189〕。

梁延嗣富有識見，「頗知書，好接士」〔註190〕。但因長期以來，軍士地位不高，當兵被視為下等職業，故梁延嗣深以出身行伍為恥。史載：「延嗣出家行伍，居恒諱健兒、士卒之語。一日，與孫光憲同赴毬場，光憲上馬，左右掖之者頗眾，延嗣在後戲曰：『孰謂大卿年老而彌壯邪？良由扶持力爾！』光憲回顧曰：『非是眾扶，蓋是老健。』延嗣不勝怒，論者少之。」〔註191〕

李景威

生卒年無考，峽州長陽（今湖北長陽土家族自治縣）人〔註192〕。高氏政

〔註186〕《三楚新錄》卷3，第6329頁。另，《宋史》卷483《荊南高氏世家》稱其為「京兆長安人」。第13956頁。今從前者。

〔註187〕《十國春秋》卷103《荊南四·梁延嗣傳》，第1469頁。

〔註188〕《續資治通鑑長編》卷4，太祖乾德元年二月，第84頁。

〔註189〕《宋史》卷483《荊南高氏世家》，第13956～13957頁。

〔註190〕《宋史》卷483《荊南高氏世家》，第13957頁。

〔註191〕《十國春秋》卷103《荊南四·梁延嗣傳》，第1469頁。

〔註192〕《輿地紀勝》卷73《荊湖北路·峽州·人物·李景威》注云：「長陽下魚鄉人也。……其子孫及墓在長陽。天成之契要，開寶之公據，墓前之經幢，皆足證。而《長編》指以為歸州人，非也。」第2443頁。同書同卷《荊湖北路·峽州·碑記·李將軍墓經幢》注云：「在清江北霧洞山。李景威嘗事高季興，高氏納土，守義以死，子孫因家墓傍，有經幢可考。」第2446頁。《新五代史》卷69《南平世家》記孫光憲之語，謂其為「峽江一民」。第860頁。《續資治通鑑長編》卷4「太祖乾德元年二月」亦稱其為「峽江一民」、「歸州人」。第84～85頁。關於李景威籍貫，亦另有他說。如《九國志》卷12《北楚·李景威傳》稱其為「公安人」。第3371頁。《十國春秋》卷103《荊南四·李景威傳》稱其為「荊州長陽人」。第1468頁。按，《輿地紀勝》之說，有實物為證，較之他說，可信度更高，茲從之。

權後期重要武將之一。《九國志》卷 12《北楚》、《十國春秋》卷 102《荊南三》有傳。

景威「幼隸於軍，頗有智略」。因戰功屢遷至雲猛指揮使、衙內兵馬副使。「繼沖嗣立，多委任之」〔註193〕。亦曾擔任水手都指揮使。〔註194〕應爲荊南水軍統帥，下述事實似可印證此點。史載：太祖乾德元年（963），「湖南張文表叛，周保權求救於朝廷，詔江陵發水軍三千人赴潭州，繼沖即遣親校李景威將之而往」〔註195〕。李景威忠於高氏，性格剛烈，獻計阻擋宋軍南下。史載其語爲：

> 兵尚權變，城外之說，實不可信。以臣觀之，彼實欲乘釁伐我耳。況今精兵數萬，自先王已訓練備矣，景威雖不才，願盡以相付，不顧性命，爲大王拒之。〔註196〕

其言不被高繼沖採納，遂自殺而死。宋太祖「聞李景威之謀，曰：『忠臣也。』命王仁贍厚恤其家」〔註197〕。

雖然李景威、孫光憲在歸降宋朝的態度上截然有別，但在後世學者看來，各有其理。宋人何焯曾說：「景威、光憲，無妨兩是。區區三州，固宜效順，以全宗祀。非若劉禪有漢家四百餘年統緒之責也。」〔註198〕此說較爲平實，亦是公允之論。

王昭濟

生卒年無考。《十國春秋》卷 103《荊南四》有傳。

王昭濟曾任高氏荊南客將，宋太祖乾德元年（963），奉高繼沖之命與蕭仁楷奉表納土。入宋後，宋太祖嘉其功，署爲左領軍衛將軍。

王延範

生卒年無考，江陵人，王保義之子。《宋史》卷 483、《十國春秋》卷 103《荊南四》有傳。

〔註193〕《九國志》卷 12《北楚‧李景威傳》，第 3371 頁。

〔註194〕《輿地紀勝》卷 73《荊湖北路‧峽州‧人物‧李景威》，第 2443 頁。

〔註195〕《宋史》卷 483《荊南高氏世家》，第 13953～13954 頁。

〔註196〕《三楚新錄》卷 3，第 6329～6330 頁。

〔註197〕《續資治通鑑長編》卷 4，太祖乾德元年二月，第 86 頁。

〔註198〕〔清〕何焯：《義門讀書記》卷 29《五代史》，景印文淵閣四庫全書本（第 860 冊），上海古籍出版社 1987 年版，第 397 頁。

　　王延範，「形貌奇偉，喜任俠，家富於財，好施不倦」〔註199〕；又「性豪率尚氣，尤好術數」〔註200〕。高從誨在位時，署其爲太子舍人，入宋後，繼沖薦其爲大理寺丞，知泰州〔註201〕，累遷司門員外郎。太平興國九年（984），爲廣南轉運使。後因罪被斬。

　　上述諸人，即爲史載中所能見到的高氏荊南武將，亦是高氏荊南統兵作戰的基本骨幹。惜史乘有闕，以上大多數人在戰場上的表現，不得而知。

〔註199〕《十國春秋》卷 103《荊南四‧王延範傳》，第 1467 頁。

〔註200〕《宋史》卷 280《王延範傳》，第 9510 頁。

〔註201〕泰州，唐高祖武德二年（619）後治今山西河津市西，轄境相當今山西河津、萬榮等縣地。